데미안

보이는 현실
숨겨진 진실

프리즘

이 책은 한국연구재단의 지원(NRF-362-2009-1-B00005)으로 발간되었음.

러시아
보이는 현실
숨겨진 진실
강덕수 외 지음
프리즘
HU:iNE

머리말

강덕수

러시아 사회를 올바로 이해하기 위한 새로운 프리즘

1990년대 이후 러시아는 혼란을 거쳐 새로운 모습으로 변하고 있다. 그러나 우리 사회에선 아직도 '소련 체제'라는 고정된 프리즘으로 러시아를 이해하는 경우가 적지 않다. 그래서 러시아에 대해 쉽게 단정적으로 재단하는 경우들이 있었다. 한때 "러시아를 한 달 다녀온 사람은 러시아에 대해 소설책 한 권 분량을 쓰고, 석 달 다녀온 사람은 수필을 한 편 쓰고, 일 년 다녀온 사람은 입을 다문다"라는 우스갯소리가 들리기도 했다. 두 나라의 외교 관계가 수립된 지 삼십 년이 지나도 러시아에 대한 우리의 시각은 과거의 시점에서 벗어나지 못하고 있다. 그 이유 중에는 우리의 고집스러운 자세도 들어 있다. 국가 간에 성숙한 관계를 갖기 위해서는 무엇보다도 편견과 오해를 바로잡는 일이 중요하다. 50

년의 역사를 가진 한국외국어대학교 러시아연구소가 이러한 일에 앞장서는 것은 의무이자 소명이다.

이십 년 이상 러시아 문제에만 몰두한 교수 열두 명이 먼저 국내 독자들이 러시아, 러시아인에 대해 궁금해 하는 것이 무엇일까를 살펴봤다. 그리고 러시아인에 대해 우리가 가진 편견이나 오해가 무엇일까를 고민해 봤다. 그런 다음 주제를 연구자의 전공과 경험, 취향에 따라 다양하게 선별했다. 자연히 역사부터, 정치, 문화, 관습, 종교, 소수민족, 계층, 불평등 등에 이르기까지 다양한 문제에 관해 포괄적이면서도 보편적인 주제들이 선택됐다. 지난 일 년 간 글들을 돌려 읽으며 토론을 통해 혹시나 있을 수 있는 개인적 편견을 걷어내고자 했다. 이 책은 본인을 포함한 교수 열두 명의 치열한 비판과 토론을 거쳐 집단 지성이 응집된 결과이다. 지난 십 년 간 이러한 일이 가능하도록 지원해준 한국연구재단에 감사드린다.

서기 988년 기독교가 공식적으로 인정된 이후로부터의 역사를 살펴본다면, 러시아는 무수한 침략을 받으며 고난을 겪어 왔다. 이러한 역사가 러시아인의 국민성 형성에 모종의 인과적 영향은 주지 않았을까? 러시아 지식인 사회에서 뿌리 깊은 슬라브주의와 서구주의의 대립은 이러한 혼돈과 정리가 반복되는 과정에서 러시아인들의 정체성에 미친 영향이 아닐까? 러시아 역사에서 역성혁명은 일어난 적이 없다. 오히려 농노제도로 대변되는 계급과 계층의 구별이 고착됐다. 현재도 민주주의라 하지만 권위주의적 모습을 벗어버릴 수가 없다. 어디에서 그 원인을 찾을 수 있을까? 이와 관련하여 서구의 시각에서는 러시아 대통령을 독재자라고 하기도 한다. 과연 이러한 시각이 러시아를 이해하는 데 정당한 것인가? 크림반도 문제는 아직도 해결되지 않은 진행형 사건이다. 이로 인해 미국이 주도하는 서방 세계는 러시아를 고립시키는 경제 제재를 가하고 있다. 그런데도 러시아는 크림반도를 포기하지 못한다. 그 이유는 무엇일까?

이러한 정치적, 역사적 주제부터 훨씬 더 부드러운 주제도 다루고 있다. 러시아 여성들은 아름답기로 정평이 나 있다. 그렇다고 아름답기만 한 걸까? 그런 외양적 미모 때문에 가려진 우리가 모르는 또 다른 장점은 없을까? 러시아 남자 이름 중 가장 많은 이름이 이반이다. 러시아인들에게 이반이라는 이름은 어떤 의미가 있는 것일까? 러시아는 정교회 국가라고 말하는 사람들이 있다. 그럼 그 사회가 단일 종교 사회인가? 반면에 시베리아에서는 아직도 전통적 샤머니즘이 원주민 사회의 의식 세계를 지배하고 있다. 이로 인해 러시아 사회에 종교적 갈등은 없었는가? 이와 관련된 미신이나 사회적 습속은 없는가? 러시아에는 백인 러시아인 외에 180여 종족이 살고 있다. 특히 북극권에 사는 소수민족들은 순록을 유목해 왔다. 현대 문명 앞에서 이 사람들은 과연 자신들의 전통을 지켜낼 수 있을까? 러시아 사람들은 전통적으로 어떤 집에서 살았는가? 지금도 러시아인들은 소문처럼 술을 많이 마시는가?

러시아는 분명 엄청나게 달라졌다. 본서에서 우리는 급변하고 있는 러시아의 현재를 객관적으로 전달하고 미래를 예측해 보고자 했다. 한국외국어대학교 러시아 연구소의 노력과 의도가 국내 독자들에게 러시아를 올바로 이해하는 방향을 제시하는 계기가 되기를 바란다. 이를 바탕으로 한국과 러시아의 관계가 미래 지향적인 관점에서 더욱 활발해지기를 바란다.

끝으로, 바쁜 일정에도 본서 출판을 위해 여러모로 애써준 한국외국어대학교 지식출판콘텐츠원의 가정준 원장과 신선호 팀장, 박현정 선생에게 심심한 사의를 표한다. 그리고 교열과 편집에 대한 최종 책임을 지고 끝까지 수고를 아끼지 않은 라승도 교수에게 집필진을 대표하여 감사를 표한다.

2018. 12

집필진을 대표하여
한국외국어대학교 부총장 · 러시아연구소 소장
강 덕 수

목차

머리말_ 강덕수 5

서론_ 강덕수 13

1. 러시아 여성은 아름답기만 한 걸까_ 강덕수 31

2. 여성의 얼굴을 한 러시아 : 카튜샤에서 인터걸까지_ 라승도 57

3. 그는 독재자인가 조정자인가_ 강덕수 81

4. 러시아인은 왜 술을 그토록 많이 마실까_ 손현익 109

5. 그들은 왜 '이반'인가_ 어건주 125

6. 종소리와 북소리, 무엇이 더 러시아다운가_ 강덕수 149

7. 검은 고양이가 푸시킨을 살렸을까 :
러시아의 다양한 미신_ 김민수 183

8. 러시아 사람들은 어떤 집에 살았을까 :
이즈바에서 소뱌닌카까지_ 김준석 203

9. 재벌과 노숙자 :
시장경제 러시아에 공존하는 두 세계_ 최우익 227

10. 순록치기, 스노모빌을 타다_ 김혜진 257

11. 차르와 나로드_ 송준서 291

12. 러시아는 늘 강대국이었을까 :
수난과 단절의 천 년 역사_ 황성우 323

13. 러시아 – 유럽, 아시아, 유라시아_ 이지연 345

14. 크림, 러시아인의 영원한 안식처_ 김선래 365

저자 소개 393

러시아 프리즘

서론

강덕수

러시아는 변하고 있다

러시아는 정말로 변하고 있다. 그 모습은 의식주 문화에서 먼저 나타나고 있다. 여성들은 여전히 아름답지만 사치스럽지는 않다. 그만큼 실용적으로 바뀌고 있다. 음식도 다양해졌다. 카샤(죽)와 보르시(수프)와 흑빵과 샤실리크(꼬치고기)에 다양한 메뉴가 첨가되고 있다. 이탈리아, 프랑스, 조지아식 메뉴 외에 김치, 스시 같은 동양적인 것도 보편적인 것이 될 만큼 개방되고 있다. 아파트도 흐루쇼프 시대, 브레즈네프 시대의 천편일률적인 것에서 고급화되고 세련되어졌다.

외양만큼이나 내면의 의식도 변하고 있는 것을 볼 수 있다. 이러한 변화를 주도하는 것은 개방된 교육을 받은 젊은 세대들이다. 2000년대 이후 새로운 환경에서 교육받고 양육된 젊은 세대는 새로운 러시아의 희망이다. 그들은 경제의 중요성도 알고 개인의 자유도 존중할 줄 안다. 또한, 공동체의 의미도 이해하고 있다.

러시아 남자들은 더 이상 마초가 아니다

레프 톨스토이의 대하소설 『전쟁과 평화』에는 귀족 출신의 장교들이 떠들썩하게 술을 마시는 장면이 나온다. 젊은 장교들은 누가 끝까지 가는지 내기를 하며 호기를 보인다. 마침내 다 나가떨어진 다음 마지막 남은 친구가 술잔을 뒤로 던지며 깨뜨린다. 이런 호기는 상당히 일상화되어 고전적인 러시아 소설이나 영화에서 자주 볼 수 있는 장면이다.

러시아 사람들이 가장 사랑하는 시인 알렉산드르 푸시킨의 아내 나탈리야 곤차로바는 당시 절세의 미인이었다. 프랑스 출신의 귀족 청년 단테스는 나탈리야를 끈질기게 따라다니며 구애했다. 지금 같으면 스토킹으로 비난받았을 행위지만 당대에는 여자가 분명한 태도를 보이지 않는 한 문제가 되지 않았던 것 같다. 오히려 그걸 그냥 놓아두는 남편에게 문제가 있는 것으로 생각됐던 것 같다. 즉, 남편의 태도가 중요했다. 푸시킨은 시인으로 이미 당대 최고의 인기를 끌고 있었고 그걸 용인하는 건 시인의 명예에 먹칠하는 것이었다. 푸시킨이 결투를 신청하지 않으면 죽음을 두려워하는 겁쟁이, 비겁한 남자가 되는 상황이었다. 그런데 러시아식 결투는 미국의 서부식 황야의 대결이 아니었다. 결투를 신청하면 신청을 받은 사람이 먼저 총을 쏘고, 결투를 신청한 사람은 나중에 쏘아야 했다. 단테스는 훈련을 잘 받은 장교였고 결투 신청은 바로 자살이나 다름없었다. 그래도 남자로서의 명예를 지키기 위해선 피할 수 없는 길이었고 결국 단테스의 권총 첫발에 푸시킨은 목숨을 잃었다. 푸시킨의 죽음에 많은 사람이 모여 애도를 표했다. 러시아인에게 비겁하다는 것은 가장 큰 모욕이다. 그만큼 러시아인은 자존심이 세다. 때론 허세나 호기라 해도 비겁해선 안 되는 것이 러시아 남자들의 명예였다.

대통령이 추운 한겨울 웃통을 벗고 차가운 연못에 들어가 수영을 한다. 겨울 낚시를 하며 큰 물고기를 낚아 올린다. 유도장에서 근육질 몸매를 보이며 상대 선수를 메다꽂는다. 공영방송에서 주요 뉴스로 방송되는 이런 모습에 외국인은 약간 어리둥절할 수도 있다. 러시아인의 관점에서 이것은 신뢰의 바탕이 된다. 지도

2018년 1월 19일 셀리게르 호수에서 세례 목욕 의식을 하고 있는 블라디미르 푸틴 러시아연방 대통령 (사진: www.kremlin.ru)

자가 용감한 남성성을 갖추고 있다는 건 무엇보다도 중요한 덕목 중 하나이기 때문이다.

이러한 모습은 겉으로 드러난 모습이며, 속으론 아주 다른 면모도 있다. 러시아 남자들의 참을성과 끈기는 다른 누구에게도 지지 않을 만큼 강하다. 톨스토이의 소설 『안나 카레니나』에서는 안나의 남편 카레닌 백작에게서 그런 모습을 볼 수 있다. 젊은 아내 안나가 바람피운 것을 알지만, 허세나 호기보다는 끝까지 참고 기다리며 인내한다. 이 소설에서 남편 카레닌 백작의 모습은 러시아 남성의 중요한 한 단면을 보여준다. 다만 아내 안나의 죽음에만 쏠리는 독자들의 관심과 동정이 먼저인 것이 안타깝다.

뿌리 깊은 피해 의식은 과거의 유물이다

러시아 역사학자들은 러시아가 외침을 많이 받은 전쟁 피해국이라고 한다. 천 년 역사에서 외부 세력으로부터 천 번 이상의 침략을 당했다고 한다.

그런데 왜 러시아는 전쟁과 침략을 많이 했을 것 같은 무력 국가 이미지를 갖게 됐을까? 그것은 공산주의 이념이 지배한 소련 체제와 관련이 있을 것 같다. 소련에는 10여 개의 동유럽 위성국가가 있었다. 이들 나라를 하나로 묶기 위해선 주먹이 필요했다. 대내적으론 반체제 인사들이라는 명목으로 백만 명 이상을 시베리아 수용소에 가뒀다. 그들은 영하 50도에서도 강제노동에 징발

되어 추위와 배고픔 속에 죽어갔다. 그들의 시신은 건설 현장에서 바로 이름도 없이 파묻혔다. 그래서 야쿠츠크에서 마가단으로 이어지는 콜리마대로는 '뼈의 길'이라는 별칭이 따라붙는다. 대외적으로는 공산주의를 수출하기 위해 무리한 정책을 펴기도 하며 50~60년대 체코와 헝가리에서 민주화 운동이 일어나자 군대를 보내 무자비하게 무력으로 진압했다. 이런 일들이 소련에 이어 러시아까지 침략 국가의 이미지를 심어준 건 아닐까? 그러나 실제로 영토를 빼앗기 위해 남의 나라를 침공한 사례는 거의 없다. 그중 하나로 표트르 대제가 스웨덴의 칼 12세와 벌인 북방전쟁이 있다. 하지만 이것도 서방으로 나가는 길을 열고자 한 표트르 대제의 열망을 당시 강대국으로 근육질 국가의 왕이었던 칼 12세가 저지하고자 한 데서 일어난 충돌이었다.

19세기 한때, 제정 러시아는 유럽의 헌병을 자처했다. 힘자랑

「나르바 전투」(알렉산드르 코체부, 년도 미상)

하는 무력 국가로서의 이미지가 고착될 수밖에 없었다. 노예제를 바탕으로 러시아를 강력한 무력 국가로 키운 것은 예카테리나 여제(2세)이다. 이 여제는 독일인 귀족 가문 출신이었다. 수많은 지식인을 탄압해 소련을 정치범 수용의 병영 국가로 만든 것은 스탈린이다. 그는 조지아 출신이었다. 이들이 러시아인이 아니라고 해서 제정 러시아나 소련에서 빚어진 참혹한 비극들에 대해 러시아인들이 면책되는 것은 아니다. 하지만 다민족 국가로서의 러시아가 타민족에 대해 그만큼 개방적이었다는 증거는 된다.

침략당한 역사에 대해선 수많은 예를 들 수 있다. 16~17세기 폴란드의 침공으로 인한 가짜 차르 시대, 13~15세기에 걸친 몽골의 지배 등. 19세기 초 나폴레옹의 침공으로 러시아는 모스크바를 내주고 초토화 작전을 썼다. 20세기 중반 소련은 히틀러의 침공으로 남부 지역을 잃고 상트페테르부르크(당시 레닌드라드)에서 900일간 공성전을 피며 엄청난 피해를 보았다. 2차 세계대전에서 가장 큰 희생자를 낸 민족은 유대인이 아니라 소련 사람들이었다. 희생자가 2천 7백 만 명에 이른다는 통계가 있다.

러시아인의 의식 속에는 강대국에 대한 열망과 피해국으로서의 두려움이 공존하고 있다. 이런 모순이 70여 년간의 소련 공산체제 지도자들의 의식을 지배했을 것으로 보인다. 1960년 유엔총회에서 소련 공산당 서기장 니키타 흐루쇼프는 연설하는 도중 구두를 벗어 탁자를 내리쳤다. 흐루쇼프의 호기는 자존감과 피해 의식의 합작품이었다.

이제 러시아는 평등보다 양극화가 문제이다

30여 년 전 서울에서 근무한 러시아 고위 관리의 부인이 한국 사회에서 여성의 위치에 대해 부정적으로 말하는 것을 들었다. 궁금했다. 그러면 러시아 사회는 얼마나 남녀가 평등한 사회인지?

어느 국가나 사회도 평등의 문제에서 자유로울 수는 없다. 전통사회일수록 평등이란 실현되기 어려운 가치였다. 평등의 가치가 중요해진 것은 르네상스 이후 인권에 대한 인식이 보편화하면서부터이다. 더구나 평등을 기회의 관점에서 보느냐 아니면 소유의 관점에서 보느냐에 따라 이 문제에 대한 접근은 달라진다. 자유주의적 민주사회에서 평등은 기회의 문제이다. 사회주의적 민주사회에서 평등은 소유 배분의 문제이다. 러시아 고위 관리 부인이 한국의 여성 위치에 대해 부정적으로 말한 것을 듣고 한동안 어리둥절했다. 한국 사회에서 여성의 위치가 소련 교육을 받은 러시아 여성의 비난을 받을 만큼 열악한가? 소련 헌법에는 남녀평등의 개념이 명문화되어 있었다. 실제로 그로 인해 소련 여성들은 얼마나 많은 희생을 강요당했는가?

소련 사회에서는 평등을 핑계로 모든 여성이 남성과 똑같은 일을 해야 했다. 예를 들어 여성들도 중장비를 몰고 철도 공사장 같은 험한 곳에서도 일해야 했다. 그러나 그에 대한 보수는 남녀가 분명히 같지 않았다. 남녀평등은 헌법 속의 명문에 불과했다. 실제 사회생활에서 남녀평등은 이뤄지지 않았다. 집에서 가사는 순전히 여성의 몫이었다. 여자에게는 밖에서 일한 만큼 안에서도 일해야 했다. 고급 당원이나 고위 관리의 부인들은 일하지 않아도 됐다. 그들은 그저 꽃이었다. 한국 여성의 평등을 논한 여자도 고위 관리 남편 덕분에 외국 구경도 잘하고 쇼핑도 잘했다. 그런 여자들의 사치는 우리가 이해할 수 있는 수준을 넘어서는 게 일반적이었다. 그런 여자의 눈에 지하철에서 여자에게 자리를 양보하지 않는 한국 남자들이 마초처럼 보였을지도 모른다.

18세기 예카테리나 여제는 러시아를 유럽의 강대국 반열에 올려놓았다. 여제는 계몽 황제로도 평가된다. 그러한 평가는 프랑스의 계몽주의 철학자 볼테르를 초빙해 계몽주의 철학에 관한 강론을 듣기 좋아했다는 근거에서 나왔다. 실제로는 러시아의 농노제도가 여제 치하에서 완성됐다. 남편을 죽이고 제위에 오른 여제는 귀족들을 철저히 굴복시켰다. 귀족들의 절대적 충성에 대한 대가로 경제적 이익을 제공했다. 그것은 토지를 주고 토지에 딸린 농민들에 대한 절대적 지배권을 허용하는 것이었다. 그 이전까지 농민들은 비교적 자유스러운 신분이었다. 농민의 이주권을 토지 소유주인 귀족들에게 부여했다. 자연히 농민들은 거주 이전의 자유를 상실했다. 이러한 속박이 강화됨에 따라 농민들의 신분은 농노가 되고, 귀족들의 소유물로 재산의 일부가 됐다. 그러한 사례는 니콜라이 고골의 소설 『죽은 혼』에서 잘 묘사되어 있다. 예카테리나 여제 치하에서 러시아 사회는 귀족 5%와 농노 95%의 양극화 구조를 이루게 됐다.

1860년대 알렉산드르 2세 황제는 농노 해방을 시도했다. 그러나 이것은 선언적인 것에 불과했다. 해방된 농노들이 먹고살 방법

「예카테리나 2세」 (드미트리 레비츠키, 1783)

은 마련해 주지 않았다. 높아져 가는 사회적 압력을 회피하고자 하는 면피용일 뿐이었기 때문이다. 이로 인해 해방된 농노들은 더욱 궁핍한 상태로 내몰렸다. 50년 뒤 이들의 후예들은 혁명에 가담하여 제정 러시아를 무너뜨리는 데 성공했다.

혁명은 이상을 좇는 허상이었다. 실제로는 러시아 사회에 평등을 가져다주지 않았다. 공산당이 집권한 소련에서 평등은 사회주의의 이론에 따른 소유 분배의 평등이었다. 그러나 이 소유는 '필요에 따른 분배'라는 미명 아래 실제로 불평등을 더욱 심화했다. 무엇보다도 공산당원과 비당원 간의 차별은 과거 제정 러시아의 귀족과 농노의 신분 차이를 대체한 것일 뿐이었다. 1989년 처음 모스크바를 방문했을 때 공산당원이 출입할 수 있는 가게가 따로 있는 것을 봤다. 그곳에는 외국인의 출입도 허용했다. 루블 대신 달러로 모든 물품을 살 수 있었다. 그런 상점의 전시대에 채워져 있는 물건들은 일반 가게에서 볼 수 없는 것들이었다.

1989년 모스크바를 방문해서 알게 된 사실은 러시아에서 좋은 대학교에 들어가기 위해서는 과외공부를 해야 한다는 것이었다. 주로 가고자 원하는 대학교의 교수에게서 과외를 받았다. 당시 알고 지내던 고위 관리는 딸을 러시아의 최고 대학교에 보내기 위해 과외를 시켰다. 시험 과목이 5개였고 시간당 5달러를 냈다. 5과목이면 25달러였다. 이것은 1회 비용으로 당시 러시아 사회에서는 엄청난 고액 과외였다. 보통 사람들은 감당할 수 없는 금액이었다. 그 관리는 달러를 만질 수 있는 위치에 있던 사람이었다. 그렇다고 고관대작도 아니었다. 중앙 부처에 가면 과장급 정도 되는 위치에 있는 사람이었다. 과외보다 더 확실한 것은 부모가 대학교의 누구와 어떤 관계에 있느냐는 것이었다. 오늘날 러시아 사회에서 온정주의에 바탕을 둔 연고주의는 뿌리 깊은 것이라고 할 수 있다. 이것이 언제부터 시작된 것인지는 모른다. 분명한 것은 소련 체제 70여 년간 모든 것이 공산당 권력이라는 힘에 의해 결정되고 분배되는 상황에서 생존을 위한 방편으로 연고주의가 더욱더 견고해졌다는 점이다. 이런 분위기에서 '도둑질'을 뜻하는 '블라트(blat)'라는 은어가 연고를 바탕으로 상부상조하는 것을 가리키는 관행을 나타내게 됐다.

잘 아는 러시아어 교수가 있었다. 그분은 유명한 언어학자로 부인도 러시아어 교수였다. 딸도 러시아어과 강사였다. 물어보았다. 딸이 같은 과에서 공부하면 다른 학생들이 불공정하다고 생각하지 않겠느냐고. 대답은 간단했다. 내 딸이 수학과에 가서 공정한

마가단주 수수만의 버려진 건물들 (사진: 강덕수)

대우를 받을 수 있다고 생각하면 그렇게 했을 거라고. 딸이 그만한 능력도 갖추고 공부도 잘했을 거라고 믿지만, 공정하지 않은 경쟁에 딸을 내보낼 수가 없던 것이었다. 온정주의는 어쩔 수 없이 뿌리 깊은 관행이었다.

2018년 여름 야쿠츠크에서 마가단까지 콜리마 대로를 따라 일주일간 학술탐사를 진행했다. 마가단주를 들어서면서 길가의 많은 촌락이 쇠락하거나 아예 텅 비어 있었다. 인구가 7~8천 명을 넘던 도시들은 1~2천 명 정도의 작은 도시로 줄어들었다, 도시의 기능도 최소의 명맥만 유지하는 수준이었다. 그에 대한 대부분의 공통적인 답은 인구가 빠져나갔기 때문이라는 것이었다. 그렇다면 사람들은 왜 빠져나갔을까?

소련 시절엔 실업이란 개념이 없었다. 학교만 마치면 거기에 합당한 직업을 줬다. 대신 개인에게 직업의 선택권은 없었다. 정부에서 지정해 주는 곳에 가서 평생 몸 바치면 모든 의식주가 해결됐다. 정부는 지역 균형 발전이라는 미명 하에 인재들을 산지사방으로 흩뿌려 놓았다. 한 번 오지 산간 지역에 배치되면 빠져나가기가 쉽지 않았다.

소련 시절 지역 균형 발전은 경제 논리 대신 정치 논리로 집행됐다. 그 시절에는 공장이나 광산이 생산성이나 매출과 관계없이 운영됐다. 공산당 권력은 그런 지역에 사람들을 강제로 배정하여 살게 했다, 자본주의 체제에서는 경쟁력 없는 공장이나 광산은 더 이상 운영될 수 없다. 정치 논리보다 경제 논리가 중요한 시대가 되어 경제성이 없는 광산이나 광구는 폐쇄되고 있다. 자유를 얻은 사람들은 벽지에서 더 이상 살 이유가 없게 됐다. 그런 지역의 마을들에서 사람들은 대도시로 떠나갔다. 이러한 상황에서 양극화는 더욱 심화할 수밖에 없다.

남성 우월주의도 이제는 과거 얘기

평등하지도 않고 양극화가 심화된 사회에서 생존 본능은 당연히 힘에서 나오게 된다. 남자들이 힘과 권력에 쉽게 의존하게 되는 것은 자연스러운 일이다. 이것은 남녀 관계를 결정하는 중요한 요인이 될 수 있다. 러시아에는 '트로피 걸'이라는 용어가 있다. 페레스트로이카 이후 러시아 사회가 요동치면서 졸부들이 많이 생겼다. 졸부들의 공통점 중 하나가 사업으로 성공을 하면 조강지처를 버리고 나이 차이가 스무 살도 넘는 어린 여자를 부인으로 맞이한다는 것이다. 그런 여자들을 '트로피 걸'이라고 부른다. 승리한 팀이 우승컵을 차지하듯 사업에 성공한 졸부에게 주어지는 우승컵과 같아 그런 이름이 붙은 것이다. 이것이 이상하거나 부끄럽지 않게 보이는 것은 그만큼 남녀 관계에서도 평등의식이 없다는 것을 보여주는 것이라 해석할 수 있다.

알렉산드르 솔제니친의 소설 『제1원』을 보면 소련 시대에 여성 의사가 많은 이유가 나온다. 이유는 여자가 공부를 더 잘해서가 아니다. 소설에서 주인공은 의학이 단순히 암기하는 공부라 창의적이지 않기 때문이라고 설명한다. 반면에 공학은 창의적이기 때

러시아연방 의전 서열 2위인 발렌티나 마트비옌코 러시아연방 상원의장 (사진: 한국외국어대학교 러시아연구소)

문에 남자들이 더 선호한다는 것이었다. 지독한 남녀 차별 의식을 볼 수 있는 대목이다.

2000년대 초 모스크바에서 큰 서점에 들어갔다. 여성학 관련 책이 어디 있는지 물었다. 점원은 질문을 이해하지 못했다. 그런 용어를 처음 듣는다는 듯이 내게 여성학이 뭐냐고 물었다. 내가 설명했다. 다 듣고 나서 배꼽을 잡고 웃었다. 그게 왜 필요하냐고 힐난하듯 내게 말했다. "러시아에서 여성학은 필요 없소!" 무안했지만 더 이상 그와 말을 섞지 않고 조용히 그 자리를 떴다. 러시아에 "여자는 유리병이 아니다"라는 속담이 왜 있는지 알 것 같았다. 벌써 30년 전 일이다.

지금은 여성의 사회 진출이 어느 때보다도 활발하다. 책임 있는 고위직에도 여성들이 많이 포진해 있다. 국립대학교나 연방대학교 총장 중에는 여성들이 많다. 시장, 주지사 중에도 여성이 많다. 러시아연방 의전 서열 2위인 상원의장도 여성이다.

새로운 세대가 새로운 러시아를 만들고 있다

러시아 사회에서는 2000년을 기점으로 많은 변화가 일어나고 있다. 1990년대 페레스트로이카로 국가와 사회 체제가 전반적으로 바뀌면서 러시아 사회는 10여 년 혼란과 고통을 겪었다. 2000년대 들어서면서 경제는 자본주의 체제로 민간 부문이 커지고 있다. 정치도 다당제로 언론과 표현의 자유도 상당히 신장되고 있다.

러시아의 대표적 여론조사기관인 프치옴(VTsIOM)의 2018년 조사에 따르면, 1999년 이래 보드카의 생산량은 현저히 감소하고 있다. 이것은 보드카의 국내 소비가 그만큼 줄고 있다는 것을 보여주는 지표이다. 1990년대 러시아에 갔을 때는 보드카가 일상화됐다는 인상을 받았다. 그러나 최근엔 모임에 가도 보드카를 그리 많이 마시지 않는 것을 볼 수 있다. 특히 젊은 세대일수록 독한 술에 대한 선호도는 떨어진다. 사교적인 차원에서 포도주나 맥주를 약간 마시는 것은 있어도 1990년대처럼 목숨을 내놓다시피 보드카를 큰 잔에 따라 마시는 사람은 보기 어렵다.

프치옴의 조사는 흡연율의 감소도 보여준다. 2009년 이래 흡연을 포기한 비율이 해마다 증가하여 2017년에는 20%에 달했다. 자동차 사고 건수도 현저히 감소했다. 2000년에 20만 건에 달한 사고 건수가 2016년에는 7만 건을 조금 웃돌았다. 이러한 지표는 러시아 사회에서 무모함과 용감함으로 대표되는 마초적 행태가 순화됐거나 더 이상 일반적인 모습이 아니게 됐음을 보여준다.

과거 제정 러시아 사회에서나 소련 사회에서 술과 담배로 표현되던 마초들은 빠르게 사라지고 있다. 그런 마초들이 힘을 썼던 이유는 시스템이 갖춰지지 않은 사회에서 스트레스를 배출할 수 없었기 때문이라고 생각해 볼 수 있다. 그런 사회에서는 오로지 믿을 건 자기 힘과 권위밖에 없었을 것이다.

2018년 여름 야쿠츠크에서 마가단까지 콜리마 대로를 탐사하면서 공통으로 발견한 것은 과거에 대한 반성과 추모였다. 이 지역은 스탈린 시대의 압제와 잔혹성을 몸으로 기억하고 있는 지역이다. 그 아픈 역사는 오랫동안 동토 아래 숨겨져 있었다. 어떤 역사서에도 아픈 비극이 기술되어 있지 않았다. 이번 탐사에서 아픈 기억들이 청명한 하늘 아래 드러나 있는 것을 보았다. 지역마다 그곳에서 혹사당하고 고통받으며 이름도 없이 죽어간 수백만의 희생자를 위한 추모비가 세워져 있었다. 그 앞에는 시들지 않은 꽃다발이 놓여 있었다. 가는 곳마다 크든 작든 기념관과 박물관이 세워져 있었다.

사하공화국 오이먀콘군에 있는 톰토르 마을에서는 기념도서관을 세우고 매년 10월이 되면 학생들과 함께 추모식을 여는 야쿠트 여선생을 만날 수 있다. 북태평양 오호츠크해 연안의 마가단시에 있는 '슬픔의 가면' 추모비는 시에서 가장 높은 산 정상에 10m 이상 높이로 세워져 있다. 그 추모비 안에 정치범 수용소의 내부를 그대로 재현해 놓았다. 이 추모비는 마가단시 주변 어디에서도 볼 수 있다. 이러한 기념비나 기념관들은 모두 1990년대 이후에 세워진 것들이다.

마가단에 있는 정치 박해 희생자 추모비 '슬픔의 가면' (사진: 강덕수)

과거를 반성하고 정리하는 사람들에게는 미래가 있다. 러시아가 크림반도 문제로 촉발된 경제 제재로 어려운 것은 사실이지만, 사람들 표정이나 거리에서는 아무런 고통이나 불만을 읽을 수 없다. 푸틴 대통령이 웃통을 벗고 차가운 물에 들어가 수영을 하고 큰 물고기를 낚아채는 모습은 정치적 메시지이지 일반 러시아 사람들의 모습은 아니다. 푸틴 대통령은 과거에 대한 향수를 잊지 못하는 전통 러시아의 마지막 세대를 대신하는 대표주자일 뿐이다. 지금의 20~30대 젊은 러시아인들은 다른 러시아 사회를 꿈꾸고 있다.

러시아 사회에서 여자들은 보통 20살이 되기 전에 결혼했다, 지금은 그 연령이 늦어지고 있다는 것을 조사하지 않더라도 확인할 수 있다. 그만큼 여자들의 의식이 변하고 있다. 사회 지도층이나 전문직으로 진출하는 여성들의 숫자도 괄목하다. 이것은 모스크바와 같은 대도시만의 현상이 아니라 시베리아의 소도시들에서도 마찬가지이다.

2018년 프치옴 조사에서 교통사고가 현저히 줄고 있다는 지표는 그만큼 질서 의식이 높아졌다는 것으로 해석할 수 있다. 1990년대 중반 한국의 여대생이 모스크바에서 택시를 잡으려 보도에서 찻길로 내려섰다가 달려오는 차에 치여 죽은 사건이 있었다. 그 이후 러시아에선 차를 조심해야 한다는 걸 모스크바를 방문하는 사람들에게 강조하곤 했다. 최근 러시아에서 갖게 되는 놀라운 변화는 높은 교통문화 의식이다. 교통신호기가 없는 교차로에서 길을 건너려 서 있으면 질주해 오던 차들이 속도를 줄이고 사람이 지날 때까지 서서 기다린다. 러시아가 이렇게 변하게 된 것은 2014년에 교통법이 발효된 덕분이라고 간단히 설명할 수 있다. 그러나 법률 조항 하나가 러시아를 변화시켰다고 보기는 어렵다.

과거의 러시아라면 이런 법 하나로 교통질서가 변할 것이라고 기대하지 못했을 것이다. 그만큼 러시아는 새로워지고 있다. 지금 새로운 세대는 더 이상 코가 삐뚤어지게 보드카를 마시지 않는다. 밤새워 도박하며 담배 연기에 찌들지도 않는다. 프치옴에 의하면 러시아인의 독서율이 세계 2위라고 한다. 이것이 러시아의 미래를 보여주는 가장 정확한 지표이다.

러시아 여성은 아름답기만 한 걸까

강덕수

타티야나, 소냐, 안나. 이 세 이름은 러시아 여성 이름으로 가장 자주 듣는 이름이다. 이는 우연이 아닐 것이다. 러시아 부모들이 왜 딸들에게 이 세 이름을 붙여줬을까? 현실 세계에서 안나라는 이름을 가진 여성 중에는 러시아 제국을 뒤흔든 여제도 있다. 안나라는 이름은 여전히 예쁜 이름이다. 타티야나도 못지않게 많은 여자의 이름으로 불린다. 지금도 학교에 가면 한 반에 두 명 이상은 타티야나가 있다. 애칭으로 타냐라고 더 널리 불린다. 소냐라는 이름도 꽤 많이 불린다. 그런데 요즘 젊은 여성 중에선 소냐가 많지 않은 것 같다. 그래도 이 세 이름 중에서 러시아 여성을 가장 많이 대표하는 이름은 소냐일 것 같다. 왜 그럴까? 표도르 도스토옙스키의 장편 소설 『죄와 벌』 속 여주인공 소냐 마르멜라도바의 인상이 너무 강렬해서일까?

타티야나와 소냐와 안나

타티야나는 알렉산드르 푸시킨의 운문 소설 『예브게니 오네긴』에 나오는 여주인공의 이름이다. 타티야나가 사는 시골 영지에 오네긴이라는 청년이 찾아온다. 그는 백부의 재산을 물려받아 재력도 있었다. 게다가 젊고 멋있는 청년이었다. 그러나 오네긴에게 시골 생활은 따분했다. 그 지역에는 드넓은 농토를 소유한 젊은 지주이면서 독일 유학까지 다녀온 렌스키라는 젊은 시인이 살고 있었다. 그는 곧 오네긴의 친구가 됐다. 같은 시골에 렌스키의 약혼녀로 올가라는 처녀가 있었다. 올가에겐 타티야나라는 언니가 있었다. 시골 처녀 타티야나는 도시에서 온 오네긴의 세련된 모습을 보고 반했다. 그녀는 오네긴에게 자신의 마음을 담은 편지를 썼다. 그러나 오네긴에게 타티야나는 한낱 시골의 순박한 처녀일 뿐이었다. 그는 타티야나에게 처녀가 그래선 안 된다는 식으로 나무란다.

반면 오네긴은 무도회에서 올가를 유혹하며 춤을 춘다. 이것을 본 렌스키는 모욕을 느끼고 결투를 청한다. 렌스키는 결투로 죽게 되고, 오네긴은 시골을 떠나 방랑 생활을 하게 된다. 몇 년 뒤 오네긴은 러시아로 돌아와 그레민 백작의 무도회에 초대된다. 그 집 주인 그레민 백작의 부인이 옛날 그가 무시했던 타티야나였다. 타티야나의 기품 있는 모습에 반한 오네긴은 연모의 편지를 보낸다. 그러나 타티야나는 가정을 지키기 위해 그 편지를 거절하는 마음을 담아 되돌려 보낸다.

「타티야나 라리나」 (미하일 클로트, 1886)

도스토옙스키의 소설에서 소냐는 사회 밑바닥으로 내쳐진 거리의 소녀였다. 그녀는 주인공 대학생 로디온 라스콜니코프의 연인이었다. 주인공 라스콜니코프는 돈 때문에 전당포 주인 노파를 살해한다. 그에게는 살인에 대한 완벽한 이유가 있었다. 평등한 사회를 구현해야 한다고 믿는 그에겐 이상을 실천해야 한다는 사명감이 있었다. 그는 도덕적 우월감을 가진 이성적 인간이었다. 그가 보기에 전당포 주인 노파는 돈만 많고 사회를 위해 아무것도 하지 않는 벌레와 같은 존재였다. 그런 벌레 같은 노파를 죽여 그 돈으로 사회를 공평하게 만드는 일이 그에겐 바로 정의였다. 그는 도끼로 노파를 죽인다. 그러나 살인 뒤 주인공 라스콜니코프는 번민에 빠지게 된다. 그 괴로움을 애인 소냐에게 고백한다. 소냐는 그의 행위에 대해 두려움보다는 그에 대한 인간적 연민을 더 크게 느끼며 라스콜니코프에게 죄악으로부터 회개하도록 한다. 회개의 방법으로 광장에 나가 자신의 죄를 큰 소리로 고백하게 한다. 일종의 고해성사였다. 살인자 라스콜니코프는 비로소 번민에서 벗어나 자유를 갖게 된다. 벌을 통해 정신적 자유를 얻게 된 라스콜니코프는 시베리아 유형이라는 고행의 길을 간다. 그 길을 소냐는 동행한다. 소냐의 헌신적 사랑이 한 남자를 죄로부터 구원하는 것이다.

안나는 레프 톨스토이의 장편 소설 『안나 카레니나』에 나오는 여주인공 이름이다. 안나는 백작 카레닌의 부인이었다. 백작은 안나보다 스무 살이나 더 많았다. 그는 위엄 있고 점잖은 귀족이었다. 안나는 오빠가 일으킨 문제를 해결해 주기 위해 페테르부르

라스콜리니코프에게 성경을 읽어주는 소냐 마르멜라도바 (그림: www.alldostoevsky.ru)

크에 간다. 페테르부르크로 가는 기차 안에서 안나는 우연히 백작 부인과 동행한다. 페테르부르크 기차역에는 백작 부인의 아들이 기다리고 있었다. 그는 청년 귀족 브론스키였다. 그는 안나와 사랑에 빠지게 된다. 급기야 둘 사이에 딸까지 태어난다. 그로 인해 안나는 이혼을 원하지만, 카레닌 백작은 사회 관습상 그것을 허락할 수 없었다. 그러는 사이 번민에 빠지고 결국 우울증을 앓

알렉산드르 자르히의 영화 『안나 카레니나』에서 안나의 모습 (그림: 콤스몰스카야 프라브다)

게 된 안나는 기차역으로 들어오는 열차 앞에 몸을 던진다.

소냐는 도스토옙스키의 『죄와 벌』의 여주인공이며, 안나는 톨스토이의 『안나 카레니나』의 주인공이다. 시대로 보면 타티야나는 19세기 초, 소냐는 19세기 중엽, 안나는 19세기 후반에 살았다. 세 여자의 공통점은 사랑의 화신이라는 점이고 다른 점은 사랑과의 관계이다. 타티야나는 오네긴의 유혹을 이겨내고 자신의 가정을 지킨 이성적인 여성이다. 안나는 인습에 젖어 고루하고 권위적인 남편 대신 열정적인 사랑을 찾지만, 결국 파국으로 끝나는 비련의 주인공이 되는 감성적인 여성이다. 반면 소냐는 도덕적 우월감으로 살인을 저지른 대학생 라스콜니코프의 영혼을 구원하는 도덕적인 여성이다.

러시아 여성의 덕목 세 가지

1993년 봄을 모스크바에서 보냈다. 그때 푸시킨언어대학교의 한 교수를 만났다. 사회언어학을 전공하는 할머니 교수였다. 그 할머니 교수는 러시아 여성의 장점 세 가지를 얘기해줬다.

첫째는 아름답다는 것이다.

둘째는 착하다는 것이다.

셋째는 남편에게 충실하다는 것이다. 그런데 불행하게도 지금 러시아 여자들에게 남아 있는 건 첫 번째밖에 없다고 한탄했다. 그저 예쁘기만 하다는 것이었다.

러시아 여성들이 아름답다는 주장을 반박할 사람은 없을 것이라고 확신한다. 그러나 두 번째와 세 번째 덕목에 대해선 수긍하지 않는 의견도 꽤 있을 것이다. 필자는 러시아 여자에게 세 가지 덕목이 있었다는 할머니 교수의 의견에 전적으로 동의한다. 다만 둘째와 셋째 덕목에 관해선 관점을 달리하고자 한다. 러시아 여성들에게서 착하고 충실한 심성이 사라진 것일까 아니면 잃어버린 것일까? 그것이 사실이라면 왜 그런 것인가?

그것이 사실이라면 그 또한 러시아 여성들의 문제인가?

결코 아니다. 그러한 것은 개인의 탓이라기보다는 사회가 책임지어야 할 사회 구조적 문제로 보는 것이 더 타당하다.

1991년 필자는 당시 한국의 원로 한국어학자 30여 분을 모시고 모스크바 학술회의에 참가한 적이 있다. 그때 아냐라고 하는 젊은 러시아 여성이 가이드로 왔다. 필자는 갓 임용된 젊은 교수로서 원로 학자들을 모셔야 했다. 그때 필자와 동년배 교수 세 분이 원로 학자들을 모시느라 수고를 많이 했다. 여행 마지막 날 호텔에서 좀 떨어진 곳에서 혼자 울고 있는 가이드를 봤다. 다가가서 그 이유를 물었다. 러시아 운전사들 때문이었다. 운전사들이 가이드를 무시하고 일종의 사보타주를 하고 있었다. 다시 버스로 돌아와 운전사에게 물었다. 왜 가이드를 울렸느냐고? 운전사는 가이드를 원색적으로 비난했다. 버릇이 없다고. 자초지종을 들어보니 상황이 파악됐다. 맞장구를 치면서 운전사를 달랬다. 문제를 해결하고 공항으로 가는 버스 안에서 가이드의 하소연을 들었다. 그때 그녀는 미국 여행객을 만나 어렵게 미국에 가서 몇 달을 지내고 왔다. 공산체제가 무너지고 페레스트로이카 시절 이른바 미국물을 먹고 러시아 사회의 모순에 처음 눈을 뜨게 된 것이다. 당시의 러시아 사회가 그녀에겐 얼마나 답답했을까? 그래도 위로한답시고 그녀에게 말했다. 당신은 70년을 참아야 한다고. 왜냐하면 지난 70년 동안 공산당 체제가 러시아 사회를 이렇게 만들었으니 다시 정상이 되려면 또 다른 70년이 필요하지 않겠느냐고. 당신은 다음 세대를 위해 노력해야 한다고. 그녀는 울먹이며 말했다. 그럴 수 없다고. 다음 세대를 위해 희생할 수 없다고. 순간 답답했다. 무엇이 이 아름다운 여성을 좌절하게 했을까? 그것이 여성 탓인가?

카테리나와 류드밀라와 안토니나

소련 시절의 영화 『모스크바는 눈물을 믿지 않는다』가 한국에서 소개된 적이 있다. 이 영화에는 세 여자가 나온다. 카테리나와 류드밀라와 안토니나이다. 카테리나는 착실한 처녀로 대학교에서 화학을 전공하고자 입시를 준비하는 예비 대학생이다. 류드밀라는 남자를 통해 신분 상승을 꿈꾸며 자신을 꾸미기에 바쁜 허영심 많은 처녀이다. 안토니나는 자신의 분수를 알고 건설현장에서 일하면서도 자기 친구들의 어려움을 감싸주는 착한 아가씨이다.

영화는 세 여자가 남자를 만나 가정을 이루거나 실패하는 과정을 담담히 그려내고 있다. 착한 아가씨 안토니나는 농부의 아들을 만나 농장을 일구며 두 아들을 키우는 전형적인 러시아 아

블라디미르 멘쇼프의 영화 『모스크바는 눈물을 믿지 않는다』에 나오는 세 여자 (사진: 리아노보스티)

줌마가 되어 간다. 류드밀라는 신분 상승을 위해 잘 생기고 능력 있는 남자와 결혼하지만, 결국은 이혼을 당하고 만다. 카테리나도 능력 있는 남자를 만나지만, 공장에서 일하는 아르바이트생인 걸 알게 된 남자 집안의 반대로 미혼모가 되고 만다. 세월은 흘러 카테리나는 능력을 인정받아 공장장이 되고, 카테리나의 진심을 이해하는 남자를 만나게 된다.

남녀평등의 불편한 진실

영화의 줄거리는 모스크바라는 배경만 아니라면 평범한 멜로드라마이다. 그러나 이 영화 속에는 숨겨진 사회적 코드가 있다. 여자가 남자보다 수입이 더 많으면 안 된다는 식의 남녀 불평등의식, 여자 팔자는 남자를 잘 만나야 한다는 식의 전통적 의식이 그대로 깔려 있다. 그래도 러시아 여성들은 행복했다. 착하고 가정에 충실한 덕목은 살아 있었다. 아마도 이 영화가 만들어진 시점까지는 그랬다. 그러나 공산당 치하의 소련 체제에 모순이 쌓이면서 그 불행은 고스란히 여성의 몫이 되어 갔다. 카테리나가 그랬던 것처럼 남자가 도망가면, 아이 양육 책임은 고스란히 여자에게 남겨졌다. 소련 헌법은 남녀평등을 명기했다. 그러나 현실에서 남녀는 평등하지도, 공정하지도 않았다. 소련 체제의 모순에 좌절한 남자들은 술주정으로 스트레스를 풀었다. 아마 소련이 보드카 소비로 유명해진 데에는 기후 탓만은 아닐 것이다. 술을 먹지 않으면 견딜 수 없는 이유가 있지 않았을까?

지금 러시아 젊은이들은 보드카를 그렇게 즐겨 마시지 않는다. 과거 술주정하는 남편을 러시아 여자들은 아내로서 돌보아야 했다. 그러면서 직장에선 똑같이 일하면서도 월급은 적었다. 소련 헌법은 남녀평등이라는 명분으로 여자도 중장비 운전을 하도록 하고, 건설 현장에서 일하게 했다. 그러나 월급에선 분명 차별받았다. 소련 시절 많은 경우 직장에서 퇴근하면 시장에 들러 장을 보는 일은 여자들의 몫이었다. 집에 오면 남편은 술에 취해 소파에 누워 자고, 아내는 저녁을 준비해야 했다. 이런 현상이 보편화하면서 소련 체제에 피로감이 쌓였다. 이것을 여자들이 감당해야 했다. 이런 환경에서 여전히 착하고 남편에게 충실한 아내가 되라는 것은 불공평한 일이 아니었을까?

새로운 세계를 꿈꾸었던 나탈리야

러시아 혁명은 여성들에게 꿈꾸던 새로운 세계를 열어주지 않았다. 19세기 유명한 소설가 이반 투르게네프는 소설 『루딘』에서 나탈리야라는 여자 주인공을 통해 여자에게 무엇이 필요한지 보여줬다. 시골 귀족의 딸 나탈리야는 열일곱 꽃다운 나이의 아름다운 아가씨였다. 이 아가씨의 집에 루딘이라는 지식인이 찾아와 거주한다. 루딘은 나탈리야의 가슴 속에 숨어 있는 꿈에 불을 지핀다. 그러나 불만 지필뿐이었다. 거기까지가 한계였다. 그는 함께

마르가리타 미하일로바의『히트』에 나오는 두 여자 (그림: www.kinopoisk)

가출하여 새로운 세계로 나가고자 하는 나탈리야를 감당하지 못했다. 그는 나탈리야를 떠난다. 결국 나탈리야는 홀로 새로운 세계를 찾아 나선다.

새로운 세계는 나탈리야를 기다리고 있었을까? 당시는 봉건사회였다. 세상 어디에도 여성의 자유를 허락하거나 독립을 인정할 곳은 없었다. 기다려야 했다. 긴 기다림은 20세기 초 혁명이라는 격변과 함께 끝을 맺었다. 혁명가 중에는 로자 룩셈부르크와 같은 유명한 여자도 있었다. 소련 헌법에는 남녀평등이 명기되고 여성의 일자리를 보장한다고 되어 있었다. 여성도 교육받을 권리를 보장했다. 많은 여성이 학교에 들어가고, 공장으로 향했다. 그러나 남녀 차별, 역할에 대한 전통적 의식은 하루아침에 바뀔 수 없다. 의식에 변화가 없는 혁명은 공염불이었다. 아무리 제도가 좋아도 사람의 의식이 바뀌지 않는다면 아무런 소용이 없는 것이다.

최근 만들어진 러시아 영화『히트(Hit)』는 꿈이 많은 젊은 여성을 여전히 좌절시키는 현실을 보여주고 있다.

라라와 토냐가 보여주는 본성

혁명은 여성의 착한 심성을 무너뜨렸다. 보리스 파스테르나크의 소설 『닥터 지바고』는 러시아 혁명 과정에서 여성이 겪어야 하는 운명의 파고를 라라와 토냐라는 두 여성을 통해 보여준다.

라라는 영롱한 눈빛을 가진 열여섯 살의 아름다운 소녀이다. 막 피어난 백합처럼 청초하기 그지없다. 그녀는 아름다울 뿐만 아니라 열정적이다. 또한, 의지도 강한 여성이다. 러시아 혁명 후 이어진 내전 기간 전쟁에 나간 남편을 만나기 위해 간호사로 자원하여 전쟁터를 헤매기도 한다. 그런 그녀가 어렸을 때 코마롭스키라는 사내에게 성폭행을 당한다. 그는 영악하고 약삭빠른 처세의 달인이었다. 라라는 전쟁과 혁명의 와중에서 주인공 유리를 만나 사랑을 하게 된다. 그녀는 적군으로부터 도망쳐 시베리아 벌판에서 얼어 죽을 위험에 처한 유리를 지극한 정성으로 보살펴 준다.

토냐는 유리의 아내이다. 그녀는 사랑이 넘치는 여자였다. 유리가 적군의 포로가 된 뒤 시골에 아이들과 혼자 남게 된다. 그녀는 나중에 유리가 라라와 함께 있는 것을 알게 된다. 그러나 그녀는 남편의 외도를 덮어주고 이해해 준다. 혁명의 혼란 속에서 가정을 지키며 남편의 무사를 비는 지조 있는 여성이었다.

라라는 아름답기만 한 게 아니었다. 포탄이 터지고 유혈이 난무하는 전쟁터에서 부상병들에게 커다란 위안의 손길을 내민다. 바로 전쟁터에 나타난 천사였다. 토냐는 남편 유리가 어디에 있건

데이비드 린의 영화 『닥터 지바고』에서 유리 지바고와 라라의 모습 (그림: 위키피디아)

자기 자리를 지키며 중심을 잃지 않는 또 다른 천사였다. 라라나 토냐는 러시아 여성들의 내면에 깊숙이 흐르는 덕목을 보여준다. 그것은 바로 인내와 관용과 사랑이다.

'인터걸'이라는 낙인

2000년대 초 모스크바의 책방에서 여성학에 관한 책을 찾았다. 돌아온 대답은 비웃음이었다. 혁명이 여성에게 평등을 얘기했지만, 그것은 말뿐이었다. 여성에게 자유가 주어지고 독립이 인정된 것 같았지만, 그것은 허울에 불과했다. 소련이 허락한 평등을 누린 여성은 『모스크바는 눈물을 믿지 않는다』에 나오는 류드밀라 같은 여자뿐이었다.

70년 공산당 치하의 모순은 페레스트로이카라는 개혁을 불렀다. 그러나 이 개혁은 또 다른 혼란을 일으켰다. 공장의 문도 닫히고, 많은 상점이 사라졌다. 그곳에서 일하던 수많은 여성은 직장을 잃었다. 당장 생계가 위협을 받았다. 무능한 남편은 보드카를 사오라고 닦달한다. 아니면 남자는 어디론가 사라져 버린다. 그럼 그 빈자리는 아내의 몫이었다. 여자는 아이들을 굶주리게 할 순 없었다. 집에서 기다리는 늙은 부모는 딸이 벌어오는 돈만 기다린다. 1990년대 초 모스크바에서 그런 여성들을 봤다. 조금이라도 젊거나 조금이라도 예쁘게 생기면 거리로 내몰렸다. 그것은 그들의 의지가 아니었다. 국가의 책임이고 사회가 져야 할 빚이었다. 여행객으로 또는 사업가로 잠시 방문한 외국인들은 그들을 '인터걸'이라고 불렀다. 그리고 그들에게 수치스러운 이미지를 덧칠했다. 마치 러시아 여자는 다 그런 것처럼. 그 무렵 영화 『인터걸』이 나왔다. 그것은 러시아 여자에게 주어진 낙인과 같은 영화였다. 사회의 모순을 비판하고자 만들었겠지만, 그 영화에서 많은 관객은 인터걸이 겪는 비극과 수모보다도 러시아 여자들에게

표트르 토도롭스키의 영화 『인터걸』의 한 장면 (그림: www.vokrugtv.ru)

덧씌워진 낙인을 봤을 것이다.

러시아 여성, 가정의 보루

1990년대와 2000년대 초 10여 년간 러시아는 혼란스러웠다. 그러나 러시아는 무너지지 않았다. 그 이유는 여러 측면에서 찾을 수 있을 것이다. 소련의 붕괴는 연방 체제의 정치적 해체일 뿐이다. 역사적으로 러시아는 세계의 중심에 있던 나라 아닌가? 부자가 망해도 3년은 간다는 속담처럼 러시아는 가진 것이 많은 강대국이다. 경제적 측면에서 러시아가 자원이 많은 자원 부국이라는 데서 그 이유를 찾을 수도 있다. 모두 일리가 있다. 그러나 러시아가 질서를 유지하고 무너지지 않는 데에는 내부적 요인도 있을 것이다. 사회가 혼란스러워지고, 살림이 어려워지는 상황에서 그것을 받쳐주는 힘이 내부에 없었다면 아무리 자원이 많은들 무슨 소용이 있었을까?

『모스크바는 눈물을 믿지 않는다』에 나오는 안토니나와 카테리나처럼 러시아 여성들은 어떤 상황에서도 가정을 포기하지 않았다. 그것이 고난의 10여 년을 버틴 힘이었다고 평가할 수 있지 않을까?

러시아에서는 러시아의 이혼율이 높다고들 한다. 그것을 부정적으로 얘기하기도 한다. 그러나 그 이면을 들여다보면 이혼의 사유가 여성들에게 있지 않은 경우가 대부분이다. 남자의 부정이나 폭력, 술버릇 같은 것이 더 큰 이유이다. 이런 경우 남자가 떠나면 여자는 남은 식구들을 챙겨야 하는 책임을 떠맡는다. 그래야 적어도 가정은 깨지지 않는다. 가정이 깨지지 않으면 사회는 흔들리지 않는 것이다.

지혜의 여인상 올가 대공후

러시아어에 "남자는 머리이지만, 여자는 목이다"라는 속담이 있다. 이 속담의 뜻은 남자가 제아무리 똑똑해도 여자만 못하다는 것이다. 목이 움직여 주지 않으면 머리는 움직이지 못한다. 달리 말하면, 남자가 머리를 아무리 굴려도 여자의 동의를 받지 못하면 소용없다는 뜻이기도 하다. 왜냐하면 지혜는 여성에게서 나오니까. 러시아 역사에서 가장 지혜로운 여성의 이름은 올가이다. 올가라는 이름을 역사서에 올린 최초의 여성은 당시 루시(Rus')라고 불린 키예프 공국을 다스린 대공후(945~962)였다. 이 여성은 957년 비잔틴을 방문했다. 올가의 아름다움에 반한 비잔틴 제국의 황제는 그녀에게 청혼했다. 이때 올가는 남편을 여의고 혼자였다. 올가는 고민에 빠지게 됐다. 청혼을 거절하면 황제에게 적이 되고, 청혼을 수락하면 국가와 민족을 배신하게 되는 것이었다. 다음날 만난 올가는 황제에게 먼저 청을 하나 한다. 자신은 이교도인데 기독교도인 황제가 어찌 자신을 맞아들일 수 있겠느냐고? 먼저 자신이 기독교도로서 세례를 받겠노라고 한다. 그 대신 황제에게 자

「성녀 올가 대공후」(니콜라이 브루니, 1901)

신의 대부가 되어 달라고 부탁한다. 그 말에 감복한 황제는 아무 생각 없이 동의하고 대부가 된다. 세례식이 끝난 후 황제는 다시 청혼한다. 이에 올가는 담담하게 답한다. 황제와 자신은 이미 부녀가 되지 않았는가? 어찌 부녀가 결혼할 수 있단 말인가? 비로소 황제는 자신이 무슨 일을 했는지 깨닫고 올가를 풀어준다.

러시아가 기독교 국가가 되는 것은 올가의 손자 블라디미르에 이르러서였다. 그녀가 기독교인이 된 것은 개인의 세례였다. 그것은 황제의 족쇄에서 벗어나기 위한 방편이었을 것이다. 그러나 그

일로 올가는 황제와 아무런 마찰 없이 위기를 모면할 수 있었다. 그 뒤 올가는 주변의 이민족들을 차례로 정복하며 영토를 확장하고 러시아의 전신인 루시의 기반을 다졌다.

여전한 남성 중심적 사회

솔제니친의 소설 『제1원』을 보면, 소련 사회에서 의사들은 70%가 여성이라는 말이 나온다. 소설에서 말하는 이유가 의학은 주로 암기하는 것이어서 창의성을 필요로 하지 않아 여자들이 많이 선택한다는 것이었다. 대신 남자들은 공학을 선택한다고 했다. 이 무슨 남녀 차별적 서술인가? 사실은 소련 체제에서 의사들을 노동자의 하나로 간주한 것이 더 큰 이유일 것이다. 의학이라기보다는 의술. 그냥 여자들이 해야 하는 단순 직업 정도로 간주했던 것은 아닌지? 소련 시절 병원은 많지만, 믿고 갈 수 있는 병원은 많지 않았다. 지금도 러시아의 공공의료 체계에는 문제가 많다. 최근에는 개인 병원이 많이 생기면서 의료 수준도 올라가고 있다. 그러나 아직도 공립병원 같은 곳에선 의료 수준이나 서비스가 만족할 수준이 되기에는 갈 길이 멀다.

소련 헌법에서부터 남녀평등을 분명히 하고 있지만, 직장에서 차별은 심각하다. 직장에서뿐만 아니라 가정에서도 남녀 불평등은 심각하다. 아내는 직장에서 돌아오면서 시장에 들러 장을 보아야 한다. 집에 오면 저녁을 준비하고, 아이를 돌보고, 청소하고,

빨래하는 모든 것이 아내의 몫이다. 남편은 보드카에 취해 소파에 누워 있거나 재미도 없는 텔레비전 앞에 앉아 채널을 찾는다. 구소련 시대의 지나간 얘기다.

시베리아 타이가 지역으로 암각화를 찾으러 탐사를 나간 적이 있었다. 일행은 아홉 명이었다. 그중에 젊은 여자가 둘 있었다. 대학원생들이었다. 그들의 역할은 음식 준비하는 것이었다. 열흘에 걸친 탐사 기간에 그들은 그 일에 충실했다. 남자들은 아무도 그들을 도우러 나서지 않았다. 그들이 도와준 것은 보트를 타고 나가 물고기 몇 마리를 잡아 온 것이었다. 그다음 일은 모두 여자들의 몫이었다. 탐사 중 폐가에 들렀다. 그곳에서 밤을 보내기 위해서였다. 저녁으로 밀가루 튀김을 준비했다. 남자들은 모두가 폐가 안에 있는 침상에 누워 저녁이 되기만을 기다렸다. 밖에는 비가 오고 있었다. 부엌이 따로 없는 폐가 옆에 화덕이 있었다. 비가 들이치는 곳에서 두 여자는 열심히 튀김 요리를 했다. 왜 저 남자들은 아무도 나와 돕지 않는지 물었다. 이건 우리 일이니까요. 대답은 간단했다.

2006년 시베리아 오지에 갔다가 헬리콥터에 탄 적이 있다. 그곳에서 밖으로 나올 수 있는 유일한 방법은 사흘을 기다려 정기 노선 프로펠러 비행기를 타는 것뿐이었다. 헬리콥터는 다이아몬드 회사의 것이었다. 헬리콥터에는 다이아몬드 회사 임원과 직원들이 타고 있었다. 필자는 회사의 호의로 헬리콥터에 탈 수 있었다. 승객 중에는 다이아몬드 홍보 방송 회사 직원이 있었다. 아마도 앵커나 리포터 같았다. 젊고 아름다운 백인 여자였다. 헬리콥터는 2시간 넘게 날았다. 그 안에서 두 시간은 정말 힘들었다. 회사 임원은 젊은 여직원을 제멋대로 희롱했다. 싫어하는 기색을 보였지만, 소용없었다. 아무도 희롱당하는 여성을 도와주지 않았다. 그냥 모른 체 할 뿐. 옆에서 임원과 관계가 있어 보이는 중년 여성이 말렸지만, 잠시뿐이었다. 이런 사회에서 여성이 자신을 지키려면 어떻게 해야 할까를 반문하고 또 했다.

1인 3역의 러시아 여성

러시아 여성이 아름답다는 것에는 의문의 여지가 없다. 또 그런 아름다움을 지키기 위해 사치를 부리는 여성들도 꽤 있다. 비 오는 날 시장에 모피코트를 입고 나타난 여자는 틀림없이 러시아 여자라는 말을 들은 적이 있다. 그만큼 옷 사치가 심하다는 것이다. 그러나 그것은 러시아 여자의 미모에 대한 질투는 아닐까? 여자의 사치가 왜 꼭 러시아 여자만 심한 걸까? 과거 어려운 시절에 수입과 비교하여 심하다는 질책일 수 있다. 그러나 그것이 러시아 여자를 매도하는 이유는 될 수 없다. 류드밀라와 같은 여자들도 있지만, 실은 카테리나나 안토니나와 같은 여자들이 더 많을 것이다.

그들은 식구들을 위해 헌신한다. 러시아 여성들이 중년이 되면 뚱뚱하게 살찌는 이유가 이와 연관이 있을 수 있다. 러시아 여자들은 예쁘고 날씬하다. 이것은 20대까지의 얘기다. 30대가 되면서부터는 많은 여자가 날씬함에서 거리가 멀어진다. 그 이유로 여러 설이 있다. 제일 자주 듣는 이유가 음식과 관련돼 있다. 기름진 음식을 탓한다. 젊은 여성들도 기름진 고기를 좋아하기는 마찬가지이다. 음식보다도 사회적 원인을 찾을 순 없을까? 20대까지는 결혼을 고려해야 한다. 자연히 몸매 관리를 위해 신경을 쓴다. 그러나 30대가 되면 그럴 여유가 없어진다. 애를 키워야 하고, 가정을 돌봐야 한다. 또 직장에 나가 일도 해야 한다. 전통적으로 러시아 여자는 최소 1인 3역을 맡아야 했다. 이젠 러시아도 많이 변하고 있다. 적어도 여성적 관점에선 그렇다. 여성들은 중년이 되어도 몸매 관리에 신경을 쓴다. 모스크바와 같은 대도시는 물론이고 작은 도시에 가도 피트니스 센터에 여성들이 가득하다.

다시 피어오르는 미소

1990년대 모스크바에서 만나는 러시아 여자의 얼굴엔 미소가 없었다. 모두가 화난 얼굴, 아니면 무표정이었다. 소련 체제의 끝자락에서 만난 아냐의 얼굴에선 답답함을 읽을 수 있었다. 탈출구 없는 삶에서 오는 절망감이 그녀를 짓누르고 있었다. 그래도 카테리나와 류드밀라, 안토니나는 소련이 정점을 향하던 훨씬 더 행복한 시절에 살았다. 그래도 답답하기는 마찬가지였다. 아냐는 자신의 의지로 자신의 인생을 선택할 수 없는 상황에서 일종의 폐소공포증을 느꼈을 것이다.

시베리아에 사하공화국이라는 자치공화국이 있다. 수도는 야쿠츠크이다. 그곳 사람들은 사하-한국학교라는 특수학교를 세우고 싶어 했다. 1994년의 일이었다. 그곳 현지인들의 표정은 훨씬 밝아 보였다. 시베리아 오지에 사는 사람들이 어떻게 모스크바에 사는 사람들보다 더 행복해 보이는지 궁금했다. 무엇이 이들을 웃게 만들었을까?

1995년 여름 사하-한국학교 학생들을 한국에 3주간 초대했다. 마지막 날 김포공항에서 아이들은 울고불고했다. 돌아가기 싫다고. 한국에서 살고 싶다고. 애들은 한국이 천국이라고 했다. 애들의 울부짖음은 절망적이었다. 다음에 또 초대하겠다고 약속하며 겨우 달랬다. 그때 애들이 물었다. 한국 사람들은 왜 그렇게 잘 웃나요? 그 애들은 한국이란 나라에 처음 와서 한국 사람을 처음 봤다. 적어도 김포공항에 첫발을 디딜 때까지는 한국 사람이 어떻게 생겼는지도 모르던 애들이었다.

사실 그 애들도 잘 웃었다. 적어도 모스크바 사람들과 비교해서는 그랬다. 그래서 웃음과 햇빛의 상관관계를 생각해 보았다. 사하공화국은 북쪽에 있어 겨울엔 매우 춥지만, 일조량은 흑해 연안의 소치보다도 많다. 그만큼 밝다. 게다가 탁 트인 평원. 모스크바에선 그런 밝은 날들을 보기가 쉽지 않다. 러시아 소설책에서 묘사되는 모스크바는 구름 낀 것처럼 희뿌연 거리에 잿빛 건물들이 늘어선 무미건조한 도시이다. 그 도시를 주인공은 무표정하게 담배를 꼬나물고 배회하고 있다. 물론, 이건 20년쯤 전에 있었던 모습이다. 20년 전 야쿠츠크에서도 그런 회색빛의 거리를 한 겨울 영하 50도로 내려갈 때 잠깐 볼 수 있었다. 그래도 20년 전의 야쿠츠크에 높은 빌딩은 없었지만, 거리 풍경이 을씨년스럽거나 우중충하지는 않았다.

그래서 웃음과 햇볕의 상관관계를 생각하게 됐다. 햇볕이 많은 곳에 사는 사람들의 표정은 밝고 잘 웃게 된다고 생각했다. 요즘 모스크바나 상트페테르부르크를 걷다 보면 그런 가정이 맞지 않는다고 생각하게 된다. 모스크바나 상트페테르부르크의 거리에서 만나는 여자들은 완전히 변해 있다. 그들은 과거의 아냐도, 카테리나도, 류드밀라도, 안토니나도 아니다. 그들의 얼굴에선 무기력함도, 답답함도, 절망감도 더는 읽을 수 없다. 그들의 얼굴엔 생기가 넘치고 낯선 사람들에게도 미소를 보여준다. 그들에게선 어떠한 불행도 절망도 볼 수 없다. 새로운 21세기 러시아가 피어나고 있다. 그 바탕에는 19세기의 타티야나와 소냐, 안나의 원형이 들어 있다.

소치에서 만난 여인들

2017년 6월 얄타에서 러시아어 진흥을 위한 국제학술회의가 열렸다. 40여 개 국가에서 초대를 받았다. 러시아어 관련 전문가들이 모였다. 언어와 문화, 예술, 역사 등 분야가 다양했다. 손님맞이는 일사불란하게 준비됐다. 회의를 준비하는 여성들 중에 카리네라는 여자가 있었다. 그녀는 모스크바에서 온 젊은 여성이었다. 그녀의 표정은 20년 전 가이드로 만났던 아냐와는 딴판이었다. 얼굴엔 그늘이 없었다. 눈가엔 웃음이 붙어 있었다. 말은 부드러웠다. 20년 전 아냐는 말투부터 투박했다. 얼굴은 예쁜데 표정을 찡그리고 불만이 쌓인 말투여서 당황스러웠다. 소치에서 만난 카리네는 표정과 말투가 일치했다. 게다가 아주 친절했다. 처음 회의장에 들어갔을 때 주최 측의 실수로 좌석이 지정돼 있지 않았다. 그녀는 매우 미안해하면서 자리를 만들기 위해 여기저기 바삐 뛰어다녔다. 회의 내내 그녀는 외국인 참석자들을 위해 수고를 아끼지 않았다.

얄타에서 회의를 마치고 비행기를 타기 위해 세바스토폴에 갔다. 비행기 시간까지 3시간의 여유가 있었다. 세바스토폴의 유명한 사원을 방문하고자 시내로 들어갔다. 그런데 그 사원은 옛 도시의 구석에 있어 찾기가 어려웠다. 길거리에서 50대 여성에게 길을 물었다. 그 여성은 우리 일행을 사원까지 데려다줬다. 이런 친절은 10년 전만 해도 기대하기 어려웠다.

착한 심성을 가진 여성들

70년이라는 기나긴 세월의 소련 체제는 여성들에게 질곡이었다. 명목뿐인 평등은 여성들을 착취하는 허울이었다. 그 허울은 여성들에게 일방적 희생을 요구했다. 이제 여성들은 더 이상 일방적으로 자신을 희생하지 않아도 되는 시대가 됐다. 경제가 어

사하공화국 우스티-네라에서 만난 지방신문기자 크세니야 리가니나(가운데 여성) (사진: 강덕수)

럽다는 것은 문제가 아니다. 비록 러시아가 몇 년째 경제 제재로 어려움을 겪고 있지만, 그런 것은 모두가 겪는 일이다. 오히려 여성들은 그런 상황을 사랑이라는 이름으로 가정을 지키고 사회를 지탱했다. 러시아 역사에서도 어려웠을 때 버티고 견디는 힘이 되어 준 것은 여성들이었다. 이제 다시 20세기 소련 시절 잃어버린 러시아 여성의 덕목이 살아나고 있다.

그렇다! 러시아 여성들에게서 그동안 감춰지고 숨겨졌던 내면의 아름다움, 그들만의 본성이 살아나고 있다. 러시아 어디를 가든 얼굴에 맑은 미소가 가득한 여성들을 볼 수 있다. 모스크바든, 페테르부르크든, 시베리아 산골이든, 북쪽 툰드라의 작은 마을이든. 이제 러시아 현대 여성에게서 아름다움과 함께 착한 심성으로 가정과 사회를 지키는 희생과 관용의 덕목이 빛을 보게 됐다.

여성의 얼굴을 한 러시아 : 카튜샤에서 인터걸까지

라승도

헌신과 정절은 러시아 여성의 민족 특성

12세기 작자 미상의 서사시 『이고리 원정기』는 정교한 시적 구성과 풍부한 상징체계, 유용한 역사 정보 등으로 고대 러시아 문학이 낳은 위대한 문화유산 가운데 하나로 손꼽힌다. 『이고리 원정기』는 고대 키예프 루시의 이고리 공후가 스뱌토슬라프 대공의 승낙 없이 이민족 유목민 폴로베츠인들을 정벌하러 나섰지만, 전투에서 패배하고 포로로 붙잡혀 있다가 1년 만에 가까스로 탈출에 성공하여 고국으로 돌아오는 이야기로 이뤄져 있다. 이 작품이 군사 원정기답게 주로 남자들의 이야기와 치열한 전투 장면들을 생생하게 묘사하고 있는 이유도 여기에 있다. 하지만 이 작품에는 이고리 공후를 포함한 뭇 남성들 사이에서도 유일한 여성 한 명이 등장한다. 이고리 공후의 아내 야로슬라브나가 바로

「야로슬라브나의 애가」 (바실리 페로프, 1881) (그림: 위키피디아)

그 여성이다. 게다가 『이고리 원정기』의 남성 세계에서 홍일점으로 등장하는 야로슬라브나는 전장에서 생사를 알 수 없는 낭군을 향한 헌신적인 아내의 애절한 사부곡을 들려준 러시아 여성의 원형적 이미지로 역사 속에서 기억된다.

『이고리 원정기』의 마지막 부분에서 '야로슬라브나의 애가'로 불리는 대목을 통해 등장하는 야로슬라브나는 이고리 공후가 원정에 나섰다가 싸움에서 패해 포로로 붙잡힌 것으로 알려지자 매일 아침 일찍 푸티블리 성벽에 나가 남편의 무사 귀환을 염원하는 애끓는 노래를 부른다. 예를 들면, "두나이강에 야로슬라브나의 목소리가 들리는데, 이른 아침 알 수 없는 갈매기의 울음소리 같다"라고 묘사된다. 이윽고 "나는 두나이강을 따라 날아다니며 비단 옷소매를 카얄라 강에 적셔서 뜨거운 피로 범벅이 된 공후의 상처를 닦아 주리라"라고 야로슬라브나는 말한다. 이처럼 『이고리 원정기』에서 위험에 빠진 이고리 공후를 향한 야로슬라브나의 애절한 마음은 어떤 상황에서도 남편을 믿고 따르고 기다리는 아내의 자세이다. 그리고 이때 야로슬라브나가 보여준 정절의 모습은 훗날 러시아에서 여성의 최대 덕목이자 민족 특성으로 강조되고 찬미된다.

러시아 여성의 민족 특성으로 찬사를 받는 헌신과 곧은 절개는 『이고리 원정기』처럼 허구적인 문학 작품들에서도 자주 접할 수 있고 역사 현실에서도 쉽게 찾을 수 있다. 문학 작품에서 예를 들자면 러시아 사람들에게서 위대한 시인이자 작가로 널리 사랑받는 알렉산드르 푸시킨의 운문 소설 『예브게니 오네긴』에 등장하는 여주인공 타티야나 라리나를 꼽을 수 있다. 잘 알려졌듯이, 타티야나는 문학소녀 시절 서구 낭만주의 소설들에 푹 빠져 있다가 예브게니 오네긴을 만나고는 이내 그에게 마음을 빼앗기고 장문의 연애편지를 써서 사랑을 고백한다. 하지만 그녀는 거만한 오네긴에게서 보기 좋게 퇴짜를 맞고 만다. "다른 사람……! 아니, 이 세상에 제 마음을 바칠 사람은 그대밖에 없어요! 높으신 분의 섭리…… 하늘의 뜻으로 결정된 일, 저는 그대의 것입니다. 이제까지 제 인생은 그대와 어김없이 만나기 위한 저당이었어요." 이처럼

낭만주의 소설들을 탐독하고 있는 타티야나의 모습 (그림: 위키피디아)

타티야나는 오네긴에게 보내는 편지에서 두 사람의 운명이 신에 의해 결정됐다고까지 말한다. 그러나 오네긴은 타티야나가 쏟아낸 뜨거운 사랑의 고백을 듣고 나서 "나는 그걸 받을 자격이 없소.... 결혼은 우리에게 고통이 될 거요. 내가 아무리 당신을 사랑해도 익숙해지면 곧 사랑이 식을 거요"라면서 그녀에게 냉정하게 등을 돌린다.

그러나 세월이 흐르고 나서 오네긴이 우연히 타티야나를 다시 만났을 때 그녀는 이미 다른 사람이 되어 있었고 오네긴은 몰라보게 달라진 타티야나의 눈부신 모습에 넋을 잃은 나머지 그 자리에 못 박힌 듯 멈춰 선다. "아무리 열심히 살펴보아도 오네긴은 전에 알았던 타티야나의 흔적을 발견할 수 없었다.... 정말로 저 여자가 타티야나란 말인가 ... 언젠가 저 외딴 촌구석에서 고귀한 도덕심에 불탄 나머지 단둘이 있는 자리에서 훈계를 읊어 주었던 그 여자란 말인가, 지금도 그가 간직하고 있는 편지에서 속마음을 모두 있는 그대로 털어놓았던 처녀, 그 처녀란 말인가...... 아니면 이게 다 꿈인가......?" 이제 상황은 정반대로 바뀌어 "도도하고 화려한 네바강의 범접할 수 없는 여신"이 된 타티야나에게 오네긴이 사랑을 고백하는 편지을 써 보낸다. 편지에서 오네긴은 "당신이 알아주신다면 당신의 무릎을 얼싸안고 당신 발아래 엎드려 통곡하며 간원과 고백과 원망, 내가 표현할 수 있는 모든 것, 모든 것을 털어놓고 싶다"라고 말하면서 "당신의 처분만 기다리며 운명에 복종하렵니다"라고 끝맺는다.

그러나 때는 이미 늦어도 한참 늦었다. 오네긴이 버리고 떠난 타티야나는 이제 그에게 돌아가고 싶어도 돌아갈 수 없는 몸이 됐기 때문이다. 타티야나는 "이 화려함, 허위에 찬 이 역겨운 삶, 사교계의 회오리바람 속에서 제가 거둔 성공, 저의 멋진 저택과 야회가 무슨 소용이 있겠습니까?"라고 말하며 옛 고향 집으로 돌아가고 싶다고 덧붙인다. 이와 함께 그녀는 오네긴을 지금도 여전히 사랑하고 있지만, 이미 다른 남자와 결혼한 몸이니 오네긴을 아무리 사랑한다고 하더라도 그에게 절대 돌아갈 수 없다고 강조한다. "저는 당신을 사랑합니다(감춰서 뭐 하겠습니까?), 그러나 저는 다른 사람과 결혼을 한 몸, 영원히 그이에게 성실할 것입니다"라고 선언한다. 이런 식으로 『예브게니 오네긴』에서 타티야나 라리나는 환상을 꿈꾸던 시골뜨기 철부지 문학소녀에서 상류사회의 여왕으로 화려하게 변신했지만, 어떤 유혹과 시험에서도 한 남자의 아내로서 정숙과 정절을 잃지 않는 강인한 러시아 여성의 대명사로 자리 잡는다. 게다가 타티야나는 남편이 전장에 나가 있어 홀로 남겨져 있었을 때도, 안타깝게도 남편이 전장에서 불구가 되어 돌아왔을 때도 남편에게 한 치도 흔들림 없는 태도를 보였던 것으로 암시되어 있다.

어떤 유혹과 시련에도 굴하지 않고 남편에게 정절을 지키며 헌신하는 아내의 형상으로 나타나는 러시아 여성의 민족적 특성은 1825년 12월 14일 상트페테르부르크에서 열린 황제 니콜라이 1세의 즉위식 때 봉기를 일으킨 데카브리스트(일명 12월당원)들의 아내들에게서도 분명하게 찾아볼 수 있다. 주지하듯, 1812년 나폴레옹 전쟁에 참전했다가 승전군의 일원으로 유럽의 수도 프랑스 파리에 입성하여 그곳에서 입헌군주제 등 선진 정치문화를 목도하고 정치·사회 개혁을 꿈꾸며 러시아로 돌아온 귀족 출신 청년 장교들은 유럽에 뒤처진 러시아의 현실에 환멸을 느끼면서 전제정치 타파를 목표로 새로운 황제의 즉위식 때 봉기를 일으킨다. 그러나 치밀하게 준비하지 못한 청년 장교들의 반란은 일어나자마자 진압되고 주모자들을 비롯한 많은 반란 참가자가 체포되어 엄벌을 면치 못했다. 봉기가 진압된 이후 체포된 데카브리스트 중에서 약 120명이 재판을 받았는데, 그중에서 파벨 페스텔, 콘트라티 릴레예프, 세르게이 무라비요프 등 5명이 1826년 7월 25일 처형당했고 31명이 투옥됐으며 나머지는 모두 시베리아로 유배당했다.

이때 시베리아 유형지로 데카브리스트 남편들을 따라간 아내들의 일편단심 순애보도 정절을 민족 특성으로 보여주는 러시아 여성들의 이야기에서 빼놓을 수 없는 부분이다. 봉기 진압 직

「치타의 풍차 속 데카브리스트들」(니콜라이 레핀, 1830년대)

시베리아 이르쿠츠크에 있는 데카브리스트 부인 기념 동상 (사진: www.irkipedia.ru)

후 대대적인 체포에 이어 재판이 진행되고 마침내 시베리아 유배 판결을 받은 데카브리스트들은 이들 덕분에 '시베리아의 파리'로 불리게 된 이르쿠츠크 같은 혹한의 시베리아 땅에 가서도 절대 외롭지 않았다. 그들 곁에는 온갖 회유와 협박을 이겨내고 사랑하는 남편의 시베리아 유배 생활을 뒷바라지하러 나선 든든한 아내들이 있었기 때문이다. 황제 니콜라이 1세는 데카브리스트 봉기 진압 이후에 유죄 판결을 받은 장교들의 부인에게 남편과 이혼하고 귀족의 특권을 유지할 기회를 제공했다. 그러나 데카브리스트 부인 중에는 이러한 제의를 단호하게 거절하고 아이들을 친척들에게 맡기고 나서 남편과 함께 시베리아 유형을 떠난 사람들이 많았다. 이로 말미암아 그들은 귀족 지위와 재산을 박탈당했고 평생 권리의 제한을 받았다. 이처럼 러시아 여성들이 어떤 상황에서도 굴하지 않고 오직 남편을 믿고 따르며 사랑과 인고의 길을 걸었던 것은 예나 지금이나 크게 다르지 않다. 현대 러시아 여성들도 군소리하지 않고 남편을 따라 시부모 집에 들어가 사는 일이 종종 있다. 이러한 모든 것은 가부장적 전통이 러시아 사회에 여전히 강하게 남아 있음을 뒷받침하기도 한다.

러시아 여성들이 보여준 정절과 인고의 길은 특히 러시아가 국가적으로나 사회적으로도 매우 어려운 상황에 놓여 있을 때 더욱더 빛을 발했다. 『이고리 원정기』에서 주인공 이고리 공후의 아내 야로슬라브나의 예를 통해 이미 알 수 있었듯이, 러시아 여성들은 특히 전시에 남편(이나 연인)에 대한 깊은 사랑과 굳은 믿음을 드러내 보여준 것으로 유명하다. 필자가 30년 전쯤 대학에 들어가서 러시아에 관해 처음 알면서 배우기 시작한 러시아 민요 가운데 하나가 바로 「카튜샤」였는데, 이 노래의 기원과 의미에 관해 제대로 아는 사람들은 당시도 지금도 의외로 많이 없다. 특히 「카튜샤」는 사랑 이야기를 담고 있으면서 러시아 여성의 민족 특성 가운데 하나인 정절을 잘 묘사해 보여준다. 『이고리 원정기』가 군담이면서도 남자들만 있는 거친 세계에서 홍일점으로 야로슬라브나를 내세우고 남편을 향한 그녀의 애절한 사랑 이야기를 반짝 전해주고 있듯이, 「카튜샤」도 전장에 나간 연인을 향한 카튜샤의 애틋한 사랑을 노래하고 있다.

사과꽃 배꽃이 피었네.
구름은 강 위를 흘러갔네.

카튜샤는 강둑으로 나왔네.
높고 가파른 강둑으로.

강둑으로 나와 노래를 불렀네.
초원의 잿빛 독수리에 대해
사랑한 이에 대해
그녀가 간직한 편지를 보내온 이에 대해

오! 노래야, 처녀의 노래야,
저 밝은 해를 따라 날아가,
머나먼 국경의 병사에게
카튜샤의 인사를 전해다오.

그가 순박한 처녀를 기억하게 하고,
그녀의 노래를 듣게 해주렴.
그가 조국을 수호하게 하고,
카튜샤가 사랑을 간직하게 해주렴.

사과꽃 배꽃이 피었네.
구름은 강 위를 흘러갔네.
카튜샤는 강둑으로 나왔네.
높고 가파른 강둑으로.

「카튜샤」는 시인 미하일 이사콥스키가 쓴 단순하지만, 웅숭깊은 가사에 작곡가 마트베이 블란테르가 곡을 붙여 만들어졌다. 일설에 따르면 「카튜샤」는 이사콥스키가 러시아의 대문호 레프 톨스토이가 쓴 장편 소설 『부활』의 여주인공 카튜샤 마슬로바를 모델로 삼아 가사를 썼다고 한다. 하지만 이 노래는 제목에서만 톨스토이의 소설과 관련돼 있을 뿐 내용상에서는 직접적인 연관성을 거의 찾아볼 수 없다. 최근에 밝혀졌듯이, 「카튜샤」의 가사는 1938년 극동 연해주 하산에서 벌어진 소련군과 일본군의 전투에서 활약한 블라디보스토크 출신의 간호사 예카테리나 알렉세예바를 모델로 해서 쓰였다고 한다. 이 노래는 애초에 군가로 만들어지지는 않았지만, 내용상 전쟁을 배경으로 한 연인들의 애틋한 사랑 이야기를 담고 있어 소련군 병사들에게서 널리 불리며 높은 인기를 끌어 군가가 되다시피 했다. 실제로 「카튜샤」

블라디보스토크 해안가에 있는 카튜샤 기념 동상 (사진: 라승도)

는 민요이지만, 예나 지금이나 군사행진 등 군사 관련 행사들에서 빠지지 않고 애창된다. 또 바로 이 노래의 영향을 받아 소련 시절이나 지금도 다연장 로켓포 등 군사 무기들에 「카튜샤」라는 이름이 붙여졌는데, 이 이름은 전장에 나간 연인을 향한 카튜샤의 애절한 마음에 대한 화답으로 러시아 병사들이 붙였을 가능성이 매우 크다. 그러나 1979년 할리우드 영화 『디어 헌터』에 나오는 피로연 댄스파티의 대미를 장식하는 음악으로 나올 정도로 세계적으로도 유명한 러시아 노래 「카튜샤」에 12세기 『이고리 원정기』에서부터 전해져온 러시아 여성의 민족 특성이 내포되어 있다는 사실을 아는 사람들은 그리 많지 않다.

자기희생의 아이콘

러시아의 민족 정체성과 자의식에 관한 설명이나 분석을 읽다 보면 러시아가 제아무리 혹독한 시련을 겪더라도 쓰러질지언정 절대 파멸하지 않는 이유로 강인한 자기희생 정신을 거론하는 경우가 많다. 이 방면에 정통한 연구자들의 말에 따르면, 러시아는 역사상 수많은 침입으로 수난을 심하게 겪었지만, 어떤 세력에게도 완전히 굴복하지 않고 다시 떨쳐 일어나곤 했다. 240년에 걸친 몽골-타타르족의 압제에서도 끝내 벗어났고 900일에 걸친 나치 독일군의 레닌그라드 봉쇄에도 끝까지 버티고 살아남았던 것도 모두가 러시아 사람들의 남다른 희생정신 덕분이었다고들 말한

'어머니 러시아'를 상징하는 대표적인 이미지 가운데 하나인 러시아 남부 도시 볼고그라드 마마예프 언덕의 '어머니 조국' 기념 동상 (사진: 라승도)

다. 2014년 러시아의 크림반도 합병 이후 서방 세계가 강력한 경제 제재를 지금까지도 끊이지 않고 계속해서 가하고 있는데도 러시아가 이렇게 버틸 수 있는 것은 러시아의 경제 구조가 예상보다 훨씬 더 튼튼한 데서 기인한다고 말하는 사람들이 적지 않다. 다른 한편으로, 역사적으로 볼 때 러시아가 이렇게 버틸 수 있는 원동력은 바로 어려울 때일수록 더 강해지는 러시아인 특유의 희생정신에서 나온다고 보는 사람들도 많이 있다. 게다가 이러한 희생정신을 가장 잘 구현하고 있는 모습은 바로 '어머니 러시아(Mother Russia)'를 대표하는 러시아 여성들에게서 흔히 찾아볼 수 있다. 가령, 앞서 인용한 푸시킨의 『예브게니 오네긴』에 나오는 여주인공 타티야나 라리나도 희생과 수난의 러시아 여성상을 보여주는 대표적인 사례라고 할 수 있는데, 러시아 문학에서 레프 톨스토이와 쌍벽을 이루는 대문호 표도르 도스토옙스키가 푸시킨의 타티야나를 가리켜 "러시아 여성의 이상형"이라고 부른 이유도 바로 여기에 있다.

러시아 여성들의 자기희생은 다른 말로 표현하면 수난의 감내를 의미한다. 예나 지금이나 가부장제 전통이 강력하게 남아 있는 러시아에서 여성의 최고 덕목 가운데 하나는 자기희생이다. 전통적으로 러시아 여성들의 자기희생은 특히 순응성과 소극성으로 나타나곤 하는데, 이는 남편이 아내에게 폭력을 행사해도 적극적으로 저항하지 않고 가만히 맞고만 있는 경우에서 자주 볼 수 있다. 이러한 특성은 오늘날과 같은 현대 사회에서도 러시아 여성들이 여성 권익을 적극적으로 주장하는 페미니즘에 대해 부정적인 태도를 보이는 데서도 비슷하게 찾아볼 수 있다. 2017년 러시아 국가두마(하원)가 남편이 아내를 폭행하는 등 가정폭력에 대해 형사 처벌하는 내용을 담고 있는 상정 법안을 통과시키지 않은 것도 여성의 자기희생을 자연스럽게 받아들이는 사회적 분위기 때문에 가능했다. 이처럼 러시아 여성의 자기희생은 페미니즘과 남녀평등의 관점에서 볼 때 지극히 부정적인 민족 특성으로 간주되지만, 러시아 문화의 전통에서 볼 때는 당연히 있어야 하는 중요한 덕목이다. 미국 출신의 저명한 러시아 문화학자인 제임스 빌링턴이 이러한 전통이 기원한 고대 러시아에 관해 설명하면서 "여성들은 악에 대한 무저항과 자발적인 수난을 찬미한 러시아 정신의 경향을 암묵적으로 조장했다"라고 주장한 이유도 여기에서 찾아볼 수 있을 것이다.

역사적으로, 문화적으로 러시아는 주로 여성의 이미지로 표현됐다. 앞서 언급한 '어머니 러시아'라는 표현이 단적인 예이다. 게다가 '어머니 러시아'도 '고통과 수난의 여성'에 다름 아니다. 노벨문학상 수상 시인이자 작가 보리스 파스테르나크는 장편 소설 『의사 지바고』에서 수난 받는 '어머니 러시아'를 심지어 순교자의 이미지로 묘사하기도 한다. 특히 역사상 수많은 외세 침입과 크고 작은 전쟁을 겪은 러시아 사람들은 자신들의 조국이 수난 받는 나라라고 생각했다. 예를 들면, 제2차 세계대전에서 러시아가 겪은 참상은 러시아 사람들이 자신들의 나라가 세계에서 고통을 가장 많이 받았다고 생각하도록 하기에 충분했다. 이처럼 여성적 이미지로서 러시아 자체가 수난으로 점철되어 있듯이 러시아 여성들도 희생과 수난의 존재로 자주 간주되거나 묘사되거나 했다. 표도르 도스토옙스키는 『작가의 일기』에서 러시아 여성을 가리켜서 "러시아 남자를 위한 희생적 순교자"로 표현할 정도로 러시아 여성들에게서 희생정신을 높이 평가한 것으로 유명하다.

도스토옙스키가 러시아 여성들에게서 찬미한 순교자적 희생정신은 그의 장편 소설 『죄와 벌』에 나오는 여주인공 소냐 마르멜라도바의 이미지에서도 잘 드러난다. 이 소설에서 소냐는 술주정뱅이 아버지를 대신해서 가장 노릇을 하며 어린 동생들을 먹여 살리기 위해 매춘부로 일한다. 다시 말해 소냐는 무능한 가난뱅이 아버지를 포함한 가족 전체의 생계를 위해 아무 불평도 하지 않고 자신을 희생하면서 사회의 가장 낮은 곳으로 내려간다. 그

모스크바 지하철 '도스토옙스키역' 승강장의 한 벽면이 표도르 도스토옙스키의 장편 소설 『죄와 벌』에 나오는 주요 인물과 장면으로 장식돼 있다. 소냐가 라스콜리니코프에게 성경을 읽어 주는 장면도 보인다. (사진: 라승도)

렇다고 주변에서 소냐를 향해 손가락질하며 욕하거나 하는 사람들은 없다. 오히려 사람들은 소냐의 행동을 거룩한 희생으로 간주하며 그녀에게 동정과 연민을 표한다. 더욱 중요한 사실은 사회의 가장 낮은 곳에서 사는 소냐가 끔찍한 살인죄를 저지른 남자 주인공 라스콜리니코프에게 참회하게 하고 정신적으로 새로 태어나게 이끌어준다는 것이다. 이처럼 소냐는 가난으로 고통 받고 가족을 위해 자신의 모든 것을 다 내주며 희생하지만, 어떤 사람과도 비교해도, 특히 라스콜리니코프 같은 남자들과 비교해서 도덕적으로나 정신적으로도 절대 뒤지지 않는다. 소냐는 오히려 그들보다 훨씬 더 높은 수준에 올라 있다. 소냐는 라스콜리니코프의 시베리아 유형지까지 따라가서 그의 정신적 부활을 돕는다.

소냐와 비슷하게, 니콜라이 네크라소프의 장편시 「러시아 여성들」(1872)에 나오는 귀족 여성도 유형을 떠나는 남편을 따라 시베리아 광산까지 가는데, 마지막에 가서 그녀는 남편이 발에 차고 있는 쇠사슬에 입을 맞추며 그를 위해 모든 것을 바친다.

이처럼 19세기와 20세기 러시아 문학에서 묘사되는 러시아 여성들은 자신을 한없이 낮추고 희생하는 사람들이다. 미하일 레르몬토프의 소설 『우리 시대의 영웅』에서는 베라가 주인공 페초린를 향해 심지어 "나는 당신의 노예입니다"라고 말할 정도였다. 안톤 체호프의 단편 소설 「사랑스러운 여인」에서는 여주인공이 평생 여러 차례에 걸쳐 결혼하는데, 새로 결혼할 때마다 그녀는 자신의 남편과 자녀를 위해 모든 것을 다 바친다. 이처럼 남성을 위해 희생하는 여성 인물들이 러시아 문학을 지배하고 있는데, 남성 지배적인 사회에서 이따금씩 가정의 혼란과 파괴를 가져오는 여성들조차도 궁극적으로는 가부장적 질서에 굴복할 수밖에 없다. 하지만 이 질서에 반기를 든 대가는 매우 크다. 대표적인 사례는 레프 톨스토이의 장편 소설 『안나 카레니나』에서 찾아볼 수 있다. 안나는 브론스키와 불륜을 저지름으로써 남편 카레닌이 지배하는 가정 질서에 반기를 들지만, 결국 그녀는 남성적 질서와 지배적 가치를 위해 이 사회에서 죽을 수밖에 없었다. 바꾸어 말하자면, 안나는 가부장적 러시아 사회에서 남성들을 위해 자신을 희생해야 하는 여자일 수밖에 없었다. 러시아 사회의 가부장적 질서에 반기를 든 여성들을 보여준 가장 최신 사례는 여성운동 단체 '푸시 라이엇' 여성들이다. 이들은 특히 권력과 교회의

그리스도 구세주 대성당에서 펑크 예배를 올린 여성운동 단체 '푸시 라이엇'의 모습
(사진: narodna-pravda.ua)

유착 관계를 비판하며 모스크바 그리스도 구세주 대성당에 들어가 '성모 마리야시어, 푸틴을 몰아내 주소서'라고 펑크 예배를 올린 죄로 징역형을 선고받고 혹독한 대가를 치렀다.

인터걸, 상품화된 러시아 여성

러시아 여성의 미덕으로 칭송되던 인내와 정절, 헌신과 희생 등 전통적 가치들은 세월이 흐르면서 변화를 겪지 않을 수 없었다. 특히 1991년 소련 붕괴 이후 사회주의 체제 대신에 서구의 시장 자본주의와 소비주의가 러시아 사회에 급속하게 유입되면서 러시아 여성들도 외모와 가치관 등 거의 모든 면에서 많은 변화를 보였다. 하지만 이러한 변화는 소련 붕괴와 함께 서구 문화가 본격적으로 물밀 듯이 들어오기 전부터 이미 감지되기 시작했다.

예를 들면, 미하일 고르바초프가 도입한 개혁과 개방의 페레스트로이카 시대를 대표하는 표트르 토도롭스키 감독의 영화 『인터걸』에서 러시아 여성은 러시아 남성을 위해 인고하고 희생하는 인물로 나오지 않는다. 이 영화에서 여주인공 타냐는 표도르 도스토옙스키의 소설 『죄와 벌』에 나오는 소냐처럼 매춘부로 등장한다. 하지만 여기서 타냐는 소냐와 달리 가족을 위해 희생하는 고통 받는 러시아 여성의 이미지로 제시되지 않고 자기 자신의 행복한 삶을 위해 몸을 팔고 심지어는 스웨덴 사업가와 결혼해서 '어머니 러시아'를 버리고 이민을 떠난다. 이 영화에 나오는 타냐는 변혁기 소련 사회에서 더 나은 삶을 꿈꾸며 매춘으로 외화벌이에 나섰다가 외국인과 결혼까지 했던 여성들을 대변한다.

이처럼 외국인들을 상대로 몸을 팔고 그들과 결혼까지 하며 행복한 삶을 꾸릴 수 있다는 생각은 19~20세기 러시아 작가들이 찬미한 러시아 여성의 전통적인 이미지나 가치관과 정면으로 배치됐다. 이제 러시아 여성들은 물질적으로 더 안락한 삶을 영위할 수 있다면 자기 육체만 아니라 영혼까지도 아무렇지도 않게 팔 수 있었다. 게다가 영화 『인터걸』에서 볼 수 있는 것처럼 소련 말기에는 매춘이 주로 외국인이 많은 호텔이나 카지노 등지에서만 볼 수 있었는데, 소련 붕괴 이후에는 러시아 전역에 걸쳐 다양한 장소에서 성매매 여성들을 쉽게 볼 수 있다. 사회주의 체제 해체 이후 더 심각했던 것은 1994년 한 설문조사 결과에 나타난 것처럼 러시아 여고생들이 매춘부를 자신들의 롤 모델로 꼽았다는 충격적인 사실이었다. 당시 러시아에서 외국 여행을 떠나 다

표트르 토도롭스키의 영화 『인터걸』 가운데 한 장면 (사진: www.1tv.com)

른 문화와 환경을 경험하고 싶었던 젊은 여성 중에는 쉽게 돈을 버는 방법으로 매춘을 생각한 사람들이 많았다. 그래서 이들에게는 매춘부가 사회적으로, 경제적으로 성공한 이상적인 여성상으로 보였다. 러시아에서는 특히 소련 붕괴 이후 물질만능주의와 소비주의가 광범위하게 급속도로 확산하면서 소비 욕구를 충족시키기 위해 거리로 나서는 여성들이 엄청나게 많이 늘어났다. 여대생과 직장여성, 전문직 종사자 등 다양한 계층과 직업, 연령에서 매춘에 나서는 사람들이 관측됐다. 이들은 『죄와 벌』의 소냐 마르멜라도바가 아니라 『인터걸』의 타냐처럼 자신의 물질적 욕구 충족과 안위를 위해서라면 소중한 처녀성까지도 헌신짝 버리듯이 버릴 수 있었다. 이처럼 소련 붕괴 이후 러시아에서 많은 여성이 매춘에 나서는 세태는 전통적 가치의 붕괴를 분명하게 보여주는 것으로 주목할 만하다.

다른 한편으로, 소련 붕괴 이후 러시아 사회에서는 『인터걸』의 타냐와는 다른 계기로 국제결혼을 하는 여성들이 부쩍 늘어났다. 아름답기로 소문난 러시아 여성들이 국제결혼 시장에서 인기가 높은 것은 자연스러운 일이지만, 외국 남성들과 결혼하고 싶어 하는 러시아 여성들이 최근 들어 많아진 것도 흥미롭다. 2014년 6월 12일 전러시아여론조사센터(프치옴)의 설문조사 결과에 따르면 러시아 여성 가운데 대다수가 외국 남성과 결혼하는 것을 어렵게 생각하지 않는 것으로 나타났다. 이 조사에 따르면 당시 러시아 여성 62%는 외국인 남성과 결혼할 용의가 있다고 밝혔다. 이와 관련하여 Russia Beyond 기사에 따르면, 국제결혼중개회사 '제7의 천국'의 옐레나 코로타예바 대표는 러시아 여성들 사이에서 가장 인기 있는 외국인 신랑감이 독일과 오스트리아, 벨기에, 이탈리아 남성 순이었다고 말했다. 1990년대와 2000년대 전반까지만 해도 미국인과 캐나다인 남성이 러시아 여성들의 국제결혼에서 가장 인기 있었지만, 최근에는 유럽 국가들의 남성이 호소력을 발휘하고 있는 것으로 나타났다.

러시아 국제결혼 중개사들의 통계에 따르면, 북미 국가 출신이든 유럽 국가 출신이든 외국인 남성들은 러시아 예비 아내에게서 가장 중요한 조건으로 언어적 요소를 꼽는 경향이 강하다. 문화와 가치 체계가 아주 다른 세계 사람들끼리 만나 가정을 꾸려 행복한 삶을 살려면 무엇보다도 먼저 의사소통이 중요하다. 바로 이런 점에서 외국인 남성들은 러시아인 예비 신부들이 언어 문제가 없어야 한다고 생각한다. 시장 관계자들의 전언에 따르면, 이들이 선호하는 의사소통 언어는 영어라고 한다. 이와 함께 외국인 남성들이 러시아인 예비 신부에게 영어 구사력을 요구하는 배경에는 또 다른 흥미로운 점이 있다. 이들은 러시아인 아내가 영어를 구사하면 서로 의사소통하는 데 어려움이 없어 결혼생활도 한층 더 원활하다고 생각하는 동시에 아내가 영어로 말할 수 있다면, 아내도 직장을 구해서 돈을 벌 수 있으니 맞벌이할 수 있다고 생각한다. 이러한 희망 조건들은 러시아인 여성들의 국제결혼에서는 초혼 여부와 자녀 유무, 교육 수준 등이 결정적인 영향을 미치지 않는다는 것을 말해준다.

한편, 몇 년 전만 해도 국제결혼 시장에서 아시아인 남성들은 러시아 여성들에게 인기가 없었다고 한다. 러시아 여성들은 경제력이 좋은 외국인 남성들을 만나 행복한 삶을 살고 싶어 하는데, 이런 점에서 아시아 남성들은 유럽이나 북미 지역 남성들과 비교할 때 덜 매력적으로 보인다는 것이다. 물론, 일본과 한국, 대만 등 잘 사는 나라 출신 남성들은 여전히 매력적이지만, 경제력만 있다고 해서 다 좋은 것은 아니다. 다른 문화와 가치에서 나온 사람들 사이를 원활하게 이어주는 의사소통이 무엇보다도 먼저 중요하게 고려해야 할 요소이다. 따라서 과거에 러시아 여성과 아시아인 남성들 사이에서 이뤄지는 결혼 건수는 많아야 1년에 한두 건밖에 되지 않았다. 하지만 이러한 추세는 최근에 들어와서 많이 달라지기 시작했다. 경제력 있는 외국인 남성을 만나 행복하게 살고 싶어 하는 러시아 여성들 사이에서 요즘 중국인 남성들의 인기가 나날이 많아지고 있기 때문이다. 실제로 러시아 여성과 중국인 남성 사이의 만남을 주선해주는 인터넷 사이트가 봇

최근 들어 중국인 남성들 사이에서 러시아 여성들이 신부감으로 인기가 많다. (사진: www.inosmi.ru)

물 터지듯 늘어나고 있다. 이는 경제 대국으로 성장한 중국이 러시아 국제결혼 시장에서도 큰 자리를 차지하기 시작했다는 방증으로 볼 수 있는데, 흥미로운 점은 잘 사는 중국인 남성들과 결혼하는 러시아 여성들이 주로 하바롭스크 등 러시아 극동과 시베리아 지역 출신이라는 사실이다. 이와 함께 중국인 남성들이 러시아인 여성들과 결혼하여 러시아에 진출하는 사람이 많아지면 이것도 중국의 대러시아 팽창으로 볼 수 있다며 긴장하는 러시아 사람들도 존재한다는 사실이다. 아무튼, 사랑과 행복을 찾아 외국인과 결혼하는 러시아 여성들의 새로운 풍속도에서도 아시아의 자리가 조끔씩 커지고 있어 흥미롭다.

참고 자료

Daniel Rancour-Laferriere. *The Slave Soul of Russia: Moral Masochism and the Cult of Suffering*. New York University Press, 1995.

김현택 외. 『붉은 광장의 아이스링크: 문화로 보는 오늘의 러시아』. 서울: 한국외국어대학교 출판부, 2007.

데이비드 길레스피. 『러시아 영화: 문화적 기억과 미학적 전통』. 라승도 옮김. 서울: 그린비, 2015.

아나스타시야 말체바. "러시아 여성 62% '외국인 남성과 결혼 OK'." https://kr.rbth.com/society/2014/07/26/62_ok_45099

제임스 빌링턴. 『이콘과 도끼: 해석 위주의 러시아 문화사』. 류한수 옮김. 서울: 한국문화사, 2015.

『이고리 원정기』. 조주관 옮김. 『러시아 고대문학 선집』. 서울: 열린책들, 1995.

알렉산드르 푸시킨. 『예브게니 오네긴』. 석영중 옮김. 서울: 열린책들, 1999.

그는 독재자인가 조정자인가

강덕수

러시아연방 대통령은 블라디미르 푸틴이다. 푸틴은 1999년 보리스 옐친 대통령에 의해 총리로 발탁됐다. 그가 총리로 임명된 당시 러시아 국내 정세는 복잡하기만 했다. 1991년 체첸이 독립을 선언했다. 러시아는 이를 진압하고자 사단 규모의 정부군을 파견했다. 그러나 도시의 지형지물을 이용한 체첸 반군에게 대패하고 1996년 11월 체첸에서 철군하게 된다. 푸틴의 첫 임무는 체첸에 의해 상처받은 러시아의 자존심을 회복하는 것이었다. 그는 소수 정예군을 파견하여 2000년 2월 체첸의 수도 그로즈니를 점령했다. 체첸전쟁 승리로 푸틴의 인기가 치솟자 옐친은 1999년 12월 31일 조기 사임을 결정한다. 그리고 푸틴을 후계자로 지명한다. 푸틴은 2000년 3월 대통령에 당선된 이후 재선 8년, 총리로서 4년, 그리고 다시 대통령으로 재선되어 18년째 러시아를 통치하고 있다.

2018년 5월 7일 취임 선서하는 블라디미르 푸틴 러시아연방 대통령 (사진: www.kremlin.ru)

외국인들은 푸틴을 독재자가 아니냐고 묻는다. 러시아 국내에서도 푸틴 대통령을 비난하는 목소리가 있다. 그러나 대통령으로서 푸틴의 인기는 여전히 어떤 후보보다도 높다. 푸틴을 여타 국가의 지도자들과 같은 반열의 독재자라 비난하는 것은 공정하지 못한 면이 있다. 러시아 역사와 사회적 구조에 대해 살펴본다면 지금 러시아의 지도자에 관한 문제는 대통령이 독재자이냐 아니냐는 질문이 의미 없음을 이해할 수 있을 것이다.

무엇보다도 러시아 역사와 사회적 맥락에 대한 이해가 필요하다. 러시아가 당면한 문제는 사람의 문제이기보다는 사람들을 하나로 묶어주는 공동체 정신의 위기이기 때문이다. 나라마다 사회마다 위기는 항상 있을 수 있다. 위기를 극복하는 제일 중요한 힘은 바로 공동체 정신에서 나온다. 과연 러시아에서 그러한 공동체 정신이 있었는가? 그러한 예를 시베리아 소수민족에서 찾아본다.

시베리아에 살아 있는 공동체 정신

시베리아의 야쿠트인 마을에 가면 '문화 행사'라는 것이 있다. 11월 말경 호수가 꽁꽁 얼면 호수에서 물고기잡이 행사가 열린다. 호수 한가운데를 중심축으로 하여 90도 각도로 팔을 펼치듯 방향을 잡아 2m 간격으로 구멍을 10개 이상 뚫는다. 가운데 중심축에 제일 큰 구멍을 뚫는다. 이 구멍 속에 그물을 집어넣으면 그물이 물속에서 퍼져나간다. 그러면 양방향으로 뚫은 구멍으로 그물을 끌어당긴다. 사람들은 얼음 위를 막대기로 두드리거나 발로 구른다. 그러면 호수 안에서 잠자던 붕어들이 모두 그물 속으로 들어간다. 이 행사에는 동네 사람들이 모두 모인다. 모인 사람들은 그물을 집어넣거나 잡아당기는 역할을 분담하여 힘을 모은다. 그물을 중심 구멍 쪽으로 끌어 올리면 순식간에 호수의 붕어들이 일망타진된다. 산더미처럼 쌓인 붕어들은 똑같이 분배된다. 누구의 역할이 더 컸는지는 따지지 않는다. 이 행사에 나온 사람들에게는 누구나 똑같은 양의 물고기가 주어진다. 이러한 행사가 잡음 없이 진행되는 것은 야쿠트인 공동체라는 의식이 있기 때문이다. 이들은 가족이며 형제이기 때문에 언제든 공정하게 나누어 가진다는 믿음이 있다. 그러나 여기에 피부가 다르고 말이 다르고 종교가 다른 이방인이 섞이기 시작한다면 그러한 공동체 행사는 불가능해질 것이다.

야쿠티아 공동 어로 작업 '문화 행사' (사진: 강덕수)

공동체 정신이 무너진 다음은

현재 러시아 연방에는 180여 민족이 살고 있다. 소련 시절로 거슬러 올라가면 그 수는 더욱 늘어난다. 전통과 문화가 각기 다른 다민족 국가에서 상호 신뢰가 바탕이 되는 공동체 정신을 유지하는 것은 어려울 수 있다. 무엇보다 정치 체제가 폐쇄적이고 어느 한 집단의 이기적 이데올로기에 의해 지배되는 경우 더욱더 그러하다.

먼저 제정 러시아의 사회 구조를 살펴보자. 제정 러시아는 한마디로 봉건사회 구조 위에 불합리한 모순이 켜켜이 쌓인 국가였다. 제정 러시아는 결국 혁명으로 쓰러졌다. 그것은 공동체 사회의 덕목이 사라진 사회에서 필연의 결과일 수 있다. 95%의 농노와 5%의 귀족 사회로 구분되는 사회라면 결코 건강한 공동체적 정신이 발전할 수 없기 때문이다. 제정 러시아는 17세기 이래 300여 년간 시대 발전에 역행했다. 서유럽에서 종교개혁이 일어나고 시민 정신이 전파될 때 러시아의 농노제는 절대 봉건주의 아래에서 강화됐다. 이에 대해서 농민들이 들고 일어난 사건이 두 번 있었다. 스텐카 라진(1630~1671)과 예멜리안 푸가초프(1740~1775)의 반란이 바로 그것이었다. 이 반란은 철저히 진압되고 농노제는 더욱 강화되어 농민들의 운명은 더 힘들어졌다. 스텐카 라진과 푸가초프의 반란은 단순히 농민 반란이 아니다. 주둥이 없는 주전자가 끓어오르면 어느 쪽으로든 터지고 만다. 이 반란들은 출구 없는 사회가 방향도 없이 터져버린 결과이다.

「푸가초프의 재판」(바실리 페로프, 1875)

스텐카 라진과 푸가초프는 카자크 공동체 출신이다. 카자크 공동체는 우크라이나와 러시아 서남부 지역에 있던 준군사적 자치 공동체이다. 이들의 기원은 여러 설이 있지만, 14~15세기경 폴란드와 리투아니아 연합왕국에 복속되어 있던 동슬라브인들이 민족의 구성 기반이다. 이들은 폴란드 지주 귀족들과 갈등을 겪다가 지도자 보흐단 흐멜니츠키를 수장으로 하여 반란(1648~1657)을 일으켜 '카자크 수장국'이라는 독립국을 세운다. 그러나 오스만튀르크, 크림한국, 폴란드-리투아니아 연합왕국의 위협 속에 1654년 러시아로 귀순하게 된다. 그것은 흐멜니츠키가 그리스 정교회 신자였기 때문이다. 이후 카자크들은 자유농민 신분으로 준군사적 공동체를 이룬 덕분에 러시아의 대외 침략 전쟁에 동원된다. 또한 시베리아 개척에도 이들이 앞장선다. 카자크에 관한 이야기는 19세기 초 니콜라이 고골의 소설 『타라스 불바』와 20

세기 중반 미하일 숄로호프의 대하소설 『고요한 돈강』으로 이어진다. 자유농민 공동체인 카자크에서 반란군이 지속해서 나온 것은 바로 자유를 짓밟으려는 폭정에 대한 반발 때문이다. 그러나 그러한 저항이 좌절되는 과정이 사회에 남긴 후유증은 크게 두 가지이다. 순응하든가 저항하든가!

먼저 순응형 인간에 대해 살펴본다.

순응형으로서의 '잉여인간'

러시아 문학에는 '잉여인간'이라는 인간상이 있다. 이것은 18세기에서 19세기를 거쳐 20세기까지 러시아 문학을 관통하는 하나의 인간 유형이다. 이 유형의 특징은 높은 이상주의와 사회 불의에 대한 비분강개에 있다. 고학력자들인 이들은 자신의 분노를 냉소적으로 표현하며, 실제로는 방관주의자로 운명에 순응하는 것을 당연하게 생각한다. 이러한 인간형의 원조는 알렉산드르 푸시킨의 운문 소설 『예브게니 오네긴』에 나오는 주인공 오네긴이다. 시골 영지를 상속받게 된 오네긴은 영지에 왔다가 그에게 반한 처녀 타티야나의 고백을 듣는다. 인생이 허무하고 권태롭다고 생각하던 오네긴은 자기와 결혼하면 후회하게 될 것이라며 거절한다. 대신 장난기가 동한 오네긴은 타티야나의 언니 올가를 유혹한다. 올가에게는 약혼자가 있었다. 렌스키라고 하는 그는 오네긴의 오랜 친구였다. 자존심에 상처를 받은 렌스키는 결투를

「예브게니 오네긴 초상화」(표트르 소콜로프, 1930년대)

신청한다. 이런 경우 결투를 신청하지 않으면 겁쟁이로 취급받을 수 있기 때문에 렌스키로서는 피할 수 없는 길이었다. 결국 렌스키는 오네긴의 총에 죽는다. 몇 년 뒤 프랑스에서 방랑 생활을 마친 뒤 돌아온 오네긴 앞에 품위 있는 귀족 부인이 나타난다. 바로 그가 거절했던 타티야나였다. 그는 타티야나에게 청혼한다. 타티야나는 지켜야 할 가정이 있다는 말로 점잖게 거절한다. 오네긴은 후회와 함께 쓰디쓴 절망에 빠지게 된다.

미하일 레르몬토프는 소설 『우리 시대의 영웅』에서 젊은 주인공 페초린을 내세워 당시의 지식인이 어떻게 좌절하고 절망하는가를 잘 묘사하고 있다. 그는 사회를 위해 자신의 재능을 활용할 수 있는 방법을 찾지 못한다. 자신의 고민을 해소할 출구도 찾지 못한다. 대신 그는 주변을 냉소하고 괴롭히는 데서 자신의 존재감을 확인한다. 스스로 '운명주의자'가 되어 자신을 파멸의 길로 내몬다.

그 뒤를 이어 표도르 도스토옙스키의 장편 소설 『죄와 벌』에 나오는 로디온 라스콜니코프는 또 다른 유형의 잉여인간이다. 그는 빈곤과 고독 속에서 초인사상이라는 관념에 빠진 과대망상증 환자이다. 돈밖에 모르는 전당포 노파를 그는 잉여인간이라고 규정한다. 그리고 자신과 같은 초인적 존재에겐 그런 잉여인간을 처단할 권리가 있다고 착각한다. 그리고 그 노파를 죽인다. 그의 살인 현장을 목격한 그녀의 여동생 리자베타도 죽인다. 아무 죄도 없는 여동생을 죽인 데 대한 양심의 가책과 인간적 고뇌에 빠진 그는 거리의 여자 소냐를 만나면서 자신의 잘못을 깨닫는다.

이반 투르게네프가 쓴 동명 소설의 주인공 루딘과 『아버지와 아들』의 주인공 바자로프는 지식인으로서, 의사로서 다양한 지식을 가지고 이상을 꿈꾼다. 그러나 그 이상을 현실 사회에서 어떻게 적용해 갈지 모르고 고민에 빠진다. 그리고 상대를 공격하고 비난하는 데에는 능했지만, 그에 대한 대안을 제시할 능력은 없었다.

톨스토이의 장편 소설 『부활』에서 주인공 네흘류도프는 자신의 불장난으로 파멸의 구렁텅이에 빠진 카튜샤 앞에서 참회하며 속죄를 구한다. 톨스토이는 대하소설 『전쟁과 평화』에서 피에르와 같은 주인공을 통해서 나폴레옹에 대한 러시아의 승리를 신의 뜻에 따라 운명에 순종한 자의 승리로 정의한다.

안톤 체호프의 희곡 『세 자매』와 『벚꽃동산』, 『갈매기』에서도 농노제가 무너지고 새로운 시민사회가 잉태되는 변화에 적응하지 못하는 무기력한 인간상을 보여준다. 이러한 주인공들은 현실을 직시하지 못하고 안주하려다 모든 것을 잃어버리고 만다.

반면 저항적 인간형은 어떤 결과를 가져왔을까?

혁명가들은 대중에게 행복을 가져왔을까

문학 속에서 운명에 안주하는 순응주의적 잉여인간형과 달리 현실에서는 매우 투쟁적인 인간들이 나타나며 현실을 바꾸려는 투쟁이 계속됐다. 오네긴이라는 인간형을 만들어낸 푸시킨도 사실은 혁명을 꿈꾸었다. 물론 순진한 낭만적 혁명가였지만. 나폴레옹 전쟁 뒤 프랑스 파리에 입성한 젊은 장교들은 패전의 국가에서 선진 사상을 접하게 된다. 승전국 장교들이 패전국에서 자신들의 낙후된 현실을 인지하게 된 것은 역사적 아이러니였다. 파리에서 돌아온 장교들은 체제가 바뀌어야 한다는 생각을 하게 된다. 그들은 자신들이 나서면 할 수 있으리라 믿었다. 하지만 그들의 생각은 현실로 옮겨지기 전에 누설되어 일망타진됐다. 이 사건은 역사에서 '데카브리스트 봉기'로 불린다. 푸시킨도 여기에

「1825년 12월 14일 원로원 광장의 데카브리스트들」(카를 콜만, 1830년대)

참석하려다 그날 아침 집을 나서는 그의 앞길을 검은 고양이가 가로막아 살아났다는 얘기도 전해진다. 어쩌면 이것은 러시아 역사에서 체제를 전복하고자 지식인들이 기획한 최초의 저항이었을 것이다. 그 뒤로 지식인에 대한 감시는 더욱더 철저해졌다.

1825년 12월 14일 봉기 참여자(데카브리스트)들은 모두 체포 되었다. 그중 5명은 교수형에 처해졌다. 124명은 시베리아 유배형을 당했다. 유배 중에 이들은 원주민을 위한 개인 도서관을 열고 학교를 세워 시베리아에 계몽의 씨앗을 뿌렸다. 베스투제프-마를린스키는 야쿠츠크에서 『시베리아에 관한 이야기』 등 문학 작품을 발표했다. 이러한 활동으로 정치범들은 원주민들의 러시아화 과정에 크게 이바지했다.

1861년 마침내 농노제가 폐지됐다. 이것은 러시아 역사의 대전

환점이었다. 농노제 폐지로 러시아 사회에 새로운 전기가 마련될 것으로 기대됐다. 그러나 결과는 실망스러웠다. 사회적 불만이 증대되는 가운데 농노 출신에서 평민으로 신분이 상승한 새로운 지식인들이 나타났다. '잡계급 지식인'이라고 불린 그들은 농노제 사회에서 자본주의 사회로 변화되어 가는 러시아 사회에서 인민주의자(narodniki)가 되어 농민혁명 사상을 전파했다. 이들은 제정 러시아 전제정치 체제를 극도로 증오했다. 대신 농민에 대해서는 맹목적으로 신뢰했다. 이들은 '브나로드'('인민 속으로')라는 기치 아래 농민 공동체를 중심으로 사회주의적 이상을 실현하는 것을 목표로 했다. 그러나 아직 농민의 신뢰를 얻지 못한 이들의 운동은 완전한 실패로 끝나고 말았다.

1870년대 말에서 80년대 초에 이르면서 '인민의 자유', '대지와 자유'와 같은 혁명 조직이 만들어지며 활동은 테러 행위로 발전한다. 1881년 황제 알렉산드르 2세가 암살된 이후 제정 러시아의 반동 정치는 사회를 더욱더 양극으로 분열시킨다. 1905년 겨울 상트페테르부르크에서 일어난 '피의 일요일' 사건은 황제에 대한 평민들의 기대를 산산조각 냈다. 그전까지도 평민들은 모든 문제가 부패한 귀족과 관리들에게 있다고 믿었다. 그런 문제를 황제에게 직접 호소하고자 노동자들은 정교회 성직자 가폰 신부의 지도로 궁궐로 몰려간다. 그들에게 돌아온 답은 근위부대의 총탄이었다. 그 총탄은 황제의 정치적 생명을 끊어놓는 치명탄이었다. 이 총탄으로 일반 대중은 황제가 자기들 편이 아니라는 것을 비로소 깨닫게 됐다. 결국 1917년 볼셰비키 혁명을 거쳐 제정 러시아는 무너지고 소련이라는 새로운 국가 체제가 등장하게 됐다.

소련 공산당 체제에서 무너진 개인의 존엄성

19세기 말 무정부주의자이자 인민주의자인 미하일 바쿠닌은 러시아에서 마르크스주의자들이 집권한다면 1당 독재국가가 될 것이라고 예언한 바 있다. 그의 예언대로 소련 체제는 공산당 일당 독재체제의 국가가 됐다. 공산당의 기본 원리는 능력대로 일하고 필요한 만큼 가져가는 것이다. 그런 만큼 생산성 향상보다는 분배의 확대가 더 중요한 과제였다. 능력대로 일하고 필요한 만큼 가져가는 것은 시베리아 야쿠트족에게서 보이는 원시 공동체와 같은 사회조직에서는 가능할 수 있다. 그러나 소련 내에는 180여 개의 소수민족이 공존해야 한다. 민족과 언어, 문화, 출신 성분이 다른 민족들이 공존하는 러시아 내에서 단일 공동체적 정신을 만들어내는 것은 요원한 과제였다.

70여 년 동안 소련은 비효율과 비능률로 경직된 사회가 됐다. 개인의 자유가 박탈되고 요구가 봉쇄됐다. 실제로 능력 있는 사람은 자신의 재주를 감추거나 둔재가 되어 갔다. 블라디미르 두딘체프의 소설 『빵만으론 살 수 없다』는 이런 체제에서 조직이라는 명분이 엄청난 힘으로 한 개인의 능력을 어떻게 소진케 하는지를 잘 보여준다. 소설에서 재능 있는 청년 발명가이자 이상주의자인 로파트킨은 부패한 관리들에 맞선 싸움에서 좌절하며 파멸한다.

스탈린 치하의 소련 시절과 비교하면 두딘체프의 소설은 지극히 감상적인 수준이다. 알렉산드르 솔제니친의 『이반 데니소비치의 하루』나 바를람 샬라모프의 『콜리마 이야기』에서는 개인에 대한 국가의 집단적 린치를 보여주는 극단적 사례를 읽을 수 있다. 시베리아 북단에 퍼져 있던 강제노동수용소 '굴라크'에서는 수백만 명의 지식인이 죄목도 모른 채 굶주리며 얼어 죽었다. 그들의 뼈는 야쿠츠크에서 마가단까지 동토에 건설된 '콜리마대로'에 이름도 없이 묻혔다.

야쿠츠크에서 마가단까지 이어지는 '뼈의 길' 콜리마대로 (사진: 강덕수)

1989년 겨울 소련 체제의 마지막을 보다

1989년 12월 소련 과학아카데미 산하 고리키 세계문학연구소 초청으로 모스크바를 2주간 처음 방문했다. 세계문학연구소의 대접은 극진했다. 도쿄에서 에어프랑스를 타고 모스크바 셰레메티예보 공항에 밤 10시경 도착했다. 모스크바 공항에서는 승객이 5명 정도 내렸다. 다른 승객들은 모두 목적지가 프랑스 파리였다. 5명 중에 당시 소련의 유명한 성악가 류드밀라 남이 있었다. 공항에서 짐을 찾는 데 1시간 이상 기다려야 했다. 류드밀라 남이 옆에서 조바심을 쳤다. 공항에서 짐이 없어지는 일이 많다는 것이었다. 초행길인 나에겐 그게 무슨 말인지 이해가 되지 않았다. 짐은 당연히 함께 나오는 게 아니던가? 태연히 기다리던 나도 1시간이 넘자 왠지 불안해지기도 했다. 수속을 마치고 나오니 가이드가 기다리고 있었다. 세계문학연구소 박사과정 학생으로 이름이 라프샨이라고 했다. 우즈베크 사람이었다. 과학아카데미 관용차인 볼가 자동차가 밖에서 기다리고 있었다. 옥탸브리스카야 대로에 있던 과학아카데미 호텔까지 데려다주었다. 수속을 밟느라 호텔 로비에서 또 1시간을 지체했다. 로비에는 나이 들어 보이는 사람들이 허름한 차림으로 여기저기 쭈그리고 앉아 눈들을 감고 있었다. 지방에서 올라온 학자들이라고 라프샨이 귀띔해주었다. 내 이름을 예약자 명단에서 찾는 데 시간이 걸렸다. 낮에 근무하는 사람이 밤 근무 교대하는 후임에게 서류를 넘겨주지 않았기 때문이었다. 소비에트 시스템이 어떤 것인지 처음으로 경험하는 순간이었다.

눈 덮인 모스크바 거리는 아름다웠다. 이게 설국이구나! 지나치는 여성들은 모두 영화 『닥터 지바고』의 라라만큼이나 예뻐 보였다. 긴 모피코트, 하얀 샤프카(털모자), 그리고 롱부츠. 첫날은 거리에서 눈을 뗄 수 없었다. 둘째 날이 되어서야 내가 왜 왔는지 정신이 들었다. 세계문학연구소에서 소장을 만났다. 아랍 문학 전공자였다. 경리과에서 125루블을 받았다. 왜 돈을 받아야 하는지 처음엔 이해하지 못했다. 출장비라는 것이었다. 2주 초청을 받았으니 당시 연구소 연구원 월급의 절반을 외국에서 온 학자에게 출장비로 주는 것이었다. 그것은 소련 체제의 관행이었던 것 같다. 아마도 내가 방문한 그때가 소련의 곳간이 채워져 있던 마지막이 아니었을까 생각된다. 당시 환율은 1루블에 6달러였다.

1989년 12월 모스크바에서 함께 찍은 사진. 가운데 있는 사람이 고리키 세계문학연구소 소장(아랍 문학전공)이고 왼쪽 끝은 러시아 문학 박사과정생이었던 라프샨(우즈베크 사람)이고 오른쪽 끝이 필자이다. (사진: 강덕수)

지금은 1달러에 65루블 안팎이다. 아무리 소련 경제가 좋았다 하더라도 1루블에 6달러는 엄청난 왜곡이었다. 그러니 소련 체제가 70년을 버틴 것이 신기했다고 할 수 있다. 그것은 소련이 가지고 있던 엄청난 자원과 공산권의 폐쇄 경제 체제 때문에 가능했을 것이다.

어쨌든 모든 체재비와 숙박비, 자동차, 가이드를 한국에서 온 새파랗게 젊은 언어학자에게 통 크게 제공한 연구소에 감사하지 않을 수 없었다. 게다가 당시 레닌그라드(현재 상트페테르부르크)에 가서 고려인 동포들을 만나고 푸시킨 문학연구소를 방문하게 해주었다. 모스크바국립국제관계대학교(MGIMO, 이하 므기모)에 가서 아나톨리 토르쿠노프 총장(당시 부총장)의 영접을 받고 한

블라디미르 푸틴 대통령에게서 훈장을 받고 있는 아나톨리 토르쿠노프 현 모스크바 국립국제관계대학교 총장 (사진: 위키피디아)

국외국어대학교와의 자매결연을 약속하기도 했다.

셋째 날부터는 볼가 자동차를 반납했다. 걸어야 거리를 익히고 모스크바를 제대로 알 수 있을 것 같았다. 상점에 들어가 보았다. 아무것도 없었다. 할머니들은 귀찮은 표정이었다. 걷고 또 걸었다. 여기저기 들러 보며 소련의 파워를 확인해 보고자 했다. 볼수록 의문이 들었다. 어떻게 이런 시스템으로 미국과 경쟁을 할 수 있었을까? 소련이 미국과 군비 경쟁에 뛰어들게 한 것은 미국 군산복합체의 음모라는 설이 있었다. 미국의 군산복합체가 발전하려면 가상의 적이 필요했다는 것이다. 그래서 그들은 소련 지도자들의 허영심을 부추겼다. 소련이 스스로 최강대국이라고 착각하게 했다. 그리고 모든 재원을 군비 확장에 쏟아붓도록 만들었다. 특히 로널드 레이건 대통령의 미국 정부는 소련 체제의 이런 아킬레스건을 최대한 이용했다. 소련은 미국의 부추김을 더는 따라갈 수 없는 지경까지 내몰렸다. 1989년 겨울 2주간의 모스크바 방문에서 소련 체제의 마지막을 보았다. 파산에 이르기 직전 부잣집의 마지막 영화를 보며 인간이 무시된 체제의 경직성을 확인했다. 이것이 아마도 바쿠닌이 지적한 일당 독재의 위험성이었을 것이다.

목각인형을 수술한 집도의

그때 등장한 소련 공산당 지도자가 바로 미하일 고르바초프였다. 1982년 레오니드 브레즈네프 서기장 사후 유리 안드로포프와 콘스탄틴 체르넨코로 이어지는 소련의 지도자들은 단명했다. 1985년 서기장이 된 고르바초프는 페레스트로이카(개혁)와 글라스노스트(개방) 정책을 추진했다. 그는 체제의 경직성과 비능률을 깨달은 소련 최초의 지도자였다. '인간의 얼굴을 한' 사회주의 체제를 실현하는 것이 개혁의 목표였다. 그러나 사회주의에 인간의 얼굴을 갖게 하는 것은 모순일 수밖에 없다. 사회주의는 모든 구성원의 물질적 평등을 목표로 한다. 그러나 가장 어려운 것이 인간의 욕심을 통제하는 것이다. 타율적 통제보다는 이성에 의한 자율적 조정 능력이 발휘될 때 공정한 평등이 보장될 수 있다. 그만큼 인간은 자유로운 존재이기 때문이다.

1930년대 시베리아 북동부 베르호얀스크 산악 지역에서는 퉁구스족의 반란이 일어났다. 혁명 전까지 퉁구스족으로 불린 에벤족은 자유로운 영혼의 순록치기였다. 이들은 수천 마리의 순록을 몰고 자유롭게 수천km의 산악지역을 누볐다. 그런데 공산당은 이들에게 어느 지역에 정착해 살라고 명령했다. 이것은 순록을 모르는 공산당의 탁상공론이었다. 산비탈에 자라는 이끼를 먹고 사는 순록은 한자리에 묶어둘 수 없는 동물이다. 공산당의 집단농장화는 순록치기를 포기하라는 말과 다름없었다. 원주민들은 이 봉기로 수천 명이 죽었다고 한다. 그 이후 순록치기는 규모가 작아지고 무기력하게 됐다.

고르바초프가 개혁을 결심하게 된 데에는 몇 가지 일화가 있다. 그중 제일 유명한 것이 감자 운반차 이야기다. 고르바초프는

소련 공산당 서기장 시절 미하일 고르바초프 (사진: 위키피디아)

앞에서 달리는 자동차에서 감자가 계속 떨어지는 것을 봤다. 그 차를 세워 운전사에게 감자가 떨어지고 있다고 알려줬다. 운전사의 대꾸는 간단했다. 내 임무는 감자를 다음 마을까지만 운반하는 것이요! 또 다른 일화는 살수차 이야기다. 비 오는 날 살수차가 거리를 누비며 물을 뿌리고 있었다. 고르바초프는 운전사에게 비 오는 날 왜 물을 뿌리느냐고 물었다. 역시 대답은 간단했다. 이미 정해진 내 임무요!

고르바초프는 공산당 70년 통치가 사람들에게서 영혼과 함께 창의력을 증발시켰다는 것을 깨달았다. 소련 사회 인민은 자율신경이 마비된 목각인형이 돼 버렸다. 이것을 스스로 움직이게 하려면 수술이 필요했다. 개혁을 위한 그의 시도는 올바른 것이었다. 그러나 70년 동안 굳어버린 몸을 풀기도 전에 수술한다는 것은 위험한 작업이었다. 결국 소련 체제는 수술대 위에서 해체될 수밖에 없었다. 그리고 해체에 대한 모든 비난과 책임은 고르바초프 자신이 질 수밖에 없었다. 30년이 지났지만, 러시아 사회에서 고르바초프에 대한 평가는 여전히 인색하다.

목각인형에 영혼을 불어넣은 자유주의자

옐친은 1991년 러시아연방 대통령에 당선됐다. 옐친은 변화의 물결을 탁월하게 이해한 지도자였다. 경직된 전체주의적 공산체제로는 국가를 더 이상 유지할 수 없다는 것을 인지했다. 1991년

보리스 옐친 러시아연방 초대 대통령 (사진: 위키피디아)

공산당의 마지막 쿠데타 기도를 물리치고 공산당 일당 독재 체제를 종식했다. 그해 그는 우크라이나와 벨라루스, 카자흐스탄 지도자를 민스크로 몰래 불렀다. 이들과 함께 소련 해체를 결정했다. 곧이어 소련 대통령으로서 고르바초프를 실각시켰다. 그리고 독립을 선언했다. 바로 각자도생의 길을 선택한 것이었다.

옐친은 개인적으로 많은 결점이 있는 것으로 알려졌지만, 무엇보다도 그는 개혁주의자였다. 그는 러시아연방 내 자치공화국의 자치권을 인정하여 소수민족 지도자들의 지지를 받았다. 그리고 러시아 사회에 자유라는 새로운 이념을 불어넣었다.

그러나 현실은 준비되어 있지 않는 한 이상대로 움직여지지 않는다. 1993년 2월부터 8월까지 므기모(모스크바국립국제관계대학교)에서 연구년을 보내며 무질서의 한계를 경험했다. 사회의 건전성은 도덕의 역할과 비중으로 가늠된다. 70년 공산당 독재는 인간을 영혼이 없는 목각인형으로 만들었다. 법과 명령만이 이 인형들을 움직이게 할 수 있었다. 법과 명령이 사라진 사회에서 자율신경이 없는 목각인형들에 주어진 건 본능뿐이었다. 이런 사회에서 무질서는 필연이었다. 그들을 지켜줄 수 있는 건 오로지 힘이었다. 힘 있는 자들은 뭉쳐서 힘없는 자들의 것을 빼앗아도 그것이 바로 사회 정의가 됐다. 힘없는 할머니들이 아파트에서 혼자 살다 쫓겨나가도 누구 하나 도와줄 수 없는 딱한 일들이 벌어졌다. 므기모 기숙사 1층에 살면서 창문으로 밖을 내다보면 고층에서 버리는 쓰레기가 바닥으로 그냥 떨어지는 것이 보였다. 쓰레기는 먹던 빵조각, 술병, 휴지 조각 같은 것들이었다. 과거 소련 시절엔 상상도 할 수 없는 무법 행위들이 대낮에 일어났다. 방문을 열고 나가면 중무장한 특수부대 요원들이 지키고 있었다. 1층에 외국인 숙소가 있기 때문이었다.

옐친으로서는 자신의 역사적 책무를 알고 있었다고 생각된다. 그는 역사의 변화를 이끈 과도기적 인물이었다. 자유주의자로서 그는 러시아 사회에 자유라는 가치를 심어줬다. 다만 그 가치를 제대로 소화하기에는 러시아 사회가 아직 준비되어 있지 않았다. 옐친의 공적은 목각인형에 영혼이라는 자유의 가치를 불어넣어 준 것이다. 이것을 어떻게 올바로 쓰느냐 하는 것은 사회 구성원의 문제이다.

창의적 독재자인가 독재적 조정자인가

러시아의 민족 구성은 러시아인이 70%, 소수민족이 30%이다. 이들 중 러시아의 전통과 가치를 지켜야 하는 책임을 자발적으로 지려는 세력이나 그룹이 얼마나 있는지는 의심스럽다. 공산당 이념은 민족의 부정이다. 70년 소련 사회에서 소수민족들은 차별 속에서도 인정을 받았다. 반면에 소수민족 지도자들은 많이 처형당했다. 그것은 소수민족이라서가 아니라 독재체제를 유지하는 것에 대한 정치적 위험성 때문이었다. 그런 면에서 볼 때 러시아인 엘리트들도 수십 만명이 유배되고 처형됐다. 고려인이 중앙아시아로 강제로 이주당하고, 크림 타타르인들이 자신들의 고향에서 쫓겨난 것도 소수민족의 문제가 아니라 소련 체제를 강제로 유지하기 위한 정치적 탄압이었다. 반면에 소수민족 출신 중에서도 소련 체제 정상에 오른 인사들이 많다. 이오시프 스탈린은 조지아(그루지야) 출신이고, 니키타 흐루쇼프는 우크라이나 출신이었다. 고르바초프 정부의 외교부 장관이었던 셰바르드나제도 조지아 출신이었다.

시베리아 북부 소수민족들이 모피 수집의 착취에서 벗어난 것도 소련 공산당 덕분이었다. 제정 러시아 시절엔 노예처럼 뺏어가던 것을 소련 시절엔 모피 수집에 대해 비용을 주고 월급을 주는 직업으로 인정했다. 그러나 이 모든 것이 모스크바 공산당 수뇌부의 명령 하나로 움직여져야 했기 때문에 사회 조직은 자율성을 상실했다. 개인도 자발적 판단력을 잃어버렸다.

이러한 사회에 옐친은 지방 세력들과 타협하여 폭넓은 자치제를 허용했다. 그러나 결과는 참혹한 실패였다. 지방에서는 돈이 많거나 힘이 센 조직을 가진 마피아 천지가 돼버렸다. 부패한 관리들은 그들과 결탁하여 자신들의 이권만 챙겼다. 모스크바에서는 살인 사건이 매일 터졌다. 심지어 경찰서장이 마피아 소탕을 선언하자 마피아들이 떼로 몰려와 경찰서 본부에 총탄을 퍼붓고 간 사건이 모스크바 한복판에서 일어났다. 만인에 대한 만인의 무질서, 홉스의 리바이어던과 같은 현상이 1990년대 러시아 사회에 비일비재했다. 마피아와 결탁한 경찰은 더욱더 두려운 존재가 됐다. 누가 나를 지켜줄 것인가?

푸틴은 국민의 요구를 아주 잘 이해한 지도자로 보인다. 먼저 경찰의 처우를 개선했다. 그것도 확실하게 개선했다. 그리고 그에 대한 책임도 엄격하게 물었다. 그러자 경찰에는 엘리트들이 충원되고, 경찰의 위신도 바로 섰다. 자연히 공공질서도 회복됐다. 대낮 모스크바 거리에 관광객을 위협하던 집시 무리도 사라지고 볼쇼이 극장의 암표상도 없어졌다. 택시에서 바가지요금을 강요받았거나 강도를 당했다는 뉴스는 이제 듣기 힘들어졌다.

푸틴 통치 20년 가까이 러시아에는 많은 변화가 있었다. 왜 한 사람이 20년 가까이 통치할 수 있느냐고 물을 수 있다. 한 사람이 오래 통치하다 보면 자연히 부패하게 마련이다. 그러나 러시아 사람들에게는 그보다 더 중요한 점이 있지 않을까 생각해 본다. 건전한 사회가 되려면 공동체적 질서 의식과 자유의 가치가 공존할 수 있어야 한다. 그리고 이것을 자율적 도덕심으로 조정할 수 있어야 한다. 아마 러시아 사람들 개개인에게 물어보면 '나'의 자유를 누가 지켜줄 수 있을 것이냐는 두려움이 있지 않을까 생각된다. 일시적이나마 옐친 시대에 누렸던 자유로부터 받은 심리적 상처, 그것이 깊은 사회적 트라우마로 남아 있는 건 아닐까?

최근 러시아 사회에서 아주 새로워 보이는 현상이 하나 있다. 횡단보도가 없는 곳에서도 행인이 길을 건너고자 서 있으면 지나던 차들이 자발적으로 정차한다. 몇 년 전만 해도 생각할 수 없는 일이었다. 아무리 법으로 강제한다고 해도 경찰도 없는 일반 도로에서 그런 일이 가능하리라는 것은 상상할 수 없었다. 그런 일이 모스크바에서 오호츠크해의 마가단까지 어느 곳에서나 상식적인 일이 됐다. 이것을 자율적 도덕심이 회복되는 단초로 생각

2018년 6월 7일 '국민과의 대화'에 나선 블라디미르 푸틴 러시아 대통령 (사진: www.kremlin.ru)

하면 너무 비약일까?

러시아 사회는 민족과 종교, 계층과 계급, 지역, 언어, 소유 등 수많은 이해관계가 충돌할 때 이를 합리적으로 조정해 본 역사가 없다. 이제 러시아 사회에 필요한 것은 공동체 정신과 자유의 가치에 대한 인식이다. 소련 시대 70년, 옐친 시대 9년을 거치면서 러시아 국민은 많은 것을 경험했다. 그 과정에서 합리적 질서에 대한 중요성을 배운 것으로 생각된다. 합리적 질서란 법과 주먹에 의지하는 것이 아니라 스스로의 양보와 타인에 대한 배려를 바탕으로 이루어진다는 것을 배워가는 중이라고 생각된다. 만인에게 허용되는 제한 없는 자유는 결국 무질서로 귀결된다. 러시아 국민성의 특성 중 하나는 인내심이다. 그들은 시간과 인내심을 가지고 이것을 배워가고 있다. 푸틴이 대통령에 다시 재선된 것은 질서 없는 자유보다는 자유를 담보하는 질서를 선택한 것으로 볼 수 있다.

이런 의미에서 푸틴을 단순히 독재자라고 평가하는 것은 러시아의 역사와 사회적 맥락을 이해하지 못한 데에서 기인하는 것이다. 시스템이라는 관점에서 러시아 사회는 아직 완비됐다고 볼 수 없다. 시스템이 복잡할 수밖에 없는 퍼즐과 같은 사회에서는 수많은 그룹의 이해관계를 조정하는 것이 지도자의 개인 역량에 의존하게 된다. 러시아가 이런 경우에 해당한다. 이런 경우 결단력이 돋보이는 지도자에게서는 자연스레 독재성이 부각된다. 푸틴 대통령이 러시아 지도자로서 독재자인가 조정자인가 하는 평가는 실제 모습과 관계없이 조정과 결단 중 어느 쪽에서 바라보느냐에 따라 달라지는 관점의 문제이다.

러시아인은 왜 술을 그토록 많이 마실까

손현익

보드카는 어떻게 러시아의 국민 술이 됐을까

러시아를 연상시키는 대표적인 키워드를 꼽으라면 자연스럽게 보드카를 떠올리는 사람이 많을 것이다. 어원상 보드카(vodka)는 러시아어에서 '물'을 뜻하는 보다(voda)에서 유래했다. 그래서인지 투명하고 순수한 보드카는 러시아 특유의 혹독한 겨울 추위와 광활한 대지에 끝없이 펼쳐지는 설원과 묘한 조화를 이룬다.

오늘날 보드카는 다양한 국가에서 생산된다. 이 나라들을 연결해 '보드카 벨트'라고도 한다. 이들 나라 중 보드카의 원조 논쟁에서 양보하지 않는 나라는 폴란드이다. 폴란드인들은 보드카의 원조가 자신들이라고 주장한다. 러시아인들은 이런 주장에 심드렁하게 반응한다. 어디서 시작됐느냐보다는 술맛이 더 중요하기 때문이다.

보드카의 제조 방법은 의외로 단순하다. 원료는 수수와 옥수수, 감자, 밀, 호밀 등으로 다양하다. 땅이 척박하고 기후가 차가운 지역에서 나는 곡식들이다. 이런 원료를 증류하여 95% 내외의 에탄올 원액을 얻는다. 이것을 희석하면 에탄올 농도 40%의 보드카가 만들어진다. 보드카는 위스키처럼 참나무통 숙성 과정을 거치지 않는다. 보드카는 원료가 되는 곡식과 희석 방법에 따라 품질에는 차이가 있을 수 있지만, 고유한 술맛에는 차이가 없다.

포도와 사과 등 과실나무는 러시아에서 자라지 못한다. 대신 밀은 러시아가 세계 최대 생산국이다. 감자와 옥수수, 호밀 역시 러시아 기후와 토양에 적합하다. 러시아의 겨울은 길고 음산하다. 보드카를 만들고 마시기엔 최적의 조건이다. 러시아인은 불행한 조건에서 행복을 찾았다.

자작나무로 만든 숯은 보드카를 증류할 때 여과기로서 없어서는 안 된다. 자작나무는 러시아에 널리 분포하는 수종이다. 많은 러시아 작가들은 자작나무를 자신들의 영혼으로 찬양했다. 호밀과 자작나무, 긴 겨울은 어쩌면 러시아에서 보드카가 탄생할 수밖에 없는 필연적인 조합이었다.

Белая берёза	내 창문 밑에
Под моим окном	하얀 자작나무
Принакрылась снегом,	눈에 완전히 뒤덮여버렸네

Точно серебром.	꼭 은을 뒤집어쓴 듯.
На пушистых ветках	쌓인 눈으로
Снежною каймой	푹신해진 나뭇가지들 위에
Распустились кисти	하얀 술 장식처럼
Белой бахромой.	꽃송이가 피어났다.
И стоит берёза	그리고 꿈결 같은 정적 속에
В сонной тишине,	자작나무는 서 있다
И горят снежинки	그리고 황금빛 불 속에서
В золотом огне.	작은 눈송이들이 빛난다.
А заря, лениво	새벽노을이 느릿느릿
Обходя кругом,	주위를 배회하며
обсыпает ветки	새롭게 은을
Новым серебром.	어린 가지에 흩뿌린다.

세르게이 예세닌

보드카의 탄생

러시아인의 독주사랑은 전통이라 할 수 있을 만큼 이미 오래전부터 널리 알려져 있다. 러시아인들은 특히 보드카를 즐겨 마신다. 러시아에서 1월 31일은 보드카의 생일이다. 지금으로부터 약 150년 전인 1865년 원소주기율표의 창시자인 러시아 화학자 드미트리 멘델레예프는 「알코올과 물의 결합에 관하여」라는 제목의 박사학위 논문을 발표했다.

그의 연구는 결과적으로 40도라는 최적의 보드카 도수를 만들어냈으며, 오늘날까지도 보드카 제조의 기준이 되고 있다. 보드카의 종류와 가격은 천차만별이다. 일반적인 보드카에서부터 여성용 보드카, AK-47 자동소총 모양의 미하일 칼라시니코프 보드카에 이르기까지 종류가 매우 다양하다.

블라디미르 푸틴 대통령과 드미트리 메드베데프 총리 두 정치인의 이름을 딴 푸틴카(Putinka)와 메드베데프(Medvedeff) 보드카도 출시된 바 있다. 2009년 월스트리트저널(WSJ)은 이 두 보드카의 판매량이 권력에 비례한다고 보도했다.

러시아인이 술고래가 된 이유

러시아는 전통적으로 음주에 관대하다. 그래서 러시아어에는 "취객은 자고 나면 술이 깨지만, 바보는 약으로도 못 고친다.", "술

2018년 러시아 최고의 보드카 중 하나에 선정된 러시아 스탠더드(Russian Standard) 보드카 (사진 : bigrating.ru)

AK-47 자동소총 모양의 칼라시니코프 보드카 (사진: bigrating.ru)

에 취한 자는 지혜롭다." 등 음주의 정당성을 옹호하는 속담들이 회자한다.

키예프 대공국의 블라디미르 대공(958~1015)이 988년 그리스 정교를 국교로 받아들인 이유가 음주와 관련이 있다는 것은 유명한 일화이다. 음식사 저술가 린다 시비텔로가 쓴 『인류 역사에 담긴 음식문화 이야기』에서도 언급하고 있는 것처럼 국교를 채택하기 위해 여러 종교를 놓고 고민하던 중 러시아인은 술과 돼지고기를 좋아하여 이를 금지하는 이슬람교와 유대교는 대상에서 가장 먼저 제외됐다. 특히 이슬람교는 술을 금지하여 재고의 여지도 없었다. 술을 금지하는 이슬람교의 교리를 도무지 이해할 수 없었다. 러시아인의 즐거움은 음주에 있다. 음주를 허용하지 않는 종교는 교리 이전에 문화와 정서의 문제였다. 러시아인들이 술을 마시는 이유는 다양하다. 슬퍼서 마시고 기뻐서 마신다. 일을 시작하기 전에는 일의 순조로운 진척을 위해 마신다. 일이 끝나면 긴장을 풀기 위해 마신다. 위험한 일에 직면해서는 용기를 북돋우려고 마신다. 친구가 오면 반가워서 마신다. 이처럼 술을 마시는 구실도 아주 다양하다. 러시아인의 인식에서 즐거움과 음주는 떼려야 뗄 수 없는 관계에 있었다.

그렇다면 왜 러시아인은 이토록 술을 많이 마시게 됐을까?

첫째, 혹독한 기후에서 술만큼 좋은 약도 없다. 혹독한 추위에 알코올을 섭취하면 몸이 더워지는 느낌을 받는다. 러시아에서는 포도가 재배되지 않기 때문에 슬라브인들은 꿀, 맥주, 브라가(3~5일 정도 발효시켜 만든 알코올 도수 3~8%의 가내주), 크바스(호밀과 보리를 발효시켜 만든 알코올 도수 1~5%의 전통적인 알코올음료)를 마셨다. 그것도 명절과 같은 특별한 날에만 마셨다. 몸을 가누지 못할 정도로 거나하게 취하는 것은 수치로 여겼다. 그래서 취할 정도로까지 마시지는 않았다. 독주가 나타난 것은 15세기였다. 알코올 도수가 40%를 넘는 포도주 제조법의 노하우를 제노바에서 온 이탈리아 상인들이 모스크바 추도프 수도원의 수도사들에게 가르쳐 주었다.

둘째, 술은 오래전부터 삶의 일부였다. 고대 공후는 자신의 친위대와 식사를 공유해야 할 의무가 있었다. 둘러앉아 술잔을 함께 나누는 행위를 통해 공후와 무사들 간의 우의를 다졌다. 이런 행위 없이 상호 신뢰를 쌓는다는 것은 불가능했다. 공후가 베푼 주연의 격식은 엄격했으며, 술주정은 절대 허용되지 않았다. 술을 마신 후에도 자세의 흐트러짐 없이 말짱한 정신을 유지하는 것은 남자다움의 표상으로 여겨졌다.

셋째, 손님을 환대하는 러시아 전통도 언급할 수 있겠다. 손님을 환대하는 러시아 전통에서 술이 없는 식탁은 상상조차 할 수 없다. 보드카는 첫 만남의 어색한 분위기를 없애주고, 진솔한 대화가 가능하게끔 긴장을 풀어주는 역할을 한다. 단 보드카를 마실 때는 반드시 술자리에 동석할 술 동무가 있어야 하며, 요즘 말로 '혼술'을 마시는 것은 바람직하지 않다고 여긴다.

페레스트로이카 시절을 경험한 한 교수님의 일화가 있다. 소련이 무너지기 직전 고르바초프의 페레스트로이카 시기 보드카의 생산과 판매가 엄격히 제한되던 시기가 있었다. 보드카는 한 가구에 하루 한 병으로 제한됐다. 당시 고려인 집에 한국인 손님이 며칠간 묵게됐다. 고려인 집주인은 아침과 저녁으로 이웃집에 가서 술을 빌려왔다. 이웃 러시아인들도 그 사정을 충분히 이해했다. 술이 없는 손님 대접이 얼마나 무례한 일인가를. 그래서 배급된 귀하디귀한 술 한 병을 자신의 이웃에게 기꺼이 내줬던 것이다.

국가 재정 수입 확보 수단

보드카에 대한 러시아인의 애착은 정권 차원에서도 살펴볼 수 있다. 보드카는 이미 오래전부터 주요 경제 요소로서 국고 수입에서 큰 비중을 차지하는 항목이었다.

이반 뇌제로도 불리는 이반 4세(1530~1584)는 재위 기간 중 강력한 중앙집권화 정책을 펼쳤다. 당시 러시아는 킵차크한국(1243~1502)의 지배를 받고 있었다. 16세기에는 킵차크한국의 세력이 약해져 분열되어 있었다. 볼가강 하류 지방 카잔에는 카잔한국이 아직 버티고 러시아 공후국들을 위협하고 있었다. 이반 4세는 오랫동안 모스크바 공국을 위협해온 카잔한국의 정벌에 나서 1552년에 병합했다. 1556년에는 아스트라한한국을 정복했다.

카잔한국을 정복한 이반 4세는 카잔에서 흥미로운 곳을 발견했다. 그것은 '카바크'라 불리는 술집이었다. 카바크는 타타르어로 음식과 음료를 파는 술집을 뜻한다. 이런 술집은 마을에 이르는 길목에 있었다. 카잔한국에서 카바크는 중요한 재정 수입원이었다. 이반 4세는 이를 모방하여 모스크바 공국에도 비슷한 것을 만들었다. 1552년 발추크에 최초의 '황제 카바크'를 열었다. 이곳에선 술만 팔아 안주를 먹을 수 없었다. 그래서 안주 없이 술잔을 들이키고 올라오는 독한 술기운을 희석하기 위해 '소맷자락을 안주로 삼는' 러시아식 음주 문화가 생겨났다.

이반 4세는 수입을 창출하기 위해 혹독한 방법을 택하기도 했다. 처음엔 카바크를 찾는 손님 수가 적어 매출이 저조해지자 발생하는 부족분을 벌충하기 위해 백성들에게 과도한 짐을 지웠다. 백성들을 일렬로 줄을 세우고, 태형에 처한 것이다. 백성들로서는 태형에 처하느니 술잔을 들 수밖에 없었다. 혼란의 시대(1598~1613)에는 폴란드인들이 가짜 드미트리를 앞세워 모스크바를 점령했다. 폴란드인과 우크라이나인들은 이미 자신들의 고향에 있는 술집과 선술집 문화에 익숙해져 있었다. 모스크바에는 1,000여 곳이 넘는 카바크가 문전성시를 이뤘다.

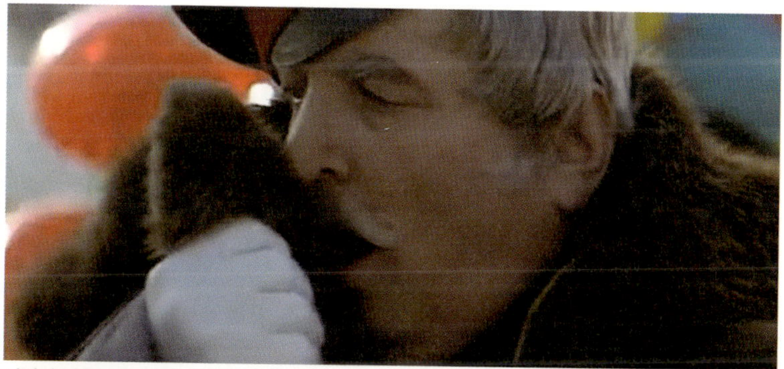

니키타 미할코프 감독의 영화 『시베리아의 이발사』(1998)에서 보드카를 들이킨 후 옷자락 냄새를 맡는 장면 (사진: 손현익)

「표트르 대제 야회. '큰 독수리' 트로피 술잔을 권하는 모습」(니콜라이 드미트리예프-오렌부르스키, 1868)

표트르 1세는 자신이 주최한 야회에서 측근들이 1.5l의 보드카를 '큰 독수리' 트로피에 부어 마시게 했다.

술잔 하사는 황제의 은총이었다. 이것을 사양하면 그 대가는 혹독했다. 영지 몰수나 시베리아 유형에 처해졌다. 알렉산드르 2세와 3세, 니콜라이 2세에 이르러서는 보드카 소비세가 국가 재정의 주요 수입원이었다.

스탈린은 전장에 나가는 병사들에게 '전투 보급용 보드카 100g'을 의무적으로 지급하게 하는 명령을 내렸다.

고르바초프는 페레스트로이카 정책을 시행하면서 금주령을 선포했다. 이러한 배경에는 알코올 중독 문제로 인해 평균수명이 단축되는 현상을 해소하고, 알코올 중독 치료에 드는 의료비를 절감하려는 목적이 있었다. 궁극적으로 술 제조에 사용되는 곡물 사용량을 줄여 소련의 고질적인 식량 문제를 일부나마 해결하고자 하는 목적도 있었다. 그러나 밀주 거래가 성행하는 부작용이 속출하고, 고르바초프 자신에 대한 지지도 하락은 물론 정권 자체에 위기를 초래하게 된다.

표트르 1세와 스탈린 시대에 보드카는 거짓말 탐지기 역할을 담당하기도 했다. 일부러 주위 사람들을 만취하게 만들어 취중진담이라는 표현처럼 속내를 알아내는데 보드카가 이용되기도 했다.

러시아인은 술에 강한 체질을 타고났는가

러시아인은 술을 잘 마시는 체질을 타고났을까? 알코올은 사람마다 다양하게 반응한다. 맥주 한 잔에도 얼굴이 빨개지고 흥분 상태가 되어 취기가 나타나는 사람이 있는가 하면, 보드카를 병째로 마셔도 전혀 비틀거리거나 자세의 흐트러짐이 없는 사람도 있다. 이는 술을 마시는 사람의 주량과 특성보다는 우리 몸속에 알코올을 산화시키는 아세트알데히드 효소의 활성도에 달려 있다.

유럽인들은 전반적으로 이 효소의 활성도가 높게 나타난다. 그래서 이들은 체내에서 알코올을 쉽게 분해하며 의존도가 낮다. 이러한 측면에서 보자면 러시아인은 유럽인과 몽골 인종 사이에서 중간 정도에 있다. 러시아인은 혈액 내 효소 활성도가 높아 알코올에 강하여 과음에도 멀쩡한 상태를 유지하며 음주로 인한 숙취도 거의 없다. 그래서 "1l, 2l, 3l를 마시고 왜 취하냐?"라는 러시아 속담이 존재할 정도다. 하지만 대주가로서 러시아인들의 자신감은 곧 치명적인 약점이 될 수 있다. 체질적으로 알코올에 강해 쉽게 적응하고, 결국 의존 상태에 빠지게 될 수 있기 때문이다.

알코올은 진정제처럼 작용한다. 러시아인은 스트레스와 극도의 긴장 상태에서 술 한 잔에 시름을 잊고, 외로움을 달래며, 분노와 부당함을 삭힌다.

알코올 중독으로 인한 국가적 손실

보드카를 비롯한 알코올 도수가 높은 화주를 마시는 러시아인의 습관은 현대에도 계속 이어지고 있다. 2017년 세계보건기구(WHO)가 세계 각국을 대상으로 국가별 1인당 연간 알코올 소비 현황을 조사한 결과 러시아는, 프랑스, 포르투갈, 이탈리아, 칠레, 독일, 헝가리 등 전통적인 알코올 소비국을 제치고 1인당 알코올 소비량에서 4위를 차지했다.

세계보건기구(WHO) 자료에 따르면 러시아인의 알코올 섭취량은 허용 기준치를 훨씬 웃돈다. 건강에 해를 끼치지 않는 범위에서 섭취할 수 있는 알코올 소비량은 연간 10*l* 미만인데, 러시아에서는 1인당 연간 소비량이 15*l*에 달한다. 러시아 남성 3명 중 1명이 알코올 사용 장애, 6명 중 1명이 알코올 의존증(알코올 중독)을 앓고 있다. 2014년에 발표한 보고서에 따르면 러시아에서 만 55세 이전에 사망한 남성 중 25%가 과음으로 숨졌다. 이렇듯 과도한 음주로 인해 기대수명보다 평균 9~22년이 줄어든다고 한다. 이런 심각성에도 불구하고 여전히 많은 양의 음주를 하고 있다. 이에 러시아 정부는 과도한 음주 문화를 국가적 재앙으로 규정했다. 현재 23시 이후에는 주류 판매를 금지하는 등 강력한 알코올 소비 억제 정책을 시행하고 있다.

러시아를 방문하는 이들은 선물용으로 보드카를 구입한다. 보드카를 가방이나 쇼핑백에 넣지 않고 손에 들고 다니는 경우를 이따금 보게 되는데, 이는 위험천만한 행동이다. 러시아에서 술

병을 들고 거리를 활보하다가는 경찰과 조우하게 될 것이다.

러시아 주류 시장에 부는 변화의 바람

최근 러시아에서 보드카의 인기가 점차 감소하고 있다. 최근 수년간 보드카의 생산량과 소비량은 감소한 반면, 맥주의 소비가 크게 늘고 있다. 맥주 소비량이 급증하면서 국가 차원에서 이에 대한 대책이 논의되고 있다. 2013년부터 '음료수'로 분류되던 맥주를 주류로 규정하는 새 법이 발효되면서 면적 50㎡ 이상인 음식점과 카페, 상점 등에서만 맥주를 살 수 있다. 일반 상점에선 오후 11시부터 오전 8시 사이에는 아예 맥주를 살 수 없고, 해변과 공원, 운동장 같은 공공장소에서 맥주를 마시는 것도 금지되었다. 그동안 러시아인들은 가판대(키오스크)에서 손쉽게 맥주를 구입할 수 있었지만, 이제는 거리에서 맥주를 마시는 모습을 볼 수 없게 됐다.

알코올 소비 억제 정책의 일환으로 가판대에서 맥주 판매를 금지하고, 지정된 장소에서만 판매를 허용하는 등 정부 규제는 맥주 소매시장의 전반적인 구조를 바꿔놓았다. 정부 규제로 인해 상황이 어려워진 러시아 맥주 시장은 전통적인 소매 네트워크 방식에서 벗어나고자 다각적으로 모색하고 있다. 최근 10년간 러시아에서는 맥주 가게의 새로운 형태인 소규모 생맥주 양조 주점(Micro Brewery Pub)이 급속하게 발전했다.

러시아 주요 도시를 포함해 중소도시에 작은 펍과 맥주 바들이 생겨나면서 새로운 음주 문화와 여가 문화가 조성됐다. 이런 주점들은 다양한 풍미와 새로운 스타일의 맥주를 제공하면서 러시아 소비자들을 만족시키고 있다. 소비자 선호도와 음주 문화의 변화로 맥주가 인기를 끌면서 점차 보드카의 자리를 대신해가고 있다.

변화하는 음주 문화

2017년 8월 전러시아여론조사센터(프치옴, VTsIOM)에서 시행한 러시아 주류 소비에 관한 설문조사 결과는 러시아의 달라진 주류 소비 경향을 보여준다. 먼저 음주 횟수를 묻는 설문에 응답자들은 전혀 마시지 않음(39%)이 가장 많았고, 월 1회 미만(25%), 월 2~3회(16%), 월 1회(13%) 순으로 답변했다.

앞서 같은 설문조사에서 선호 주종에 대한 설문에 응답자들은 와인, 맥주, 코냑, 보드카, 샴페인 순으로 답변했다. 결론적으로 과거와 비교해서 음주 횟수가 줄어들었고, 선호하는 주종 역시 독한 술에서 약한 술로 바뀌고 있다.

이런 추세라면 정말로 '술 덜 마시는 러시아'가 될지도 모를 일이다. 차디찬 보드카 한 잔을 들이켠 후 올라오는 뜨거운 취기와 함께 마음속 깊이 얼어붙어 있던 무언가가 기분 좋게 녹아내리는 느낌이 추억으로만 남게 되는 건 아닐지 우려된다.

참고 자료

네이버캐스트. “2015 한국을 뒤흔들 12가지 트렌드, 보드카 NO 맥주 OK, 달라진 러시아 주류 시장.”

린다 시비텔로. 『인류 역사에 담긴 음식문화 이야기』. 최정희, 이영미, 김소영 옮김. 서울: 린, 2017.

그들은 왜 '이반'인가

어건주

누가 '이반'인가

제2차 세계대전 중 독일군은 포로로 잡힌 소련군 병사들을 그들의 실제 이름에 상관없이 모두 '이반'이라고 불렀다. 당시 독일군 기록에 따르면 소련군 전쟁 포로의 수는 약 527만 명이었다고 한다. 그렇다면 수백만 소련 병사가 모두 '이반'이었던 셈이다. 이름은 한 개인을 다른 사람들과 구분하는 기본적이면서도 가장 본질적인 수단이다. 개인의 정체성은 이름을 통해 가장 먼저 확보된다. 그렇다면 개인의 정체성 확보와 모순되는 이러한 명명은 무엇 때문에 나타나게 됐을까?

전쟁이 그런 이름 부르기를 가능케 했다. 상대방의 목숨을 빼앗아야 내가 살 수 있는 극한의 상황에서 포로로 잡힌 개인에 대한 존중이란 쓸데없는 것이고, 개성이란 무시되어도 상관없는 요소였다. 독일군에게 소련군 포로들이란 모두 나의 생명을 위협하는 존재들로, '나'나 '우리'가 아닌 '적'으로 구별되어야 할 존재들이었다. 이런 관점에서 본다면 독일군의 '이반' 명명에는 비록 다수로부터 개인의 분리라고 하는 이름 고유의 기능은 없을지언정, '구별'이라는 기능만은 여전히 작동하고 있음을 알 수 있다.

그렇다면 왜 그들은 '이반'이라고 불려야 했을까? 수많은 러시아인의 이름 가운데 그들은 왜 하필 '이반'이라는 이름으로 불려야 했을까?

이반 이바노비치 이바노프

여기 한 러시아 남성이 있다. 그의 이름은 '이반 이바노비치 이바노프'이다. '이반'이라는 동일한 소리의 무의미한 반복처럼, 언뜻 말장난처럼 여겨지는 이 조합은 어느 러시아 남자의 완전한 이름이다. 이러한 반복이 어떻게 가능할까? 이는 러시아인들의 독특한 작명법 때문에 가능하다. 러시아인의 이름은 이름과 부칭, 성 세 가지로 구성된다. 즉 '이반 이바노비치 이바노프'라는 사람의 이름은 이반이고, 부칭은 이바노비치이며, 성은 이바노프이다.

부칭은 러시아인의 이름을 구성하는 독특한 요소로서 아버지의 이름에서 만들어진다. 아버지의 이름에 일정한 접미사를 추가하여 만든 부칭을 자식들이 부여받는다. 이바노비치라는 부칭의 경우 'Ivan'이라는 이름에 '-ovich'라는 접미사가 부가되어 부칭이 만들어졌다. 즉, '이바노비치'라는 부칭을 지닌 사람의 아버지는 이름이 이반이다. 이처럼 러시아에서는 어떤 사람의 부칭을 알면 그 사람의 아버지 이름도 자연스럽게 알 수 있다.

지금은 성으로 쓰이는 이바노프도 이반이라는 이름에서 유래했다. 이 성도 과거 언젠가는 부칭이었다. 이런 형식의 부칭을 사용하게 된 것은 개인 간 구별을 위해 사용되는 이름이 제대로 기능하지 못하는 경우가 있었기 때문이다. 사람들이 무리를 이루어 생활하게 되고 그 집단의 규모가 점차 커졌다. 그에 따라 하나의 이름이 여러 사람에게 중복되어 사용되는 경우가 자주 발생했다. 타인과의 구별이라는 이름 본래의 기능이 약화한 것이다. 따라서 그 기능을 강화하려고 '누구의 아들 누구'라는 식으로 명명이 이루어지게 됐다. 그리고 그렇게 사용되던 이바노프라는 부칭이 나중에 성으로 전환된 것이다.

이런 형식의 부칭에서 성으로의 전환은 러시아인들의 성에서만 관찰되는 것은 아니다. 영미인의 성에서도 비슷한 사례를 쉽게 찾아볼 수 있다. 우리가 간단하게 점심을 해결하는 햄버거 체인점의 이름인 맥도널드(McDonald)는 도널드에서 유래했다. Jones에서는 소유를 표현하는 '어퍼스트로피 에스('s)'의 흔적을 찾을 수 있다. 그리고 어릴 적 즐겨 읽던 동화 작가 안데르센(Andersen)은 '아들'을 의미하는 son이라는 단어 형태를 그대로 달고 있는 앤더슨(Anderson)과 어원이 같다. 영미인의 성 가운데 이런 유형들은 모두 부칭에서 유래한 것이다.

따라서 이반 이바노비치 이바노프라는 러시아인의 몸속에는 시간의 축을 달리하는 세 이반의 피가 흐르고 있는 셈이다. 먼 옛날 살았던 이 가문 시조의 이름도 이반이고, 그의 아버지 이름도 이반이며, 그 자신의 이름도 이반이다.

어디서 왔는가

그렇다면 '이반'이라는 이름은 어디에서 왔을까? 이반이라는 이름은 슬라브어에서 유래한 순수 러시아 이름은 아니다. 이 이름은 그리스도교의 전래와 함께 러시아 땅에 들어왔다. "하느님이 긍휼히 여기신다"라는 의미를 지닌 히브리어 이름 '요한'이 러시아에 들어와 '이반'이 됐다.

곧이어 이반이라는 이름은 러시아 땅에서 매우 인기 있는 이름으로 등장한다. 이반이라는 이름의 대중적 인기를 알 수 있게 해주는 증거는 이바노프라는 성을 쓰는 사람의 수에서 확인할 수 있다. 이바노프라는 성이 이반이라는 이름에서 비롯됐으므로 이 성을 쓰는 사람의 수가 많다는 것은 결국 이반을 자신의 이름으로 사용하던 사람의 수가 많다는 것을 의미하기 때문이다.

현재 러시아인의 성 분포에 관한 각종 조사에서 이바노프는 늘 1, 2위 자리를 차지한다. 흥미로운 점은 러시아인의 성 분포와 영미인의 성 분포에서 공통점이 나타난다는 사실이다. 영미인의 성 분포에서도 요한에서 유래한 존슨(Johnson) 또는 존스(Jones)라는 성이 상위권을 차지하고 있다. 또한, 영미인의 성 분포에서 대장장이라는 직업명에서 유래한 스미스가 1위를 차지하고 있는 것과 유사하게, 러시아인들의 성 분포에서도 대장장이를 의미하는 쿠즈네츠라는 단어에서 유래한 쿠즈네초프라는 성이 상위권에 올라 있다.

그렇다면 이반이라는 이름의 인기는 어디에서 비롯됐을까? 그것은 러시아인들의 신앙심과 관련이 있다고 생각된다. 독실한 정교도인 러시아인들에게 그리스도교적 가치는 무엇보다도 우선시되어야 하는 삶의 축이었다. 그런 점에서 복음서에 등장하는 세례 요한과 관련된 일화들은 독실한 정교도를 추구하는 러시아인들에게 무척이나 닮고 싶은 인물이자 존중받아야 할 인물의 전형이었다.

세례자 요한은 구세주의 강림을 알리기 위해 먼저 온 자일 뿐으로 하인처럼 신발 끈을 푸는 일조차도 하지 못하는 존재라고 자신을 낮추고 있다. 그러나 그에 대한 예수 그리스도의 평가는 유례없을 정도로 극찬이었다. 요한에 대한 예수 그리스도의 평가가 마태복음에 등장한다. 예수 그리스도는 세례자 요한에 대해 평해 달라는 제자들의 질문에 "여자에게서 태어난 이들 가운데 세례자 요한보다 더 큰 인물은 나오지 않았다"라고 그를 평가한다. 예수 그리스도가 사람 중에서 가장 훌륭한 사람이라고 평가한 요한을 독실한 신앙인인 러시아인들이 어떻게 사랑하지 않을 수 있을까?

세 명의 이반

러시아 예술 작품에서는 세 명의 이반에 관한 이야기가 특히 유명하다. 첫 번째 이반은 가공의 인물로 옛날 민담에 등장하는 주인공 이반이다. 나머지 두 이반은 러시아 역사 속 실제 인물로, 한 사람은 러시아 차르 이반 4세(뇌제)이고 다른 한 사람은 이반 수사닌이라는 평민이다. 이들은 19세기 러시아 예술가들의 작품을 통해 새로운 생명력을 얻게 됐다. 그리고 우리는 이들이 표출하는 모습을 통해 러시아인의 내면 모습을 엿볼 수 있을 것이다.

순수의 이반

우리에게 흔히 '바보 이반'으로 알려진 인물이 첫 번째 이반이다. 극단의 순수를 지닌 인물로 러시아인들이 가장 좋아하는 민담의 주인공이다. 민담 속 이반은 추한 외모에 너무나 게으른 인물로 따뜻한 페치카(난로) 위에서 온종일 뒹굴뒹굴하며 지내는 것으로 묘사되어 얼핏 보기에 긍정적인 면은 하나도 찾아볼 수 없는 인물이다.

이런 인물을 러시아인들은 왜 사랑하는 걸까? 일반적으로 바보란 어리석고 멍청한 사람을 일컫는 말이다. 그렇다면 어리석고 멍청한데다 게으르기까지 한 인물에 러시아인들은 왜 빠져드는 것일까? 바보 이반의 게으름이 일반적인 나태와는 다르기 때문이다. 그의 게으름이란 무언가 술수를 부려 이익을 꾀하지 않는 극단적 순수함과 통하기 때문이다. 그래서 그의 게으름은 무소유이고 무욕이다.

그렇게 그는 극단적 순수라는 매력을 지녔고, 그 매력은 결국에는 아무런 노력 없이도 큰 행운을 얻어낸다. 그의 게으름은 단순한 나태가 아니라 '술수를 동원한 인간적 풍요의 추구'에 대한 적극적 회피이자 거부인 것이다. 그래서 그는 바보가 아니다. 비록 자신이 속한 사회에서는 그 모습이 기괴해 보일지라도 순리대로의 흐름이 늘 그에게 함께하는 것이다. 러시아에서는 그런 의미에 '성스러움'이 더해진다. 그렇게 그는 무욕의 수도자가 된다.

한국인들에게 친숙한 바보 이반은 실제 민담 속 바보 이반과는 달리 레프 톨스토이에 의해 각색된 이반이다. 이 인물은 가공된 인공의 순수를 지닌 모사품이다. 즉, 톨스토이의 입맛에 맞춰 가공된 '인공의' 이반이다.

톨스토이의 바보 이반은 사 남매의 막내다. 큰 형 세묜은 군인이고, 둘째 형 타라스는 상인이다. 이반은 욕심 많은 형들에게 모든 것을 양보한다. 그에게는 스스로 농사 지을수 있는 땅만 있으면 그것으로 충분하다. 그리고 그를 괴롭히는 악마들도 특유의 순수한 바보스러움으로 물리친다. 톨스토이는 이 작품에서 첫째인 세묜을 통해서는 전제정치를, 둘째인 타라스를 통해서는 물신주의를 풍자했다. 그리고 늙은 악마를 통해서는 지식인의 위선과 기만을 풍자하고자 했다.

그런데 민담 속 이반과 달리 톨스토이의 이반은 부지런하다. 끊

「톨스토이 초상화」(일리야 레핀, 1887)

레프 톨스토이의 민화 「바보 이반」 삽화 (마이클 세비어, 1916)

「밭가는 톨스토이」(일리야 레핀, 1887)

임없이 몸을 움직이고 생산 활동에 전념한다. 노동의 가치를 적극적으로 홍보한다. "손에 굳은살이 박인 사람은 식탁에 앉게 되지만, 굳은살이 박이지 않은 사람은 먹다 남은 찌꺼기를 먹어야 한다는 것이다." 이처럼 무욕과 순수라는 면은 닮았지만, 일상의 모습은 민담의 이반과 톨스토이의 이반이 다르다. 아마도 톨스토이는 자신이 사람들에게 하고 싶었던 말을 소설에서 표현하고 있는 듯하다. 그래서인지 소설의 마지막 구절은 거의 선전·선동과 다름없어 보인다.

"그들은 모두 일을 하며 스스로 살아감과 동시에 착한 사람들을 도와주면서 살아갔다."

그리고 이런 이미지에 자신의 모습을 입힘으로써 '소설가 톨스토이'는 '스승 톨스토이'가 되고 싶었는지 모른다.

광기의 이반

두 번째 이반은 광기의 이반이다. 그는 화가 레핀의 '이반 뇌제와 그의 아들 이반, 1581년 11월 16일'에 묘사된 황제 이반이다. 이날 광기로 표출된 격렬한 감정의 분출은 작게는 가정의 파괴를, 크게는 왕조의 종말을 낳았다.

이 그림은 1581년 11월 16일 황실에서 일어난 아버지의 친아들 살해라는 비극적 사건을 묘사하고 있다. 황제는 평소 들고 다니던 황홀로 자기 아들을 내리쳤고, 머리를 맞은 아들은 피를 흘리

「이반 뇌제와 그의 아들 이반, 1851년 11월 16일」(일리야 레핀, 1885)

며 쓰러져 사망한다. 비극적 사건의 원인은 정확하게 알려지지 않았다. 리보니아 전쟁 관련 군사 정책을 비판하는 황태자에게 분노한 황제의 행동이라거나 며느리인 황태자비의 복장을 나무라는 과정에서 따귀를 때린 황제의 행동에 항의하는 황태자에 대한 분노의 표출이라고 이야기하기도 한다. 우발적 사건이기는 하지만, 이 비극은 이반의 내부에 자리한 통제되지 않는 감정의 극단적 분출의 결과이다.

결국 이날 잘 훈련되고 준비된 황위 계승자를 잃은 러시아 황실은 사망한 황태자의 대체자로 아무런 준비 없이, 그저 신에게 순종한다는 기도 속에 빠져 있던 표도르를 차기 황제로 선택할 수밖에 없었다. 그리고 1584년 즉위한 표도르 황제가 1598년 사망하면서 700여 년간 지속한 류리크 왕조는 막을 내리게 된다. 그리고 이후 미하일 로마노프가 로마노프 왕조의 첫 황제로 즉위하기 전까지 러시아는 혼돈에 휩싸이게 된다. 억제하지 못하고 쏟아져 나온 개인의 격정이 제국 러시아를 혼란의 시기로 몰아간 것이다.

하나의 이반이라고 했지만, 사실 이 그림에는 두 명의 이반이 존재한다. 피해자와 가해자 모두 이름이 이반이다. 화가는 이들을 어떻게 묘사하려고 했을까? 살해 흉기를 내팽개치고 피 흘리는 아들의 머리를 감싸 쥔 황제의 얼굴에서 살해 당시의 분노는 이미 찾아볼 수 없다. 오로지 자기 아들을 죽였다는 공포와 절망으로 가득 차 있다. 그에 비해 아들의 표정은 상대적으로 모든 것을 다 내려놓은 듯 평온하다. 어떤 찡그림도 고통의 흔적도 찾아

「이반 뇌제와 그의 아들 이반, 1851년 11월 16일」의 손상된 부분 (1913년)

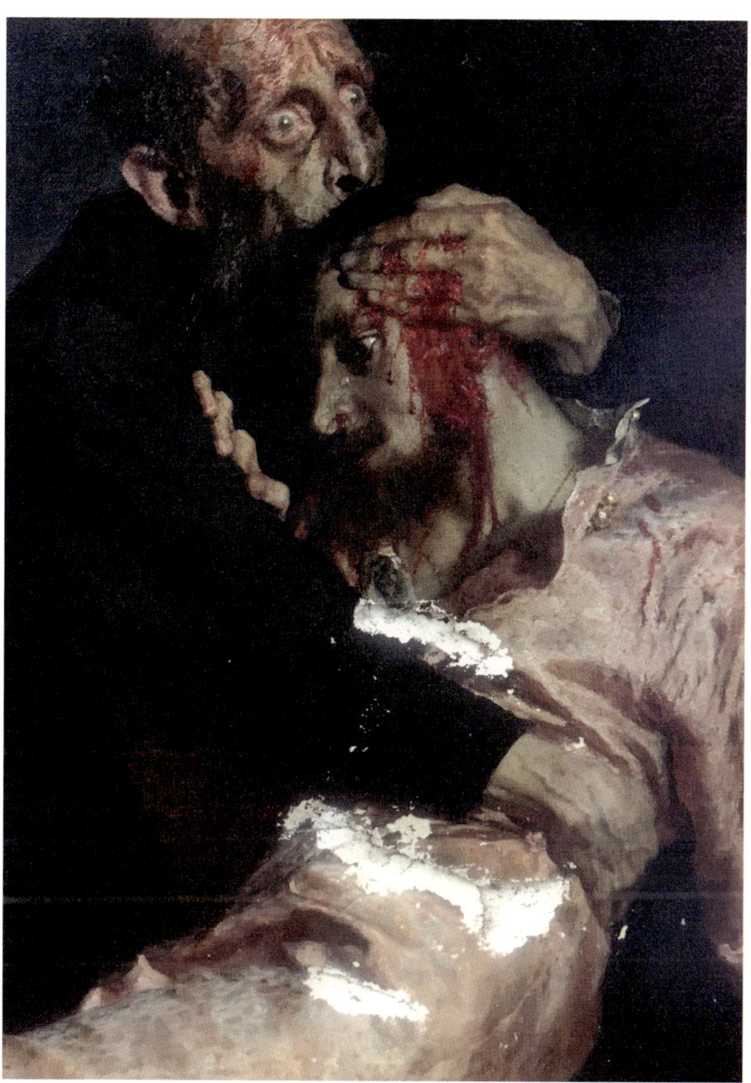

「이반 뇌제와 그의 아들 이반, 1581년 11월 16일」의 손상된 부분 (2018년)

볼 수 없다. 오히려 자기 죽음으로 고통 받을 아버지를 걱정하는 표정까지도 엿볼 수 있다. 순간적으로 터져 나온 격정의 결과로 인한 절망과 죽음의 순간 아버지에게 보이는 용서와 화해, 이것이 두 이반이 보여주는 모습이다.

당시 러시아 정부는 레핀의 이 그림에 대해 부정적인 태도를 보였다. 그림의 소재와 표현이 불온한 사상을 표현하고 있다고 판단했다. 황제의 통치 방식에 대한 불만이 담긴 저항의 표현이라고 여겼다. 그래서 이 그림은 완성된 후에도 한동안 일반 공개가 금지됐다. 트레티야코프가 일찌감치 이 그림을 예약 구매하지 않았다면 정부에 의해 구매되어 폐기됐을 수도 있었다. 이 그림의 순탄치 않은 운명은 이미 그때부터 예정됐는지도 모른다.

광기는 또 다른 광기를 부르는 것인가? 트레티야코프 미술관에 걸려 있던 이 그림은 두 번의 수난을 겪는다. 1913년 1월 구교도 이콘 화가 아브람 발라쇼프는 정신병 발작을 일으켜 흥분한 상태에서 "죽음은 충분하다! 피는 충분하다!"며 칼로 그림을 찢었다. 많은 사람의 복구 노력을 통해 이 그림은 다시 전시될 수 있었다. 그렇지만 비극은 다시 되풀이됐다. 2018년 5월 25일 관람 시간을 5분 남겨둔 저녁 8시 55분에 술 취한 남성의 공격으로 이 그림은 또다시 손상을 입게 된다. 그림이 다시 복구될 수 있을지, 복구된다고 해도 일반인에게 다시 공개될 수 있을지 아직 알려진 바 없다.

헌신의 이반

두 번째 이반이 자신의 광기로 한 왕조의 막을 내리게 했다면, 세 번째 이반은 자신의 헌신으로 새로운 왕조의 문을 열어줬다. 그의 이름은 이반 수사닌이다.

당시 러시아는 류리크 왕조에서 로마노프 왕조로 넘어가던 시기였다. 류리크 왕조의 마지막 황제였던 표도르가 사망하고 러시아는 '혼란의 시대'를 겪고 있었다. 1613년 초 16세의 미하일 로마노프가 귀족과 성직자, 시민, 병사 등 약 700명이 모인 '젬스키 소보르'에서 황제로 옹립됐다. '혼란의 시대'를 마감하고 새로운 시대를 열고자 하는 러시아 사회 전체의 열망이 반영된 결과였다.

그해 늦은 겨울 아직 대관식을 치르지 못하고 볼가강 연안의 코스트로마에 머물고 있던 미하일 로마노프를 제거하려고 폴란드-리투아니아 연합군이 러시아로 진군했다. 군대는 코스트로마에서 멀지 않은 곳에 있는 돔니노 마을에 사는 이반 수사닌에게 길 안내를 강요한다. 그러자 이반 수사닌은 길이 없는 숲속 깊은 곳으로 군대를 이끌었다. 나중에 속았음을 깨달은 폴란드 군대는 이반을 처형했다. 결국 그는 자신의 목숨을 버려 황제의 목숨을 구했던 것이다.

1767년 예카테리나 2세가 코스트로마를 방문한 이후 이반 수사닌은 미하일의 구원자로 공식 추모됐다. 그러면서 민중의 용맹과 헌신, 자기희생의 표본이 된 것이다.

폴란드군에게 처형되는 이반 수사닌의 모습. 「이반 수사닌」 (막심 파유스토프, 2003)

레오니트 바라토프 감독의 연출로 볼쇼이 극장에서 상연된 미하일 글린카의 오페라 「이반 수사닌」의 한 장면

글린카는 이런 이반 수사닌의 영웅적 모습을 오페라로 작곡했다. 1836년 11월 27일 페테르부르크에서 초연된 이 오페라는 「이반 수사닌」이라는 이름과 「황제에게 바친 목숨」이라는 두 개의 이름을 가지고 있다. 이 오페라가 두 개의 이름을 가지게 된 데에는 서글픈 사연이 있다.

오페라의 본래 이름은 「이반 수사닌」이었다. 1836년 5월 오페라의 최종 리허설이 있었는데, 고관 중 한 명이 이 오페라에 평민의 이름인 '이반 수사닌'을 사용하는 것은 적절치 않다고 하며 「황제에게 바친 목숨」으로 이름을 바꾸도록 강요했다. 작곡가가 반대했지만, 결국 개명하게 됐다. 이 과정에서 '황제를 위한 죽음'이 제목으로 어떠냐는 의견이 나왔지만, 황제에게 죽음은 어울리지 않으며, 황제에게는 오로지 삶만이 있을 뿐이라는 주장에 따라 「황제에게 바친 목숨」으로 이름이 결정됐다.

마치 새로운 왕조의 개창을 위한 번제의 제물처럼 자신의 목숨을 바치는 지고한 헌신을 다했지만, 정작 이 왕조에서는 외면당하는 처지에 놓인 것이다. 그런 권력으로부터의 외면은 소련 정부에서도 마찬가지였다. 1918년 사회주의 혁명 이후 수사닌은 황제의 종으로 격하됐다. 자신이 지켜준 황제의 나라에서도 정체성을 버림받고 민중의 권력을 부르짖은 소련 정부에서도 버림받은 것이다.

오페라는 1930년대 말 복권되어 1939년 볼쇼이 극장에서 다시 공연됐지만, 제목이 다시 「이반 수사닌」으로 바뀌었고, 오페라의 대본도 새롭게 바뀌었다. 그 후 이 오페라에는 두 개의 이름이 따라다니게 됐다.

그래서 그들은 이반이 됐다

러시아인에 관해 이야기할 때 그들은 흔히 보편과 상식의 기준으로 판단할 수 없는 민족이라고 한다. 극단적이고 모순적인 성격을 그들에게서 쉽게 찾아볼 수 있다고들 한다. 그래서 그들은 이성의 잣대로 판단할 수 없는 존재라는 것이다. 세 이반도 그렇게 모순적이다.

바보 이반은 게으르다. 일반적으로 게으름은 수동적이다. 아무것도 스스로 하려 하지 않고 자신과 주변을 바꾸려는 의지가 없기 때문이다. 그런데 바보 이반의 게으름은 적극적이고 능동적이다. 그의 게으름은 세속적인 부에 대한 적극적 회피이자 개인적 안락에 대한 거부이다. 자신을 풍요롭게 해줄 것을 아무것도 이루려고 하지 않기 때문에 그의 게으름은 대단히 역동적이다. 그래서 그의 게으름은 모순이다.

톨스토이의 이반이 보이는 착실함도 모순적이다. 그는 마치 기계처럼 성실하다. 그리고 성실한 기계에 인간적 욕구는 어울리지 않는다. 그렇게 그의 착실함은 다른 평범한 사람들을 그의 왕국에서 떠나도록 만든다. 그의 공간은 그와 닮은 사람들에게만 허락될 뿐이다. 따라서 이반의 왕국은 지극히 작위적이고, 착한 이반은 극도로 배타적이다. 그러므로 이곳에는 성실한 이반은 있을

지언정, 행복한 이반은 없다.

황제 이반은 초라하다. 타타르를 물리치고, 제국을 확장하고, 친위대를 부려 자신에게 반대하는 귀족들을 거침없이 제거하던 세속 권력의 정점에 선 자로서의 황제의 모습은 어디에서도 찾아볼 수 없다. 이유야 어찌 됐든 아들을 몽둥이로 폭행하는 아버지로서 그는 치졸하다. 그리고 폭행의 결과가 초래한 비극을 고스란히 감내하는 그의 모습은 비참하다. 그래서 그는 인간적이다. 즉흥적이고 뒤를 돌아보지 않는 감정의 분출은 제국에 군림하는 황제에게보다는 거리에서 흔히 부딪히는 범부에게나 어울리는 모습이다. 그렇게 황제의 모습은 모순적이다.

이반 수사닌의 희생은 숭고하다. 그의 희생을 통해 러시아는 질서를 찾게 됐다. 스스로 죽음을 향해 걸어가는 자의 마음은 어떠할까? 자신의 존재가 지워진 세상의 질서는 그에게 어떤 가치가 있을까? 애초에 이런 고뇌조차 그에게 필요했을지는 모르겠다. 평범한 사람 대부분이 고뇌 끝에 선택하는 것은 합리화이기 때문이다. 그렇게 적의 군대를 십자가처럼 지고 자신의 길을 간 평민 이반은 모순덩어리이다.

세 이반은 그렇게 자기 모순적이다. 그런데 이런 모순 속에는 공통점이 존재한다. 현재에 지극히 충실하다는 것이다. 인위적 왜곡을 바라지 않고 '지금'에 충실한 인간, 그들이 이반이다. 그리고 이런 연장선에서 러시아인들이 존재한다. 그래서 그들은 '이반'이다.

종소리와 북소리, 무엇이 더 러시아다운가

강덕수

큰 것을 좋아하는 나라!

모스크바 크렘린궁에 가면 대포와 종이 전시되어 있다. 세계에서 제일 큰 대포와 세계에서 제일 큰 종이다. 이 대포와 종은 한 번도 사용된 적이 없다. 대포는 너무 커서 쏠 수가 없었다. 포탄도 어마어마하게 크고 무거워 쏘아 날릴 수가 없었다. 종도 너무 커서 종루에 달다가 떨어져 깨져버렸다. 러시아 사람들은 뭐든지 커야 좋아한다는 얘기가 있다. 그래서 크렘린의 종과 북은 허영과 허세의 상징으로 비유되기도 한다.

1980년대 미국의 신문 「크리스천 사이언스 모니터」에 러시아에 관한 일화 하나가 소개됐다. 러시아는 뭐든지 세계 최고를 지향하는 나라라는 것이었다. 그 예로 러시아에서 반도체 공장을 세웠다는데 그 공장에서 생산되는 반도체가 세계에서 제일 크다는

황제 대포 (사진: 강덕수)

황제 종 (사진: 강덕수)

것이었다. 또한 그러면서 러시아인은 야구를 하지 않는데 그 이유가 째째하게 작은 공을 어찌 치느냐하기 때문이라고 했다.

무엇이 러시아에 대한 진실일까?

그냥 믿어야 하는 나라!

19세기 러시아 시인 표도르 튜체프는 “러시아가 어떤 나라인지 묻지 말라”라고 하며, “다만 그냥 믿어야 한다”라고 말했다. 대단히 통 큰 제안이다. 시대적으로 튜체프의 시는 19세기 유럽 쪽 러시아에 사는 사람들에 대해 말하고 있는 것이다. 그런데도 이 시가 달리 해석되어 현대의 러시아의 복잡성을 대변하는 것처럼 자주 인용된다. 왜 그럴까? 21세기의 러시아는 러시아인의, 러시아어의, 러시아 정교회만의 나라가 아니기 때문이 아닐까? 그렇다. 러시아는 이미 다민족, 다언어, 다종교 국가이다. 문화적 스펙트럼도 매우 다양하다. 러시아를 이해하기 어렵다고 하는 또 다른 이유가 여기에 있는 것이다. 농담처럼 하는 얘기 가운데 러시아를 다녀온 사람에 관한 것이 있다. 러시아를 일주일 다녀온 사람은 한 권의 소설을 쓴다는 것이다. 한 달쯤 다녀 온 사람은 한 편의 에세이를 쓴다는 것이다. 그러나 일 년 이상을 경험한 사람은 아무 말도 하지 않는다는 것이다.

튜체프의 시구절은 러시아 민족과 문화가 대단히 복잡한 결을 가지고 있음을 암시한다. 우선 고대 러시아의 역사를 기록한 『원초연대기』 첫 장으로 거슬러 올라가 보자.

바이킹족은 어떻게 왔는가

북쪽 땅에 바이킹족이 있었다. 어느 날 동슬라브인들이 찾아와 "우리가 사는 땅은 혼돈의 상태입니다. 오시어 통치해 주소서!"라고 말했다. 러시아인의 조상인 동슬라브인의 초대를 받은 바이킹 삼 형제가 마침내 노브고로드 땅에 들어와 혼돈을 정리하고 왕국을 세웠다.

세상에 어느 누가 다른 사람에게 자기네 나라를 다스려 달라고 부탁할 수 있을까? 더구나 민족의 이름으로! 역사는 승리한 사람들의 기록이라고 하는 것이 이런 경우가 아닐까? 바이킹 삼 형제는 루시라고 부르던 고대 러시아의 공후가 됐다. 첫째 류리크는 노브고로드에, 둘째 시네우스는 백해(벨로오제르)에, 셋째 트루보르는 이즈보르스크를 차지했다. 류리크, 시네우스, 트루보르라는 이름은 고대 스칸디나비아 사람들의 이름이었다.

10세기까지만 해도 키예프를 중심으로 하던 루시 지역에는 동슬라브 사람들만 살고 있지는 않았다. 지금은 사라진 폴로베츠, 페체네그 등 다양한 민족이 있었다. 동슬라브 루시 공후가 된 바이킹 후손들은 이 민족들과 치열한 경쟁 관계에 있었다. 그런 단면을 보여주는 일화가 드레블랴닌인에 대한 올가 대공후의 복수이다. 올가 대공후의 남편 이고리 공후는 드레블랴닌인의 매복에 걸려 살해됐다. 올가 대공후는 4차례에 걸쳐 드레블랴닌인에게 복수를 한다. 결국엔 드레블랴닌인을 멸족시키고 복속시켰다. 944년부터 946년에 걸친 복수전(올가의 복수)은 연대기에 잘 묘사되어 있다. 이것은 동슬라브인이 주변의 소수 이민족을 어떻게 정복했는지를 보여주는 일례이다.

「성녀 올가」(미하일 네스테로프, 1892)

올가는 955년 비잔틴을 방문하여 그리스 정교도로 세례를 받는다. 그녀의 아들 블라디미르 공후는 그리스 정교를 국교로 받아들인다. 이후 동슬라브인들은 독실한 신자가 되어 주로 정령 신앙을 믿던 주변 민족들을 '교화'시킨다. 교화는 바로 고대의 정령 신앙이나 샤머니즘에 대한 박해를 말한다. 『페름의 성자 스테판의 전기』(1397)는 이러한 과정을 미화한 이야기이다. 전기에 의하면, 성자 스테판이 이교도 샤먼을 굴복시킨다. 그 과정은 서유기의 손오공이 요괴들을 물리치는 것처럼 다소 황당한 구도로 이루어져 있다.

몽골의 지배가 과연 악몽이었나

13세기부터 15세기 중엽까지 동슬라브 루시는 몽골의 지배를 받는다. 서유럽과 비교하여 러시아의 후진성을 말할 때 서방의 역사학자 중에는 몽골의 영향 탓으로 돌리는 사람들이 있다. 이러한 견해는 분명히 동양에 대한 편견을 바탕으로 하고 있다. 미국의 칭기즈칸 전문가 잭 웨더퍼드(Jack Weatherford)는 저서 『칭기즈칸, 신 앞에 평등한 제국을 꿈꾸다』(원제: Genghis Khan and the Quest for God, 2016)에서 칭기즈칸이 서구의 문화와 지성의 발전에서 매우 중대한 역할을 담당했다고 한다. 칭기즈칸은 종교의 자유에 대해 진일보한 견해를 갖고 있었다. 종교의 자유는 개인에게 귀속되므로 선택은 개인의 문제로 보았다. 그는 기독교인을 며느리로 받아들이고 무슬림을 관료로 발탁했다. 러시아 역사에서도 몽골의 지배를 받던 시기를 '몽골-타타르의 압제' 시대라고 하지만, 실제로는 이 시기에 러시아는 문화적으로 절대 쇠퇴하지 않았다. 오히려 정신적으로 성장하고 창의력이 발전한 시기로 평가된다.

사람들은 엄혹한 현실로부터의 구원을 위해 기도와 명상의 세계로 더욱더 빠져들었다. 그 결과 이 시기에 기독교 신앙이 더 깊어지고 주술적 민화 이야기들이 번성했다. 실제로 몽골의 칸은 러시아를 직접 지배하지 않았다. 러시아 공후들을 통한 간접 지배였다. 조세권을 모스크바 공후에게 맡기고, 종교, 언어, 문화에 관한 권한은 모두 러시아 공후들의 것이었다. '칼리타(돈주머니)'

로 불린 모스크바의 이반 1세가 힘을 키운 것은 바로 조세 징수권이 있었기 때문이다. 그는 이 권한을 이용하여 부를 축적하고 몽골에 대항할 힘을 길렀던 것이다. 보통 사람들을 직접 착취하고 괴롭혔다면 그것은 러시아 공후들이지 몽골의 칸은 아니었다. 물론 러시아 공후들이 그런 데에는 원대한 뜻이 있었다고 변명할 수도 있을 것이다.

정교회와 구세주 대성당의 복원

러시아는 988년 블라디미르 대공이 그리스 정교회를 공식적으로 받아들임으로써 키예프 루시가 정교회 국가가 됐다. 14세기 중엽에는 정교회의 주교좌가 모스크바로 옮겨짐으로써 러시아는 모스크바 중심으로 발전하기 시작했다. 이후 러시아는 정교국가가 되고, 동시에 러시아 제국은 러시아 정교회의 수호자가 됐다. 1917년 혁명 당시까지 이러한 관계는 지속했다.

14~15세기 중세 시대를 지나면서 수도원을 중심으로 성화 예술과 설화 문학이 발전했다. 수도원들은 볼가강 너머 백해 북부 지역으로 영향을 확대했다. 수도원에서는 많은 수도자가 배출됐다. 그중 대표적인 사람이 세르기 라도네지스키(Sergij Radonezhskij)이다. 그는 14세기 민중의 스승이면서 정신적 지도자였다. 스스로 절제된 금욕 생활을 하면서 많은 제자를 길러냈다. 그는 러시아 사회의 도덕적 보루로서 사람들에게 위안과 용기

를 심어줬다. 14세기와 15세기 초에 배출된 성인은 대부분 그의 제자들이었다. 그러나 당시 수도자나 성직자들은 민중의 생활과는 거리가 있었다. 수도원이 경제 활동의 중심이 되면서 수도원이 대지주가 되고 주변의 주민들은 하층 농민이 됐다. 교회와 수도원을 중심으로 한 장원경제, 이것이 결국 러시아 사회가 농노제도에 기반을 두게 된 원인이라고 할 수 있다.

세르기 라도네지스키 (그림 : 위키피디아)

15세기에 러시아 교회에는 두 명의 뛰어난 성직자가 있었다. 한 사람은 이오시프 볼로츠키(Iosif Volotskij)였고, 다른 한 사람은 닐 소르스키(Nil Sorskij)였다. 볼로츠키는 부유한 볼로콜람스크 수도원의 원장이었다. 그는 교회의 사회적 활동을 위한 기반으로써 교회 재산 축적 필요성을 옹호했다. 수도원은 국가 교회의 봉사자들을 배출하기 위한 국가 기관이 되어야 한다고 봤다. 반면에 닐 소르스키는 백해 지역의 고립된 수도원의 원장이었다. 그는 교회의 영적 활동을 위하여 수도원의 재산 축적을 부정했다. 교회를 국가와 세속적 부로부터 엄격하게 분리할 것을 요구했다. 성직자는 자신의 노력으로 살아야 하고, 재산은 가난한 사람들에게 나누어줘야 한다고 했다.

이오시프는 국가 정교회를 대표했고, 닐은 자유로운 영적 교회를 옹호했다. 두 사람은 1503년 교회 공의회에서 만났다. 공의회는 이오시프의 주장을 공인했다. 러시아 역사상 최초의 공의회가 향후 러시아 교회의 방향을 결정지었다. 이 결정이 중요한 것은 러시아 교회가 민중으로부터 유리되어 국가 권력에 예속되는 계기가 된 것이다.

17세기 이후 러시아의 영토가 우랄산맥을 넘어 시베리아로 확장 되면서 수많은 소수민족이 러시아 제국으로 편입됐다. 이 과정에서 소수민족들은 모피 수집을 위한 수단으로 취급됐다. 이들에게 러시아 정신이나 가치를 가르치는 데서 교회는 아무런 역할을 수행하지 못했다. 원주민들이 국민이라는 인식을 하게 된 것은 혁명 이후 공민권을 부여받은 이후였다. 혁명 정부는 원주민들을 착취의 대상에서 해방시켜 주었다. 대신 경제 활동의 주체로서 대우하기 시작했다. 그들이 잡아 오는 담비에 대해 적정한 가격을 매기고 순록치기들에게는 보수로 월급을 지급했다. 스탈린은 이들에게 처음으로 투표권을 줬다. 소련 시절 소수민족들이 집단화 과정에서 많은 고통을 겪은 것은 사실이지만, 다른 한편으로 소련 정부는 이들에게 국가가 무엇인지, 국가가 그들에게 왜 있어야 하는지를 깨닫게 해줬다. 그러나 교회는 이들의 삶에 들어가서 고통을 치유하는 역할을 수행하지 못했다.

러시아는 정교회 국가로 알려져 있다. 모스크바에 가면 그리스도 구세주 대성당을 비롯해 많은 사원이 러시아의 역사를 보여준다. 상트페테르부르크에는 카잔 사원, 이삭 대성당이 도시의 역사를 대변한다. 볼가강을 따라 코스트로마, 니즈니노브고로드, 야로슬라블, 카잔과 같은 옛 도시들에서도 황금빛 원형 탑으로 높이 장식된 교회들을 빼놓고 도시의 역사를 설명할 수 없다. '황금 고리'에 속하는 수즈달, 블라디미르, 세르기예프 포사트는 도시가 바로 수도원과 대성당으로 이루어져 있다. 지난 천 년의 러시아 역사가 바로 정교회와 관련되어 있다. 표트르 대제와 니콘 대주교의 갈등, 아바쿰 사제를 비롯한 분리파 교도와의 갈등과 분열 등. 왕권과 정교회는 때로 축복의 관계로, 때로 갈등의 관계로, 때로 경쟁의 관계로 점철되어 왔다. 20세기 초 궁정 내에 막강한 권력을 행사했던 정교회 신부 라스푸틴은 러시아 제국의 멸망에 일정 부분 원인을 제공한 것으로 평가된다.

1917년에 수립된 공산주의 정권인 소련 정부는 러시아 정교회를 철저히 박해하고자 했다. 상징적인 교회를 제외하곤 교회와 수도원 재산을 몰수했다. 지방에서는 교회와 수도원을 체육관이나 공공시설로 만들었다. 성직자와 수녀들은 강제로 세속화되거나 수도원에서 쫓겨났다. 크렘린궁 옆에 있던 주교좌성당은 종소리가 잠을 방해한다는 이유로 폭파되기도 했다. 스탈린의 명령 하나로 충분했다. 그래도 정교회는 살아남았다. 망가지기는 했어도 없어지지는 않았다. 옐친 대통령은 국민 성금이라는 명분으로 주교좌성당을 다시 세웠다. 그리스도 구세주 대성당이 바로 그것이다.

러시아 혁명 이후 70여 년이 지난 1990년대 초 페레스트로이카는 공산당의 몰락을 가져왔다. 그리고 공산주의 이념이 사라

그리스도 구세주 대성당 (사진: 강덕수)

진 빈자리에 정교회가 들어서고자 했다. 오늘날 러시아에서 중앙 정부나 지방 정부가 주관하는 모든 공식 행사에는 정교회 신부가 초대되어 축복의 말씀을 전한다. 연방대학교와 같은 교육기관에서도 정교회 신부를 반드시 초대한다. 재정적으로도 정부의 지원이 보장되어 있다. 제정 러시아 시대에는 교회가 거대한 농토를 소유한 대지주였다면, 지금은 식수 사업과 같이 수익이 확보된 사업체들을 운영한다.

정교회는 러시아를 대표하는 종교임이 분명하다. 그래서 러시아의 종교를 말하려면 자동으로 정교회를 떠올린다. 그렇다. 러시아 정교회는 러시아인의 마음을 지배해 온 뿌리이다. 러시아 일반 가정에 가면 제일 눈에 잘 띄는 곳에 성상이 모셔져 있다. 전쟁에 나갈 때 정교회 신부의 축복이 없으면 군인들의 발걸음이 무디어진다. 그래서 출병 전에 성직자의 축복은 빼놓을 수 없는 의례였다. 이것은 종교를 인정하지 않은 공산당이 지배하던 소련 시절에도 마찬가지였다. 독일의 선전포고로 침공을 받아 전선에 군인을 내보내야 할 때 스탈린은 정교회 대주교의 위상을 인정하지 않을 수 없었다. 정교회 대주교의 권위를 다시 세우고 출병장 가운데 자리를 내주어야 했다. 소련 시절 공산당원이라 해도 태어날 때와 죽을 때는 교회를 찾았다.

시베리아에서 정교회는 무엇인가

러시아는 180여 개의 민족으로 구성되어 있다. 민족 수로 따지면 미국도 만만치 않다. 그러나 미국과 러시아는 역사에서 너무나 다르다. 미국에서는 적어도 천 년 역사를 가진 인디언이 뿌리째 뽑혀 사라졌다. 현재의 미국을 이루고 있는 민족들은 새로운 질서와 체제에 순응한다는 조건 아래 미국 시민이 된 사람들이다. 약간의 차이는 있을지라도 미국의 건국 정신을 거부할 수는 없다. 반면에 러시아에는 모두가 자기들 땅에 대한 주인의식이 강한 민족들로 구성되어 있다. 70여 년간 소련 체제에서 하나의 이념이 강요되어 왔지만, 그것은 소련 체제의 붕괴와 함께 바람처럼 증발했다. 러시아연방 안에 22개 민족 자치공화국과 87개 자치구역이 병립되는 이유가 바로 여기에 있다.

과연 러시아 정교회가 러시아인 모두의 종교라고 할 수 있는가? 그것은 영토가 유럽 쪽 러시아에 한정된 시대의 유물이 아닐까? 2017년 4월 사하공화국(야쿠티아)의 수도 야쿠츠크에 있는 정교회에서 야쿠트인 사제가 처음으로 배출됐다. 야쿠티아가 러시아로 편입된 지 400년 만에 처음 있는 일이었다. 야쿠츠크 시를 벗어나면 인근 1,000km 반경 내에서 교회를 찾기가 쉽지 않다. 러시아인이 많이 사는 산업도시들인 미르니나 네륜그리 같은 곳에나 가야 교회를 볼 수 있다.

야쿠츠크에서 레나강을 건너 500km 이상 떨어진 메긴스크군의 뷰테이다흐 마을에 가면 19세기에 세워졌다는 보로비츠카야

야쿠티아 뷰테흐데흐의 18세기 정교회 교회 (사진: 강덕수)

정교회 성당 뷰테흐레나의 분칠된 성화 (사진: 강덕수)

교회가 있다. 이 교회에는 십체프-므트이으크(Sivtsev-Mytyjyk)(1870~1928)라는 야쿠트인 성상화가가 그린 프레스코 작품이 남아 있다. 소련 시절 70여 년간 이 교회는 지역 창고로 쓰였다. 벽화는 회칠로 많이 훼손되어 있었다. 소련 정권이 무너진 이후 교회는 반환됐지만, 20년이 지나도록 문이 잠긴 채 폐허로 남아 있다. 제정 러시아 시절 이 교회의 규모는 작지 않았을 것이다. 그러나 지금은 성직자도, 관리자도 없이 누구도 관심을 주지 않는 텅 빈 건물이 됐다.

이 교회를 찾은 것은 2012년 여름이었다. 야쿠티아 인문지리서에는 십체프-므트이으크의 그림이 남아 있다는 기록이 한 줄 있었다. 이 한 줄의 기록을 확인해 보기 위해 200km에 달하는 비포장도로를 달렸다. 교회가 세워진 것은 1870년대였다. 150년이 흘렀다. 이제는 아무도 쳐다보지 않고 아무런 기록도 남기지 않은 건물이 됐다. 이 건물이 교회였다는 것을 말해주는 것은 한쪽 벽에 남아 있는 프레스코 그림뿐이었다.

그럼 소수민족들에게 교회는 무엇이었는가? 예수는 누구였는가? 사하공화국에서도 오지 중 하나인 토폴리노예라는 곳에서 있었던 일이다. '와직'으로 불리는 러시아제 봉고 버스를 탔다. 운전석 바로 앞에 예수 사진이 보였다. 기독교인이냐고 운전사에게 물었다. 그는 계면쩍은 웃음을 지었다. 왜 운전석 앞에 붙여 놓았느냐고 그에게 물었다. 그 옆에는 야쿠트인이나 에벤인들이 흔히 가지고 다니는 조그만 말총 매듭이 달려 있었다. 그 말총 매듭은 순록과 말을 키우는 원주민들에게 부적과 같은 것으로써 악령을 쫓아내고 자신을 보호해 준다는 의미가 있다. 그러나 예수 사진에는 그 이상의 의미가 없었다. 그들에게는 예수가 누구인지 중요하지 않았다. 그들이 예수를 처음 접한 것은 300년 이상 오래됐다. 그들은 예수를 받아들이는 척했다. 그래야 빵을 주고 세금을 감면해 준다는 솔깃한 유혹 때문이었다. 그것은 제정 러시아

시대의 전형적인 포교 방식이었다. 등록부를 많이 보낼수록 지방 관리는 승진에 도움이 됐다. 신심이 얼마나 있고 신앙 지식을 얼마나 갖췄는지는 관심이 없었다. 이곳을 지배하는 것은 여전히 나무의 신, 바위의 신, 물의 신, 불의 신이었다.

시베리아 원주민들에게 신앙은 무엇인가

시베리아 원주민인 소수민족들에는 저마다의 금기와 주문이 있다. 그들은 어려서부터 이것을 배운다. 이것이 바로 그들의 도덕률이고 신앙이다. 이것은 인간과 자연에 대한 행위 규범을 모아 놓은 것이다. 에벤키인들에게 구전되는 금기 사항을 '오죠(Od'o)'라고 부른다. 이 '오죠'는 가족 관계, 남녀 관계, 부모자식 관계에 대해 가르치고 있다.

타이가 지역에는 정교회 성직자들이 가지 않았고, 타이가에 살던 에벤키인들은 기독교 성인상들을 고대로부터 내려온 정령들과 뒤섞었다. 모든 자연 현상이 정령화되고 의인화됐다. 그들에게 세계는 상부, 중간, 하부의 3개로 구분됐다. 또한, 토템적 상상과 신화적 상상에 의해 새로운 정령들이 만들어졌다. 이것은 샤머니즘으로 변형됐다. 이에 따라 선한 정령과 악한 정령이 나타났다. 그 중심에는 샤먼이 자리 잡았다. 샤먼은 에벤키어로 '사만'이었다. '사만'은 '모든 것을 아는 사람'을 가리킨다. 이 말이 러시아어로 유입되어 구개음화 현상을 통해 '샤먼'이 됐다. 샤먼의 종교의

시베리아 샤먼 (사진: 강덕수)

식 바탕에는 수렵과 순록치기를 위한 전통적 의식이 들어 있다. 이것은 사냥의 성공을 기원하고 우상을 통해 병자를 치유하고자 하는 정화 의식이다. 이러한 의식은 약간의 차이가 있을지라도 시베리아 원주민들의 신앙에서 공통으로 찾아볼 수 있다.

에벤족에게 세상을 만든 신은 '회브키'라고 하는 하늘의 신이었다. 우주는 상부, 중간, 하부의 3개로 구성되며 인간은 그중 중간 세계에 산다. 인간의 영혼은 '한인(han'in)'이라 한다. 사람이 죽으면 이 영혼은 상부 세계로 올라가 다시는 내려오지 않는다.

에벤족은 사람이 죽은 것을 정령 한인(han'in)이 몸에서 떠나는 것으로 생각했다. 에벤족은 윤회설을 믿었다. 인간의 영혼은 불멸이므로 죽은 뒤 영혼은 새로운 인성, 즉 새로 태어나는 아기의 모습으로 이승의 세계로 돌아온다고 믿었다. 에벤족의 장례식에서 빠지지 않는 것은 '추리마'라고 하는 건물이다. 이것은 저승의 세계에서 고인의 삶을 위한 거주지였다. 구조는 단순했다. 길이가 서로 같지 않은 가늘고 긴 막대기 서너 개를 삼각형 피라미드 모양으로 걸쳐 만든다. 퉁구스족의 이동용 천막 모양이다. 추리마와 함께 만드는 것이 고인의 재산을 놓아두는 단이다. 이것은 '헤베'라고 한다. 이곳에 순록 안장, 못쓰게 된 물건들을 담은 가방들을 쌓아뒀다. 이 밖에도 가방에는 뿔 달린 순록 머리, 가죽과 짐승 다리, 갈비뼈 같은 것들을 담아 두었다. 장례 방법에는 지상장과 풍장이 있었다. 매장지는 영혼이 땅 위에서 조용히 지낼 수 있는 언덕을 선택했다. 지상장으로 장례를 치르는 경우에는 관을 땅 위에 똑바로 세워 놓고 그 위에 긴 막대기로 직각형 건물을 세우거나 작은 통나무집을 세웠다.

유카기르인은 고아시아족으로 분류된다. 이들은 퉁구스족이나 야쿠트인이 나타나기 이전에 이미 시베리아에서 유목 생활을 했다. 유카기르 부족에서 가장 중요한 사람은 '알마'라고 하는 예언자 샤먼이었다. 콜리마강 하류에서 유적이 발견했는데, 이 유적은 3,600년 전의 것으로 추정 된다. 여기서 여자 유골과 함께 부적, 샤먼의 의례 용품, 유카기르인에게 전형적인 뼈 방망이가 나왔다. 이 유골은 원시 유카기르 시대의 여사제였다. 고대 유카기르 사회의 지도자는 여자 샤먼이었다. 지금도 부족에서 여자의 위치는 중요하다. 사냥으로 잡아 온 짐승 고기를 분배하는 권한은 부족에서 제일 나이 많은 여자에게 속한다.

과거의 일이기는 하지만, 유카기르의 샤먼은 제물로 살아 있는 개나 드물게 여자 아이를 바치기도 했다. 샤먼이 죽으면 시신으로 미라를 만들었다. 죽은 샤먼의 시신을 부위별로 절단하여 손가락 마디만한 부적을 만들었다. 그 부적에 인형처럼 옷을 입혀 몸에 지니고 다녔다. 샤먼의 두개골은 특별한 존경의 대상이었다. 그것은 아들이 상속을 받았다. 두개골에는 나무로 몸통을 만들어 붙이고 어린 순록 모피로 만든 외투를 입혔다. 눈은 투명한 돌로 만들었다. 방의 앞쪽 구석에 이 인형을 세우고 맛있는 것을 먹을 때마다 먼저 대접했다. 유목지를 옮길 때는 특별히 만든 상자에 담았다. 이 두개골 인형은 '호일'이라고 불렀다. 무슨 일이 있으면 반드시 이 인형과 상의했다. 이러한 샤먼 의식은 유카기르인들에게 중요한 고대 종교의식이었다.

축치인은 유카기르인과 거의 비슷한 시기에 시베리아 대륙을 차지한 고아시아족이다. 유카기르인들과 마찬가지로 퉁구스인들과의 경쟁에서 밀렸고 또 러시아인들을 대신해 자리 잡은 야쿠트인들에게도 밀리면서 멸족을 걱정해야 하는 변방 민족이 됐다.

축치인의 전통적 세계관은 정령신앙을 바탕으로 하고 있다. 인간을 둘러싼 모든 것, 즉 물건이나 동물과 식물이 모두 신령화의 대상이었다. 축치인들은 착한 정령과 악한 정령이 인간의 생사에 관여하여 병을 주기도 하고 성공과 불행을 결정한다고 믿었다. 병과 불행을 막기 위해서는 집마다 성스러운 수호자가 필요했다. 이것이 '타이느붓'이라 하는 부적이었다. 이것은 주로 짐승과 새의 일부분을 엮어 만들어졌다. 축치인들은 이 부적을 통해 짐승들이 가지고 있던 힘이나 민첩성을 얻게 되어 자신을 보호할 수 있다고 상상했다.

야쿠트인의 정신세계

러시아적 기준으로 보면 소수민족이지만, 시베리아에서는 대민족으로 간주되는 민족이 야쿠트인이다. 야쿠트인은 공식적으로는 사하족이라 부른다. 이 이름을 딴 사하공화국이 시베리아 땅 대부분을 차지하고 있다. 이 공화국의 다수 민족이 바로 야쿠트인이다. 야쿠트인은 언어와 정신문화에서 매우 특이한 위치를 차지하고 있다. 이들의 조상은 몽골의 칭기즈칸으로부터 도망쳐 나온 타타르인들로 추정된다. 타타르인들은 당시 이 지역의 원주민이었던 고아시아 민족 축치인과 유카기르인의 문화와 퉁구스족 에벤과 에벤키인의 문화를 수용하여 독특하면서도 풍성한 문화를 만들어냈다. 그래서 시베리아를 이해하려면 야쿠트인의 정신세계를 이해해야 한다.

야쿠트인의 신화에 의하면, 세계는 천상 세계(도이두)인 하늘과 중간 세계(오르토 도이두)인 땅과 지하 세계(알라라아 도이두)인 지옥으로 나누어져 있다. 야쿠트 신화는 이러한 세계관을 바탕으로 '올롱호'라는 서사문학을 발전시켰다. 이 서사문학은 야쿠트인의 세계관을 보여준다.

태고에 세 종족이 있었다. 유룽 아야르 토욘, 울루우 토욘, 아르산 두올라이. 이들 사이에 서로 더 좋은 땅을 차지하려는 싸움이 벌어졌다. 오랜 싸움으로 모든 것이 파괴됐다. 결국 이들은 평화협정을 맺고 영토를 분배하기로 했다. 그들은 우주를 세 개로 나눴다. 천상 세계는 유룽 아야르 토욘과 울루우 토욘에게, 지하 세계는 아르산 두올라이에게 분배됐다. 중간 세계에는 야쿠트인을 비롯한 35개 종족에게 주어졌다.

세계를 하늘, 땅, 지옥으로 나누는 것은 튀르크, 몽골, 퉁구스 같은 시베리아 민족들에게서 공통으로 나타나는 관념적 세계관이다. 이러한 세계관은 퉁구스인들에게서 좀 더 구체적으로 실현된다. 천상 세계는 고산지대로, 중간 세계는 타이가로, 지하 세계는 강과 계곡이다. 야쿠트인들의 신화적 관념은 지리적, 역사적 조건을 토대로 만들어졌다. 그들은 봉우리들이 하늘로 치솟은 산악지방에 낯선 종족들이 살고 있다고 상상한다. 이를 하늘과 연관 지어 특정한 관념을 만들어냈다. 지하 세계에 대한 관념은 북극의 밤과 툰드라와 연관된다. 야쿠트인들이 차지한 대평원은 중간 세계로써 행복한 우주의 중심으로 간주된다. 야쿠트인들의 서사문학인 올롱호에서 중간 세계는 넓고 자유로우며 윤택한 대지이다. 이 대지를 야쿠트말로 '투이마아다'라고 한다. 이 대지에서는 야쿠트인들만 아니라 에벤키인 같은 다른 민족들도 함께 산다.

일상생활에서 부딪히는 모든 사물과 자연에는 각각의 주인인 정령 '잇치'가 깃들어 있다. 땅이나 물, 숲이나 산, 사람들이 다니는 길에는 저마다의 정령이 존재한다. 집과 농장, 가재도구들에도 고유한 정령이 있다. 이 정령 '잇치'는 사람들의 숭배를 받으며 제물을 필요로 한다. 그들에게 음식을 대접하고 찬가와 주문을 외워 그들의 환심을 사는 것은 사람들의 의무이다. 이것을 소홀히 하면 '잇치'는 마을로 짐승이나 들새를 보내지 않아 사람들을 굶주리게 하고 병이나 불이 나게 하여 인간에게 보복할 수 있다.

가장 존경받는 '잇치'는 사람과 가축을 재난으로부터 보호해주고 복을 가져다주는 대지의 여주인이다. 대지의 여주인은 모든 생명체의 시조 어머니이다. 이러한 관념은 고대에 여성이 주도적인 지위를 차지했던 것과 관련이 있다. 이 여주인은 숲 주변에 있는 큰 자작나무에서 산다고 여겨진다. 그래서 옛날에는 큰 자작나무를 베지 않는 대신 화려한 털실과 붉은 옷감 조각을 걸어 장식했다. 지금도 시베리아 타이가 지역을 가다 보면 언덕배기나 굽

에벤키인의 곰 숭배 의식 (사진: 강덕수)

은 길 주변에 울긋불긋 치장된 나무들을 자주 볼 수 있다. 이들을 정령 '아아르틱 잇치테'라고 한다.

사냥은 시베리아의 모든 민족에게 중요한 일이다. 사냥꾼의 수호신은 숲의 주인이다. 으뜸 주인은 야쿠트어로 '바아이 바야나이'라고 한다. 그는 머리카락이 붉거나 검고 숱이 많다. 위에는 순록 가죽 털외투를 걸쳐 입고, 순록을 타고 다니는 노인네이다. 사냥꾼은 사냥에 나서기 전에 그리고 성공적인 사냥을 끝낸 후에 반드시 바야나이에게 특별한 의식을 치르며 주문을 외웠다.

낚시를 하거나 물고기를 잡을 때에도 그곳에 수호신이 있다. 깊은 물속의 주인 정령은 야쿠트어로 '큐에흐 볼로흐 토욘'이라 한다. 그는 마음씨 좋은 노인이다. 평소 생선 비늘 옷이나 그물 옷을 입고 수초로 된 머리카락과 수염을 갖고 있다. 물의 정령이 다치지 않도록 얼음 구멍에 쇠로 만든 물건을 떨어뜨려서는 안된다는 믿음이 낚시꾼 사이엔 강하게 퍼져 있다. 어부들은 그물을 치기 전에 호숫가나 강가에 모닥불을 피워놓고 작은 제물을 바친다.

시베리아에선 18세기 이후 러시아인들과 야쿠트인들이 섞여 살았다. 자연히 두 민족의 생활과 풍속이 각각의 신앙과 신화에 반영됐다. 크리스마스가 있는 주간에 엿듣기 행위를 통한 점술 행위가 있다. 이것은 '실리쿤'이라고 한다. 담요를 덮은 얼음 구멍을 통해 지역 주민들에 관한 이야기를 엿듣는 것이다. 이러한 점술은 어디에서 아기가 태어날 것인지, 어디에서 결혼이 있을 것인지, 어디에서 사람이 죽을 것인지 같은 일상적인 이야기들을 알아내고자 하는 것이다.

불의 신을 모시는 의례 (야쿠티아, 타아스 무으스) (사진: 강덕수)

북방 민족들의 삶에서 중요한 것은 불의 정령을 모시는 것이다. 야쿠트인들에게도 따뜻한 불과 그 주인 정령은 가장 존경스러운 신이다. 창조의 신인 '아이으으'보다 더 숭배됐다. 불의 신은 백발의 노인으로 그 이름에는 수십 가지의 수식어가 붙는다.

따뜻한 불의 주인, 하얀 수염,
회색 관자놀이, 빛나는 머리,
잿빛 이부자리,
숯을 채운 베개,
깃털 담요, 사자털 외투,
구리 장화,
아안 우한, 하탄 테미에리예.

(강덕수. 『야쿠티야: 맘모스와 다이아몬드와 착한 사람들의 나라』.
서울: 한국외국어대학교 출판부, 2011)

불의 주인은 가족의 수호신으로 악한 정령으로부터 가족을 지켜주는 충직한 정령이었다. 일상생활에서 야쿠트인들은 음식을 먹기 전에 지방과 고깃덩이를 불에 던져주고, 기름을 불에 부어 불을 '대접'했다. 특히 불을 융숭하게 대접하는 것은 새 집으로 이사하거나 토산물을 받을 때, 사냥에 성공했을 때이다.

불의 정령은 사람과 신 사이의 중개자였다. 다른 신들에게 제물을 바치고자 할 때 불의 정령에게서 도움을 받아야 했다. 불에 기름을 붓거나 다른 것을 대접하고자 불더미에 던지면서 정해진 운명대로 선물을 주시기를 청원한다. 이것은 바로 우리에게도 있는 풍습인 '고수레'이다.

특히 샤먼은 불의 정령이 하는 말을 알아듣는 사람이었다. 그들은 집에 사는 사람들에게 닥쳐올 불행을 예고하는 정령의 말을 전해 줬다. 아주 먼 옛날에는 신성한 불 앞에서 맹세했다. 불을 모독하는 것은 죄악시 됐다. 불결한 것을 불에 던지는 것은 금지됐다. 불의 정령이 노하면 피부병이나 화상을 입을 수 있었다.

집의 정령은 '지에르데 바흐스늣'이라고 했다. 이 정령은 불과 아궁이의 정령과 가까운 사이로 밝은색 털을 가진 수말이나 늙은 여인의 모습으로 형상화됐다.

집의 왼쪽에는 작은 정령들인 '나아지으'와 '쇼쇼케'가 살았다. 나아지으는 하늘의 신 '울루 토욘'의 딸로서 지상에 내려와 사람들 속에서 살았다. 그녀는 아이와 송아지의 수호신이었다. 붉은 머리카락을 가진 소녀의 모습을 한 쇼쇼케는 러시아 농민들의 민간신앙에서 차용된 것이다.

문이 저절로 열린다든지 사물이 저절로 움직인다면 정령 잇치가 화가 난 것이라고 생각했다. 그럴 때면 사람들은 서둘러 제물을 바치며 용서를 빌었다. 끓인 기름을 불에 부어서 제물을 전해달라고 불에게 빌었다. 때로는 샤먼을 통해 잇치를 위한 화목제를 열기도 했다.

정교 신앙과 전통 신앙이 공존할 수 있는가

오늘날 러시아연방에서 체첸, 타타르, 사미, 코미, 한티, 만시, 네네츠, 에네트, 칼미크, 바시키르, 알타이, 부랴트, 야쿠트, 돌간 같은 소수민족들은 자기 민족 이름을 딴 행정 자치 지역을 갖고 있다. 20세기 중반까지도 이들 지역은 외지인이 접근하기 힘든 오지였다. 나중에 금, 다이아몬드, 가스 등 천연자원들이 발견되기 시작하자 중앙정부는 개발이라는 명목 아래 길을 건설했다. 18세기에 이곳에 오는 러시아인들이란 유형 형을 선고받은 정치범들뿐이었다. 그곳은 늪과 밀림, 호수와 강으로 둘러싸여 있었다. 영하 40도 아래 혹한의 겨울이 여름보다 더 길었다. 그런 열악한 환경에서도 수렵과 순록 유목으로 생계를 유지했다. 고유문화와 동족의 정체성을 지키며 수백 년간 원시적 생활을 이어왔다. 그들에게 종교는 정령 신앙 아니면 샤머니즘이다. 그들은 러시아 정교회로부터 오는 많은 압력과 유혹을 견뎌냈다. 제정 러시아 정부는 빵과 세금으로 그들을 압박했다. 할 수 없이 교인으로 등록

시베리아 서낭당 (사진: 강덕수)

은 했어도 영혼은 여전히 자유로웠다.

시베리아 타이가 지역을 가다 보면 이 나라의 종교적 정체성에 대해 의문을 품지 않을 수 없다. 과연 정말로 러시아가 정교회 국가인가? 높지 않은 언덕을 넘어서다가 꼭대기에 이르면 운전자는 반드시 차를 세운다. 그러면 모든 승객이 내려서 한 장소로 걸어간다. 그곳엔 반듯한 자세로 우뚝 솟은 나무 한 그루가 있다. 사방으로 팔을 벌린 듯이 서 있는 그 나무에선 뭔가 다른 기품이 느껴진다. 나뭇가지마다 울긋불긋한 헝겊 띠가 매달려 있다. 껍질 사이로는 작은 동전들이 끼어 있다. 주위엔 피우지 않은 담배들이 널려 있다. 우리 식으로 보면 서낭당 나무다. 사람들은 그 나무에 작은 선물을 바치며 잠시 경건한 자세를 취한다. 이것은 시베리아의 소수민족에게만 해당하는 믿음이 아니다. 이들과 같이 살면서 시베리아 정신을 체득한 백인 러시아 사람들도 예외 없이 이런 의식에 동참한다.

정령 신앙과 샤머니즘은 소수민족들을 하나로 묶어주는 민족적 정체성이다. 이것이 70여 년의 소련 통치 기간에도 살아남은 이유일 것이다. 소련 시절 소수민족들의 샤먼은 철저하게 탄압받았다. 그들은 타이가의 깊은 숲속으로 숨어 들어가 명맥을 유지했다. 비록 샤먼의 영향은 감퇴했지만, 민중의 의식 속에 내려온 정령신앙까지 지워진 것은 아니었다. 더구나 이 시기에 러시아 정교회도 탄압을 받았다. 시베리아 민중 속에 뿌리를 내리려던 정교회의 모든 노력이 송두리째 뽑혔다. 뮤테이다흐 마을에 형태만 남아 있는 정교회 사원이 그것을 증언한다.

시베리아 민족의 정체성은 어디에 있는가

21세기 과학기술 시대에 시베리아 지역에서는 민족문화와 정신이 부활하는 형태로 정령 신앙이 부활하고 있다. 이것은 민족 정체성의 문제이기도 하다. 러시아의 소수민족들에는 그들의 정체성을 묶어주는 것이 필요하다. 보통 그것을 언어라고 생각할 수 있다. 사하공화국에서 야쿠트 언어에 대한 충성도는 집착이라 할 만큼 강하다. 사하공화국 내에서 야쿠트어 사용률은 아마도 러시아 내 소수민족 중 최상위에 속할 것이다. 언어의 부활은 문화의 복원을 전제로 한다. 올롱호를 유네스코 무형문화재로 등록한 야쿠트인의 문화적 저력은 대단하다. 이 문화적 저력은 어디서 나오는 것일까? 그것은 정령 신앙과 샤머니즘으로의 회귀이다. 그들은 종교에 무관심한 것처럼 보인다. 그 무관심은 정교회를 포함한 기독교에 대한 무관심일 뿐 종교적 의식 자체에 대한 무관심은 아니다. 그들은 이것을 전통문화라는 명분으로 복원하고 있다.

반면에 사하민족 못지않은 인구를 보유한 부랴트인이나 타타르인들은 언어에 대한 집착이 강하지 않다. 그 이유는 이들이 체계화된 종교를 가지고 있다는 것에서 찾을 수 있다. 바로 라마 불교와 이슬람이다. 종교가 바로 민족의 정체성을 나타내어 준다. 종교를 통해 민족 정체성을 지킬 수 있기 때문에 민족 언어의 유지에 관심이 적은 것이 아닐까 생각된다.

분명한 것은 소수민족들이 저마다 자기들의 정체성을 유지하

하얀 순록과 에벤 여성 (사진: 강덕수)

기 위해 고민하고 있다는 점이다. 정치·행정적으로는 러시아연방 내 러시아 국민이지만, 정신문화적 측면으로 보면 러시아인이 아니다.

에벤인 순록치기가 말한다. "순록이 없는 에벤은 더 이상 에벤이 아니다!" 언어도, 정령 신앙도 잃어가고 있는 에벤인에게 마지막 남은 민족적 자존감은 순록과 함께 있을 때뿐인 것이다.

검은 고양이가 푸시킨을 살렸을까 : 러시아의 다양한 미신

김민수

1825년 12월 25일 시인 알렉산드르 푸시킨이 집을 나섰다. 길은 눈으로 하얗게 덮여 있었다. 비장한 마음을 억누를 수 없었다. 다시는 이 길로 돌아올 수 없으리라는 생각이 들었다. 자유를 갈망하던 일단의 젊은 장교가 전제정치를 뒤엎고자 거사를 약속했다. 붉은 광장에서 모이기로 했다. 큰길로 이어지는 골목길을 나서는 순간 푸시킨은 흠칫 발걸음을 멈췄다. 저 앞에 검은 점이 보였다. 그 점은 점차 더 커지면서 조금씩 움직이기 시작했다. 검은 고양이였다. 이윽고 푸시킨은 검은 고양이와 눈이 마주쳤다. 검은 고양이는 놀라 멈추어 서 있는 푸시킨 앞을 가로질러 사라졌다. 푸시킨은 불길한 예감에 혼란스러웠다. 거사가 탄로가 난 것은 아닐까? 망설이던 푸시킨은 이내 발걸음을 돌려 집으로 돌아갔다. 결국 푸시킨은 혁명 모의에 가담한 죄로 체포됐다. 그러나 현장에 없었기 때문에 처형을 면했다. 그 대신 캅카스 산악지역으로 유배형을 선고받았다. 러시아는 정교회의 나라, 원소 주기율표를 만든 드미트리 멘델레예프의 나라, 「백조의 호수」를 작곡한 표트르 차이콥스키의 나라이다. 그런 나라의 푸시킨이었지만, 검은 고양이에 얽힌 미신을 무시하지 못했다. 그만큼 러시아인은 미신이 주는 공포에서 자유롭지 못하다.

한국의 미신과 러시아의 미신은 다음과 같은 공통점이 있다. 미신을 통해 러시아인을 바라보면 러시아인을 좀 더 잘 이해할 수 있다.

한국	러시아
• 밤에 휘파람을 불면 귀신이 나온다.	• 집에서 휘파람을 불면 재물이 나간다.
• 까마귀를 보거나 우는 소리를 들으면 재수가 없다.	• 집 위로 날아가며 우는 까마귀를 보면, 그 집에 죽음이 찾아온다.
• 아침에 까치가 우는 소리를 들으면 손님이 온다.	• 지붕에서 까치가 울면 그 집에 손님이 온다.
• 숟가락을 밥 위에 꽂아 놓으면 안 된다.	• 빵 위에 칼을 꽂아 놓으면 안 된다.
• 상 모서리에 앉아 밥을 먹으면 거지가 된다.	• 처녀가 상 모서리에 앉아 식사를 하면 7년 간 결혼을 하지 못한다.
• 문턱을 밟으면 재수가 없다.	• 문턱에 올라서면 안 된다.
• 명절날 빨래를 하면 평생 고단한 인생이 된다.	• 명절에 청소를 하거나 쓰레기를 내다버리면 안 된다.
• 길에 떨어진 동전은 줍지 않는다.	• 사거리에 떨어져 있는 동전을 주우면 병에 걸린다.
• 연인에게 신발을 선물하면 이별한다.	• 연인에게 목도리를 선물하면 이별한다.

문턱을 밟지 마라!

문턱은 '나'와 '남'을 가르는 경계이다. 이것은 세계 여러 나라에 공통적으로 있는 관념이다. 옛날 러시아에서는 문턱을 '악마들이 사는 곳' 또는 '조상들의 영혼이 살며 악령들이 집으로 들어오지 못하게 지키는 곳', '집을 지켜주는 집 귀신(도모보이)이 사는 곳'으로 여겼다. 집의 문턱 아래 조상의 시신을 매장하면 조상들의 영혼이 항상 집을 지켜준다고 믿었다는 설도 있다.

문턱은 이처럼 중요한 의미가 있는 공간이므로 다양한 의례에서 중요한 상징적 역할을 해오고 있다. 신혼부부의 경우 최근까지 신랑과 신부 중 혼인등기소의 카펫을 먼저 밟거나 신혼집 문턱을 먼저 넘는 사람이 가정의 주도권을 쥐게 된다고 생각했다. 그래서 결혼식을 마친 신혼부부는 서로 먼저 카펫을 밟거나 문턱을 넘어가려고 경쟁했다. 일부 지역에서는 신랑이 신부를 안고 문턱을 넘어가도록 하기도 한다. 새집으로 이사를 들어가는 경우와 관련한 미신도 있다. 새집의 문턱을 맨 먼저 넘는 사람은 머지않아 죽게 된다는 미신도 있었다. 그래서 미신에 따라 인간을 대신하는 제물로 먼저 고양이를 문턱 너머로 들여보내기도 했다.

문턱과 관련된 금기가 요즘에는 많이 약해졌다. 그러나 여전히 단독주택이나 아파트의 문턱을 밟고 서거나 문턱을 사이에 두고 다른 사람과 인사를 하거나 물건을 주고받는 것은 금기시되고 있다. 문턱을 사이에 두고 다른 사람과 대화를 하는 것도 안 된다. 택배나 음식 배달이 와서 사인을 해주어야 하는 경우에도 문턱을 넘어 밖으로 나가서 하거나 적어도 한발을 문턱 너머로 내디디고 있어야 한다.

문턱을 사이에 두고 인사를 하면 말싸움이 생기고, 문턱을 넘어 전달된 음식은 병을 부르며 문턱을 넘어 받은 옷은 마르고 병들게 한다고 믿는다. 또한, 사람이 문턱을 밟고 올라서면 그 집에 재운이 들어가지 않으며, 총각이 문턱에 걸터앉으면 영원히 결혼하지 못하게 된다고 여긴다. 따라서 집안의 재운이 달아나지 않도록 문턱 아래 은전을 놓아두기도 하며, 문턱 위쪽에 행운을 부르는 부적으로 쇠로 만든 말편자를 걸어두거나 불행을 막기 위한 부적으로 엉겅퀴나 양파를 걸어두는 경우도 있다.

문턱은 외부로부터 행운이 넘어 들어와 나가지 못하게 하고 외부의 악한 기운은 들어오지 못하게 하는 역할을 수행한다. 러시아에서 집으로 초대받으면, 절대로 문턱을 밟아서는 안 된다. 문턱을 넘어 이야기하거나 인사하려고 해서도 안 된다.

식탁에 빈 병을 두지 마라!

러시아인에게 식탁은 신에게 제사를 지내던 제단의 모상이며, 집안의 풍요를 상징한다. 집안의 식탁에는 시장에서 사 온 물건이나 비닐봉지, 모자나 장갑, 열쇠, 돈 등을 올려놓아서는 안 된다. 그렇게 하면 가난해진다고 여긴다. 그런 미신은 직장에도 적용되어, 직원이 지갑이나 열쇠를 테이블 위에 놓아두면 회사에서 돈이 나간다고 생각한다.

식탁에 빵가루 등이 있을 때, 그것을 손바닥으로 쓸어서는 안 된다. 반드시 행주를 사용해 처리해야 한다. 이것 역시 집안이 가난해지는 것을 막기 위한 금기이다. 이와는 반대로 집안의 풍요를 상징하는 식탁을 통해 집안의 부를 빌기 위해서 식탁보 아래 동전 몇 개를 놓아두기도 한다. 부활절 직전 목요일에 집에서 구운 '목요일의 소금'이라고 불리는 검은색 소금을 식탁 위에 놓아두면 집안에 돈이 들어온다고 믿는다.

식탁 위에는 빈 그릇이나 빈 병을 놓아두어서도 안 된다. 그렇게 하면 눈물을 흘릴 일이 생긴다고 믿는다. 러시아인은 집안의 식탁에서뿐 아니라 레스토랑이나 카페에서 술을 마실 때도 식탁 위에 빈병을 그대로 올려두지 않는다. 빈 병이 생기면 즉시 바닥에 내려놓거나 종업원을 불러 가져가게 한다. 러시아인들은 술을 따를 때 빈 잔을 식탁 위에 올려놓고 술을 따른다. 그렇게 하지 않으면 그 집에서 돈이 나간다고 여긴다. 그런 금기는 레스토랑이나 집 바깥의 술자리에서도 지켜진다. 빈 그릇, 빈 잔, 빈 병은 결핍을 의미한다. 식탁 위에 빈 그릇, 빈 병, 빈 잔을 그대로 놓아두면 집안에 궁핍과 곤궁을 초래하기 때문에 러시아인은 손님 앞의 잔이 완전히 비기 전에 계속해서 잔을 채워준다. 주인으로서의 배려와 환대이지만, 주인과 손님 모두의 불행을 막기 위한 행위로도 볼 수 있다.

저녁 식사 후 먹다 남은 빵도 식탁 위에 그대로 두어서는 안 된다. 그렇게 하는 것은 집안의 행복을 그대로 방치하는 행위이다.

식탁에 밤새 칼을 놓아두면 안 된다. 커다란 불행을 초래하는 일이기 때문이다. 식탁에서 다른 사람에게 소금을 건네주어도 안 된다. 말싸움이 생긴다고 믿기 때문이다. 그런 불행을 막으려면 소금을 건네준 뒤에 크게 웃어야 한다. 미혼 여성은 식탁 모서리에 앉지 말아야 한다. 7년 동안 시집을 가지 못할 수 있기 때문이다.

식탁이나 기타 테이블에 올라앉거나 다리를 올려놓아서는 안 된다. 시신이나 관을 테이블 위에 올려뒀던 전통장례를 연상시키기 때문이다. 살아 있는 사람이 테이블에 앉거나 눕는 것은 테이블이 시신처럼 죽음이나 불행을 초래하는 행위로 여겨진다.

소금을 쏟으면 자신의 이마를 때려라!

러시아에는 "빵은 세상의 으뜸이다"라는 속담이 있다. 그만큼 빵을 귀하게 여긴다는 말이다. 귀한 손님일수록 빵과 소금으로 맞이하는 것이 전통이다. 손님이 빵을 뜯어 소금을 찍어 먹게 함으로써 모든 귀중한 것을 다 준다는 마음을 표시했다. 빵은 신이 사람에게 준 가장 소중한 선물이었다. 소금 역시 생명에 가장 소중한 식품이었다. 빵과 소금에 관한 금기도 다양하다.

음식이 풍족하지 않던 시절에는 빵조각을 하나라도 흘리면 굶주리게 되거나 흉년이 온다고 믿었다. 식탁에서 자신의 빵을 다 먹지 않고 다른 사람의 빵을 잘라 먹는 사람은 가난해지거나 가까운 곳에 있는 누군가 굶주리게 된다고 생각했다. 곰팡이 핀 빵을 먹는 사람은 수영을 잘하게 된다고 했다. 그래서 곰팡이가 핀 빵이라도 함부로 버릴 수 없었다. 먹지 못할 상태가 된 빵은 그냥 버리지 않고 새들에게 주어 먹게 했다. 해가 진 이후에는 빵을 굽지 않았다. 빵과 소금을 남에게 꾸어주지도 않았다. 집안에서 돈과 복이 함께 나간다고 여겼기 때문이다.

빵과 소금 (사진: pxhere.com)

빵은 러시아인에게 특별한 것이었다. 빵은 곧 가정의 화목을 상징했다. 화로 속에서 빵을 구울 때도 정성을 다했다. 조상들의 영혼이 빵 굽는 냄새를 먹는다고 여겼기에 빵을 잘 굽지 못하는 집은 조상들의 영혼이 보호해주지 않는다. 그러면 집안이 파산하거나 가족 중 누군가 멀리 떠나게 된다고 여겼다. 빵을 구울 때 집 청소를 하게 되면 집안이 가난해진다고 여겼는데, 빵이 소음을 싫어한다고 믿었기 때문이다. 빵을 구울 때는 다른 일과 함께하지 않고 빵을 굽는 데만 몰두해야 했다.

빵은 신의 선물이었다. 빵의 머리에 해당되는 둥근 윗부분이 아래로 가게 뒤집어 놓는 것은 빵에 대한 불경이었다. 빵의 '머리'에 칼을 꽂아 두는 사람은 가난과 굶주림을 겪게 된다. 빵을 두께가 고르게 자르면 인생도 그렇게 고르고 순탄해지고, 그렇지 않으면 인생도 고르지 않아 힘겹게 살게 된다.

새로 이사 간 집에 행복을 부르기 위해서 먼저 둥근 빵과 소금이 담긴 종지를 들고 모든 방을 돌았다. 집을 지켜주는 집 귀신을 새집으로 모셔가는 예물에서도 빵과 소금이 중심이었다. 새집으로 이사를 가면, 주인이 밤에 옛집으로 들어가서 네 구석에 대고 절을 한 다음 집 귀신을 새집으로 초대하는 말을 했다. 그리고 새집의 지하실이나 다락에 집 귀신을 위한 음식으로 빵 조각과 소금, 보드카가 든 잔을 차려 뒀다. 또 마당에 가축의 구유를 설치하고 그 아래에도 빵 조각과 소금, 보드카 한 잔을 차려 두고 가축을 잘 돌봐 주도록 빌었다.

빵과 더불어 소금과 관련된 미신도 적지 않다. 가장 널리 퍼진 것은 소금을 쏟으면 다툼이나 불행이 생긴다는 것이다. 이 미신은 과거 소금이 매우 비싸고 귀했던 시기에 생겨났다고 한다. 요즘에는 소금이 비싸지도 귀하지도 않지만, 소금을 쏟으면 말싸움이 생긴다는 미신은 여전히 유지되고 있다. 소금을 쏟고 나서 불행을 예방하는 방법으로 쏟아진 소금 위에 설탕을 뿌리거나 큰 소리로 웃는다. 아니면 자신의 이마를 때린다.

아기에게 거울을 보이지 마라!

거울은 이승과 저승의 경계로서 다른 세계로 들어가는 문이었다. 거울은 특별히 주의해서 다뤄야 하는 위험한 물건이었다. 사람이 죽으면 곧바로 그 집 내의 거울은 천으로 덮어 놓거나 벽 쪽으로 돌려놓았다. 아예 바깥으로 내다 놓기도 했다. 죽은 사람의 모습이 거울에 비치게 되면 죽음도 반복된다고 믿었다. 그러면 그 집안의 누군가가 죽게 된다. 그런 피방행위는 현재까지도 유지되고 있다. 밤은 악마가 지배하는 시간이다. 따라서 밤에 거울을 보는 것은 위험하다. 그것은 죽음을 부르는 행위가 된다. 돌도 지나지 않은 아기를 거울에 비추는 것은 금기 중의 금기였다. 아기는 불순한 힘을 견뎌낼 능력이 아직 없기 때문이다.

거울 앞에서 음식을 먹는 것도 안 된다. 거울에 비친 것은 죽음이나 불순한 세계에 속하기 때문이다. 거울을 보면서 음식을 먹으면 자신의 아름다움도 함께 먹어 버리는 것이다. 거울을 깨는 것은 자신의 영적 세계와의 관계를 깨는 것이어서 그 후 7년간 재수가 없다. 거울은 자신 앞에 나타난 모든 것을 기억하며, 집안 사람들의 에너지를 빨아들인다. 그래서 깨진 거울을 집안에 두거나 들여다보는 것은 해롭다. 거울이 깨지면 즉시 버리고 새 거울을 사야 한다.

거울과 관련한 금기는 매우 많다. '병을 앓고 있는 동안에는 거울을 보면 안 된다', '거울을 등지고 앉으면, 병이 들거나 생명력이 상실된다', '거울을 남에게 빌려주면, 그들의 질병이나 나쁜 감정이 옮아 온다', '거울을 보고 있는 여자 앞에 다른 여자가 들어서면, 그 여자가 향후 애정의 경쟁자가 된다', '침실, 특히 침대 머리나 침대 위에 거울을 두면 인생에 수많은 불행과 오류가 생긴다.'

축배의 잔을 깨라!

러시아인의 집에 초대받아 음식을 먹다가 잔이나 그릇을 깰 수 있다. 너무 걱정할 필요 없다. 그릇을 깨는 것은 바로 행운을 부르는 일이 된다. 반면 깨진 그릇을 집에 두는 것은 불행을 부른다.

결혼식에서 신혼부부의 행복을 빌기 위해 하객들이 접시와 잔을 깼다. 신부도 그릇을 깼다. 결혼식에서 신부가 그릇을 깨는 것은 처녀 시절과 작별한다는 의미이다. 러시아인들은 보드카를 마시고 나서 어깨너머로 술잔을 던져서 깨는 풍습이 있다. 그것도 행운을 부르기 위한 행동이다. 그릇이나 잔이 더 잘게 깨질수록 더 큰 행운이 오며, 노년이 더 행복해진다고 믿었다. 결혼식 후 신랑신부가 술잔을 던져 깨는 모습, 남자들이 술을 마시고 나서 벽난로의 벽돌을 향해 술잔을 던져 산산조각내는 모습은 영화에서만이 아니라 실제로도 볼 수 있는 모습이다.

돈에는 그 주인의 불순한 에너지가 남아 있다

약 10여 년 전만 해도 러시아에서는 신용 카드가 아직 널리 사용되지 않았다. 그때 상점에 들렀다가 점원의 불친절에 기분이 상한 한국인이 많았다. 점원이 돈을 손으로 직접 받지 않았기 때문이다. 돈을 접시에 놓게 했다. 거스름돈도 접시에 놓고 가져가게 했다. 점원이 돈을 손으로 건네줄 때는 손이 직접 닿지 않도록 손바닥에 떨어뜨려 줬다. 불쾌하기 짝이 없는 이상한 행동이었다. 그 해답은 지워버릴 수 없이 깊이 박힌 러시아인의 미신에 있다.

돈을 주고받을 때 닿는 손을 통해 돈을 주는 사람의 부정적인 에너지도 전달된다. 접시를 이용하지 않는다면, 왼손으로만 돈과 거스름돈을 주고받기도 한다. 왼손은 돈이 들어오는 손이라고 생각하기 때문이다. 러시아인들은 '왼손바닥이 가려우면 돈을 받게 되고, 오른손바닥이 가려우면 돈이 나간다'라고 말한다. 돈을 꾸어줄 때도 손에서 손으로 건네주기보다 나무로 된 물건 위에 올려놓고 가져가게 하며, 줄 때는 오른손으로 주고받을 때는 왼손으로 받았다.

돈과 관련된 다양한 속담을 통해 러시아인의 돈에 대한 생각을 읽을 수 있다. '기차가 지나는 다리 위나 아래를 지나갈 때 마침 기차가 지나가면 지폐를 머리에 올리고 몇 걸음 걸으면 행운이 온다.' '밤톨이나 도토리를 가지고 있으면 돈이 들어온다.' '길에 지폐가 떨어져 있으면 반드시 주워야 하고, 동전이 떨어져 있으면 독수리 문양이 보이는 경우만 줍고 숫자가 보이면 줍지 마라.' '새해 전야에 고액권을 지갑에 넣고 한 해 동안 사용하지 않으면, 그 돈이 돈을 불러온다.' '크라술라(다육식물)를 집안의 남동쪽에 두고 정성껏 키우면 집안의 수입이 늘어난다.' '집안에서 휘파람을 불지 마라. 큰돈을 잃게 된다.' '집안에서 우산을 펴지 마라. 집 귀신이 떠나 돈을 잃게 된다.'

선물과 관련해서도 적지 않은 미신이 있다. 수건, 칼, 시계나 장갑을 선물해서는 안 된다. 선물한 수건은 눈물을 부르고, 칼은 적을 부르며, 시계나 장갑은 이별을 부른다. 그러나 미신을 모르는 외국인이 그런 것을 선물하는 때 러시아인은 그에게 동전을 줘서 마치 사고파는 것처럼 행동한다. 그렇게 하면 그 선물이 초래할 불행을 피할 수 있다고 믿기 때문이다.

칼을 포함해서 날카로운 금속제품도 선물하지 않는다. 신혼부부에게 칼과 포크 세트를 선물하지 않는다. 그런 선물은 불행한 가정생활을 의미하기 때문이다. 여자가 사랑하는 사람에게 스웨터, 목도리, 모자 등을 떠주면 남자가 다른 여자에게 가버린다는 미신도 있다. 지갑을 선물할 때는 동전 몇 개나 지폐를 넣어 선물해야 한다. 은으로 만든 물건을 선물로 받으면 행운이 온다.

빗자루 아래에는 집 귀신이 산다

러시아에서 빗자루는 마법적인 물건이다. 빗자루 아래에는 집 귀신이 산다. 새집으로 이사 갈 때는 반드시 쓰던 빗자루를 가지고 가야 했다. 집안에는 빗자루를 단 하나만 두고 사용했다. 빗자루가 여러 개 있으면 집안의 복이 분산되기 때문이다. 자루가 아래로 향하게 빗자루

빗자루 (사진: domingo.su)

를 구석에 세워 두면 불순한 힘의 침입을 막고 돈을 부른다. (거꾸로 세워둔 빗자루는 우리나라를 포함한 극동 지역 샤먼들의 상징물과 유사한 형상이다. 극동 지역에서는 나뭇가지를 묶어 긴 장대 끝에 묶어둔다. 우리나라에서는 녹색이나 연두색의 플라스틱으로 만든 상징물을 장대 끝에 묶어 세워둔 것을 자주 볼 수 있다.) 빗자루를 밟거나 건너가면 병이 든다. 집안을 빗자루로 쓸 때는 반드시 문턱 반대 방향으로 쓸어야 한다.

쓰레기와 관련해서는, '절대로 창 너머로 쓰레기를 버리지 마라', '밤에는 청소하거나 쓰레기를 내다 버리지 마라'는 금기가 있다. 그렇게 하는 경우 그 집에서 돈이 나간다고 믿는다. 또 '먼 길 떠나는 사람은 떠나기 직전에 쓰레기를 내다 버리면 안 된다'는 금기가 있다. 이것은 사람의 흔적을 둘러싼 미신과 관련된 것이다. 가족이 먼 길을 떠나는 때 그가 목적지에 도착할 때까지, 대개 3일 정도 집안 바닥을 닦거나 쓸지 않았다. 만일 청소를 하게 되면 집안에 남아 있어야 할 그의 흔적이 지워져 그가 다시는 집으로 돌아오지 못한다는 미신 때문이다.

신혼부부의 앞길을 가로지르지 마라!

가족 중 누군가 또는 손님이 먼 길을 떠난다면, 그가 집을 나서기 전에 집안의 모든 사람이 한자리에 모인다. 식탁 주변이든 어디든 잠시 앉아야 한다. 이것은 길 떠나는 사람의 무사 여행을 비는 행위다. 술자리에서도 헤어지기 직전에 '막잔'을 마신다. 러시아어로 이것을 포소쇼크(pososhok)라고 한다.

이미 집을 나섰는데 집에 뭔가 두고 온 것이 생각나 되돌아가게 되면 뭔가 좋지 않은 일이 생긴다는 미신이 있다. 그로 인한 불행을 막기 위해서 다시 집을 나가기 전에 의자에 잠시 앉아 있거나 거울을 보아야 한다. 아니면 거울을 보면서 거울에 비친 자신과 소리 내서 인사를 나누어야 한다. 그렇지 않으면 가는 길에 불행한 일이 발생한다고 믿는다.

'길을 떠나기 전날 밤에 머리를 감지 마라,' '집을 나서기 전에 열쇠를 떨어뜨리지 마라', '집에서 나가면서 뒤돌아보지 마라'와 같은 금기는 여전히 러시아 사람들을 사로잡고 있다.

집을 나선 후에는 무엇을 보게 되느냐가 매우 중요하다. 예를 들어, 검은 고양이가 길을 가로지르면 불행이 온다고 믿는다. 그런 경우에는 집으로 돌아가거나 다른 길로 돌아가야 한다. 거사길에 나선 푸시킨의 발걸음을 되돌리게 만든 것은 바로 검은 고양이에 얽힌 미신이었다. 고양이라도 세 가지 색깔의 털을 가진 고양이가 길을 가로지르면 인생에 행복이 온다고 여긴다. 길을 가다가 혼례 행렬을 보면 불행이 오고, 장례 행렬을 보면 성공이 찾아온다고 믿는 미신도 있다. 그리고 길을 가다가 맨홀 뚜껑을 만나면 그것을 밟고 지나가서는 안 된다. 시옷 형태의 전신주를 만나면 그 밑으로 지나가서는 안 된다. 반드시 돌아가야 한다. 그렇게 하지 않으면 불행한 일을 당한다. 그래서 시옷 형태의 전신주나 맨홀 뚜껑 옆에는 항상 돌아가는 길이 나 있다. 결혼등기소를

ㅅ 형태의 전신주 (사진: twitter.com/lessscarecrow)

향해 가거나 그곳에서 나오는 신혼부부 행렬의 앞길을 가로지르면 안 된다. 그들의 앞길을 가로지르는 것은 그들의 앞길을 막는다는 것을 의미한다. 외국인이라고 할지라도 흥미로운 모습을 가까이에서 보려고 하다가 실수로 그들의 앞길을 가로질러서는 안 된다.

길을 떠나려는데 비가 오거나 길을 가다가 비를 맞으면 행운이 찾아온다고 여긴다. 결혼식이나 장례식 때 비가 오는 것도 좋은 일로 여긴다. 특히 젊은이들이 비를 맞으면 행운이 온다고 믿는다. 러시아인들은 비가 와도 우산을 쓰는 경우가 드물다. 아마도 그런 믿음 때문일 것이다.

금요일에는 돈을 갚지 마라!

러시아인의 미신에서 자주 등장하는 숫자는 3과 13이다. 3은 여러 가지 의미를 내포한다. 첫째 의미는 러시아 정교의 삼위일체이다. 둘째는 과거, 현재, 미래라는 세 가지 시간 범주이다. 길이, 너비, 높이라는 세 가지 공간 범주를 상징하는 이 숫자는 주술이나 초자연적인 힘에 의해 발생할 수 있는 불행을 예방하는 힘을 발휘한다. 따라서 러시아인은 뭔가 좋은 일이나 좋은 계획에 대해 말하고서는 곧바로 왼쪽 어깨너머로 '퉤 퉤 퉤' 소리를 내며 침을 뱉는 시늉을 하고 나무로 만든 것의 표면을 손으로 세 번 두드린다. '좋은 일에 마가 끼지 않도록' 예방하기 위한 행동이다. 이 행동에는 세 가지 미신이 복합적으로 포함되어 있다. 첫째 숫자 3의 마법적 힘, 둘째 악마가 산다는 왼쪽 어깨너머로 침을 뱉음으로써 악마의 방해를 무시하는 행위, 셋째 고대 러시아인의 나무 숭배 관념이 겹쳐 있다. 이때 주변에 나무로 만든 것이 없을 때는 자신의 머리를 세 번 두드리기도 한다. 숫자 3의 마법적 힘에 대한 믿음은 한국인이 만세 삼창을 하듯이, 러시아 군인들이 만세라는 의미의 '우라'라는 말을 세 번 연속 외치는 데서도 볼 수 있다.

숫자 13은 기독교가 전파된 거의 모든 곳에서 불길한 의미가 있다. 특히 13일 금요일에는 모든 일이 실패로 돌아간다는 미신이 널리 퍼져 있다. 그런 미신의 기원은 예수와 12명 제자의 최후의 만찬이라는 설, 13일 금요일에 아담과 이브가 선악과를 먹었다는 설, 중세 프랑스 성전기사단 소속 수도사들이 화형에 처해진 날이라는 설 등 다양한 설이 있다.

서양인들은 13일 금요일에 밖에도 나가지 않고 전화도 받지 않는 경우가 있다. 서양에서는 엘리베이터에 13이라는 숫자 대신 12+1 또는 12a, 12b 형태로 표시하는 경우도 있다. 그런데 러시아에서는 숫자 13을 그 정도로 심각하게 두려워하지는 않는다. 아파트 동이나 집의 호수, 자동차 번호, 항공기 번호에도 13이라는 숫자가 사용되며, 오히려 번호판에 13이라는 숫자가 포함된 자동차를 보면 기대하던 것보다 더 빨리 커다란 행운이 찾아온다고 믿기도 한다. 다만 한 식탁에 13명이 앉으면 안 된다는 미신이 있다.

러시아인은 금요일인 13일보다는 월요일인 13일을 더 나쁜 날로 여긴다. 러시아인에게는 월요일에 관한 미신이 있다. 월요일에는 새로운 일을 시작하거나 먼 길을 떠나지 않으려고 한다. 의사들도 월요일에는 복잡한 수술을 잡지 않으려고 하고, 선장들은 출항을 미루려고 한다. 비즈니스맨들은 계약을 화요일로 미루려고 한다. 월요일에는 돈을 꾸지 말고, 금요일에는 돈을 갚지 말라는 말도 있다. 반면 월요일에 교통체증에 걸리지 않으면, 일주일 내내 좋은 일이 생긴다는 미신도 있다.

집 귀신 '도모보이' (사진: poznamka.ru)

러시아는 정교회의 나라이다. 그러나 민간 의식 속에는 정령 신앙적 요소들이 남아있다. 그런 요소들이 민담으로 변형되기도 했고, 속담이나 관용구로 압축되기도 했다. 러시아인들이 일상 속에서 지키고 있는 규범들이 사실은 정령 신앙에 기반을 둔 경우가 많다. 그런 의미에서 미신이라고 치부되는 민간 의식을 정령 신앙적 관점에서 바라보면 러시아인이 누구인지 더 쉽게 이해될 수 있을 것이다.

참고 자료

Власова, М.Н. Энциклопедия русских суеверий. М.: Азбука-класс ика, 2008.

Лантух, Н.А. “Дом как сакральный центр и сакральная граница в русской национальной картине мира”. Культура народов Пр ичерноморья. 2000, №. 13. С. 129-135.

Чулков, М.Д. Абевега русских суеверий. М.: Типография Гиппиус а, 1786.

Энциклопедия суеверий. М.: Миф, Локид, 1995.

http://www.bibliotekar.ru/dal/

http://u74.ru/articles/poleznyje-sovety/veru-ne-veru-primety-xxi-veka-94.html

러시아 사람들은 어떤 집에 살았을까 : 이즈바에서 소바닌카까지

김준석

이즈바, 러시아의 전통가옥

러시아 사람들은 어떤 집을 짓고 살았을까? 러시아인의 조상인 동슬라브족은 동유럽 대평원에 거주했다. 그들은 주로 통나무를 이용해 집을 지었는데 이 통나무집을 '이즈바'라 불렀다. 이즈바는 10세기 이전부터 있었다. '따뜻한 방'이라는 뜻으로 어원은 고대 독일어에 있다. 난방 시설을 갖춘 러시아인의 첫 거주지가 이즈바였던 셈이다.

동슬라브족의 건축 자재는 기본적으로 나무였다. 이는 그들이 돌로 집을 지을 줄 몰라서가 아니었다. 그들은 돌로 성곽도 쌓고 궁전도 지었다. 하지만 이즈바는 통나무로 만들었다. 나무가 돌보다 더 따뜻했기 때문이다. 거기다 광활한 숲이 그들을 둘러싸고 있던 점도 한몫했을 것이다. 숲은 그들 삶의 터전이었다. 그 옛날

이즈바와 나무로 지은 교회 (사진: 장세호)

수천 개의 목조 교회가 세워졌고, 길 역시 통나무로 닦았다. 나폴레옹 전쟁 당시 발생한 '모스크바 대화재'를 떠올려보자. 모스크바 역시 목조 도시였던 것이다. 그 화재를 계기로 나폴레옹도 무찔렀으니 러시아는 분명 숲의 축복을 입은 나라이다.

이즈바는 침엽수로 짓는다. 그중 전나무나 소나무가 주로 이용됐다. 활엽수와 비교해 전나무가 목질이 촘촘하고 잘 썩지 않기 때문이다. 이즈바에 쓰일 건축 자재는 겨울이나 이른 봄에 준비하는데 이 시기엔 나무줄기의 잉여 수분이 적어 목질이 말라 있다. 그래야 나중에 썩거나 굴절이 발생할 위험이 적은 것이다.

이즈바의 내부 구조

이즈바의 사각 골격은 나무나 돌로 된 하부 토대에 고정한다. 이때 바닥엔 반을 쪼갠 통나무의 안쪽 면이나 두꺼운 판자를 깐다. 그러면 그 밑으로 반지하의 공간이 만들어진다. 바로 식량 창고다. 러시아 전통 이즈바는 본래 구역 나눔이 없는 하나의 공간, '원룸' 구성이다. 간혹 '다섯 번째 벽'이라 불리는 실내 가림막이 설치된다. 일부 지역에선 가림막 대신 건초를 덮은 공간과 그렇지 않은 공간으로 나눈다.

천장 역시 반으로 쪼갠 통나무로 만들었다. 그런데 천장은 18세기 이후에나 등장한 것이다. 그 이전까지는 바닥부터 지붕까지 꽤 높게 공간이 이어졌다. 아니 공간이 비었다고 말하는 게 맞다.

이즈바의 골격인 사각형의 통나무 구조물. 나무를 눕혀 겹치게 쌓아올리는데 이후 자연적으로 수축하여 나무 사이의 틈이 사라져 벽이 촘촘해진다. 골격을 형성하는 구조물에는 약 44cm 지름의 통나무가 쓰이고, 나머지 부분에는 약 35cm 지름의 통나무가 쓰인다. (사진: www.srubdoma.by)

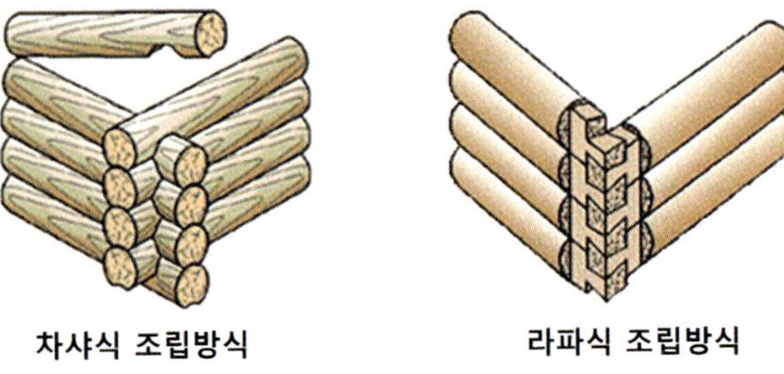

벽을 만드는 두 가지 시공법. '차샤(그릇)식'(В ЧАШУ)과 '라파(짐승발)식 겹쳐쌓기 방식'(В ЛАПУ) (사진: www.svoya-izba.ru)

이즈바가 따뜻해지려면 천장이 매우 견고해야 했다. 천장 사이사이로 추위가 새들면 안 되니 말이다. 그래서 자주 지붕 위엔 자작나무 껍질을 얹는다. 그리고 그 위에 다시 볏짚으로 덮는 것이다. 지붕의 용마루는 말머리나 닭으로 장식했다. 농촌에서 말은 가장 귀한 동물이었다. 말은 이동 수단이었고 밭을 갈았으며 인간의 식량이었다. 닭은 새벽녘 귀신을 쫓는 데 쓰였을 것이다. 어떤 지역에선 지붕에 얇은 널빤지나 오림대를 얹기도 했다. 더 추운 지방에서는 지붕을 양면으로 구성하고 채색도 화려하게 했다.

우리가 알다시피 러시아 영토는 매우 넓다. 그렇기 때문에 지역마다 기후 편차가 크다. 당연히 이즈바의 형태도 지역마다 달랐다. 러시아인들은 이즈바를 중앙(모스크바)형, 시베리아형, 북방형, 남방형 등으로 분류한다.

페치와 사모바르, 화합과 환대의 상징

이즈바의 심장은 러시아식 난로 '페치'다. 우리나라에선 '페치카'라는 단어가 더 낯익지만, 사실 같은 물건이다. 단지 크면 페치, 좀 작으면 페치카라 한다. 이즈바에서 페치는 교회의 제단과 같이 신성한 공간으로 여겨졌다. 자연히 난로를 중심으로 사람이 붐볐다. 교회에서 제단이 신에게 제물을 바치는 장소라면, 러시아의 난로는 빛과 온기의 원천이자 음식을 준비하는 공간이며 때론 잠자리도 제공한다. 게다가 페치는 러시아의 민속 신앙에서

니즈니노브고로드 소재 막심 고리키의 자택 박물관에 있는 사모바르와 페치 (사진: 김준석)

니즈니노브고로드 소재 막심 고리키의 자택 박물관에 있는 사모바르와 페치 (사진: 김준석)

도 중요한 의미가 있다. 불이 삶의 시작을 알리는 상징이자 인류의 영속성을 보장(음식을 내어주지 않는가!)하는 기호이기 때문이다. 난로가 신의 양식인 빵을 굽고 음식을 데우는 장소이기에 화로의 열기와 온기는 집안 분위기를 결정했다.

페치 위치도 지역마다 달랐다. 중심에 놓일 수도, 출입문 오른쪽에 놓일 수도, 혹은 그 반대편인 오른편 구석에 놓일 수도 있다. 이것 역시 지역의 전통에 따라 갈린다. 러시아 중앙 지역에서 페치는 출입문에서 오른쪽으로 보이는 모퉁이에 있다.

페치와 더불어 모든 이즈바에는 차를 준비하는 데 요긴한 사모바르가 있다. 일부 지역에선 사모바르의 연통을 페치의 굴뚝에 연결하여 난방용으로 사용했다. 러시아 시골 마을에 가서 페치로 구운 빵과 사모바르에서 나온 뜨거운 물로 차를 마셔보라. 당신은 이미 러시아에서 환대받는 사람이다.

창문과 문턱, '안'과 '밖'의 경계

창문은 환기를 위해 나무 벽에 낸 구멍에 판자나 동물 가죽, 옻칠한 천 등으로 덮은 게 고작이었다. 그래서 집에 빛이 잘 들지 않았다. 유리가 상용화된 이후에야 이른바 '붉은 창문'이란 것이 생겨났다. '붉은 창문'이란 18세기 후반 창 문설주에 각양각색의 전통 문양을 새겨 넣고 유리를 끼운 것을 말한다. 진짜 틀을 갖춘 창문들이 등장하기 시작한 것인데 창틀 모양은 역시 지역마다 제각각이었다.

동슬라브족은 이 창문이나 문턱을 저승 혹은 위험한 세계로 가는 상징으로 여겼다. 고대 러시아의 여러 의식, 예를 들면 문턱에 앉거나 문턱을 밟는 것을 금기하는 습관, 창문을 통하면 죽은 이들의 세계관과 통한다고 여기는 의식, 문지방 앞에서 공손히 절을 하거나 머리를 조아리는 풍습 등은 여기서 만들어진 것이다.

'붉은 창문'. 고대 러시아에서는 '붉다(red)'를 '아름답다'의 의미로 사용했다고 한다. 그래서 '붉은 창문'을 '아름다운 창문'으로 번역해도 틀린 말은 아니다. 하지만 그렇게 되면 혼란스러운 것도 사실이다. 모스크바 크렘린 옆 '붉은 광장'이 '아름다운 광장'도 되기 때문이다. 그래서 이 글에서는 '붉은 창문'으로 표기한다. (사진: www.kelohouse.ru)

붉은 구석(성소)이다. 붉은 구석은 집안에 성화를 놓아두는 성스러운 장소로 이즈바의 동쪽 구석이나 채광이 잘 되는 곳에 둔다. 붉은 구석의 위치도 지역마다 다르다. 원래는 집의 뼈대가 겹쳐서 십자가 형상으로 엮인 모서리를 붉은 구석이라 부르고 성스러운 장소로 여긴대서 유래했다. (사진 : 김준석)

우사지바, 귀족의 둥지

'우사지바'는 우리말로 지주 저택이라 번역된다. 하지만 단순히 귀족의 집과 그에 딸린 영지만을 가리키는 것은 아니다. 우사지바란 '귀족의 둥지'로 한 세대만이 거주한 곳도 아니다. 19세기 러시아 작가 이반 투르게네프가 1859년 동명 소설을 출간한 이후 작품 제목은 보통명사가 되어 귀족 가문의 지주 저택을 일컫는 말이 됐다. 게다가 19세기 러시아의 위대한 작품, 가령 레프 톨스토이의 『전쟁과 평화』나 투르게네프의 『첫사랑』이 집필된 장소도 작품의 배경도 우사지바이다. 우사지바란 러시아 역사와 문화가 끊임없이 탄생한 공간이라 할 수 있다.

우사지바는 15세기경 출현했다고 한다. 그런데 17세기까지 러시아엔 이른바 저택이란 것이 없었다. 차르의 신하들조차 소박한 가구만이 갖춰진 농민의 이즈바보다 조금 나은 정도의 목조 가옥에서 살았던 것이다. 즉, 적어도 17세기까지는 우사지바와 이즈바가 형태상으로 크게 구분되지 않았다. 18세기에 들어와서야 러시아적 특성을 띤 유럽식 저택이 모습을 제대로 갖춘다.

우사지바 건축에서는 자연과 건축물의 조화가 중요했다. 본관에서 이어지는 가로수 길과 정원은 우사지바에서 빼놓을 수 없는 요소다. 가로수 나무로는 보리수가 주로 쓰였고 화려한 꽃장식과 정돈된 잔디가 앞마당까지 이어졌다. 정원에는 계단식 인공연못, 저수지, 벤치, 누각, 채소 하우스가 조성됐고 산책로도 꾸며졌다. 물론 가꾼 정도가 지주 저택 집안의 재정 상태를 말했다.

오스탄키노에 있는 러시아 명문가 셰레메티예프 가문의 저택 (그림: primamedia.ru)

러시아 출신의 노벨문학상 수상 작가인 이반 부닌은 지주 저택의 몰락을 무성한 잡초 더미의 묘사로 대신했다. 19세기 후반에는 집주인이 도시에 살며 영지를 농민에게 대여해 주는 경우가 많았다. 그때 지주 저택의 관리는 소홀해질 수밖에 없었다. 값이 나가는 정원의 나무들은 베어서 내다 팔기 일쑤였고, 대여하거나 팔 수 없는 주인집, 마구간 등은 황폐해지기 마련이었다. 우사지바의 마지막 운명은 러시아 문학에서 자주 묘사되어 당시 러시아의 경제 상황을 보여준다. 19세기 말 방치된 정원의 형상은 자주 영락한 지주 저택의 기준으로 쓰였다. 이는 안톤 체호프의 『벚꽃 동산』에 고스란히 나타나 있다.

부유한 귀족의 우사지바에는 별채로 극장(때로는 야외극장)이

지어졌다. 예외가 있다면 러시아 명문가 셰레메티예프 가문의 오스탄키노를 꼽을 수 있다. 이 극장은 별채가 아닌 본관으로 지어졌다. 오스탄키노 우사지바의 중심은 공연예술이었다. 이곳에서 희극이나 소품 발레, 오페라 등이 공연됐다. 모스크바의 관광 명소 중 하나이다. 여기서는 18세기 러시아에서 가장 부유했던 귀족의 삶도 엿볼 수 있다. 러시아의 첫 프리마돈나도 이 오스탄키노에서 탄생했다고 한다. 셰레메티예프 가문은 당시 수도였던 상트페테르부르크의 폰탄카 강변에 저택을 소유했으며 오스탄키노와 더불어 모스크바의 쿠스코보에도 우사지바를 지은 러시아 최고 부자들이었다.

우사지바의 내부 구조

귀족 저택의 얼굴은 손님을 맞이하는 거실이다. 금빛 테두리로 장식된 붉은빛의 가구, 단정하고 정갈한 분위기, 우아함을 더하는 여러 개의 촛대와 피아노 등이 놓여 있는 곳이다. 19세기에 들어서면 이곳에서 가족의 축일을 기념하는 연회를 개최하곤 했다. 영화 『전쟁과 평화』에 나오는 로스토프 가문의 연회는 어땠을까. 새하얀 식탁보가 깔리고 음식의 향연이 펼쳐진다. 그리고 천진난만한 영애 나타샤 로스토바가 뛰어다닌다.

우사지바의 지적 중심부는 서재다. 바깥주인의 공간이다. 이 공간은 그림과 책으로 꾸며진다. 화려하지 않은 참나무 가구들이 배치되어 있다. 악기나 사냥 무기를 벽의 장식으로 사용하기도 했다. 술병과 술잔도 필수다. 바깥양반이 이곳에서 회향 술과 버찌 술을 즐겼으니 말이다. 물론 담배 케이스도, 파이프도 있다. 러시아 문학에선 알렉산드르 푸시킨의 『예브게니 오네긴』에 등장하는 오네긴의 서재가 유명하다. 타티야나가 서재의 주인인 예브게니의 성상을 짐작하는 공간으로 말이다. 이렇듯 러시아 사실주의 문학에서 서재는 종종 바깥주인의 기호를 독자들에게 알려준다.

우사지바에는 여성의 공간인 안방도 존재했다. 안주인은 이곳에서 식사 메뉴를 구상한다. 책을 읽거나 작은 손으로 무언가를 만들기도 했다. 안방에는 꽃장식이 수놓아지고, 자기 난로, 우아함이 깃든 거울과 의자 등도 놓인다.

이 외에도 지주 저택의 내부는 곡물을 보관하는 방과 복도, 부엌, 하인 방, 침실, 자녀 방 등으로 구성된다. 복도의 구석에는 램프와 성상화(이콘)로 구성된 '붉은 구석(성소)'이 보인다. 초상화도 곳곳에 걸려 있다. 우사지바의 삶에서 초상화는 집의 과거를 구현하는 가문의 역사로 기능한다. 조상의 초상화는 귀족 가문의 역사를 반영하고 가문, 즉, 성(姓)의 계승과 그 영속을 염원한다. 이는 물리적으로 구체화된 가문의 기념비인 셈이다. 물론 사진도 마찬가지다.

'귀족의 둥지' 우사지바는 1917년 혁명 이전의 모든 러시아적 삶을 상징하는 매개체로 사용됐다. 러시아 최초로 노벨문학상을 받은 작가이자 우사지바를 실제로 기억하는 마지막 세대인 부닌

상트페테르부르크의 폰탄카 강변에 있는 셰레메티예프 가문의 저택. 혁명 이후 코무날카로 쓰였다. (사진: 김준석)

이 '둥지'의 붕괴하는 모습을 『저주받은 나날들』에서 묘사하고 있다.

우사지바의 생명력은 혁명 이후 중단된다. 귀족의 집으로서만이 아니라 역사적 기념비로서도 말이다. 우사지바는 대부분 병원이나 학교, 요양소, 연구소 등 공공기관이나 스탈린식 공동주택인 코무날카로 용도가 변경된다.

스탈린카와 코무날카, 스탈린 시대의 두 얼굴

스탈린카란 무엇인가

스탈린 집권 이후 모스크바에는 신고전주의 양식에 웅장함이 깃든 고층 건물들을 가리키는 이른바 '스탈린 양식'으로 지어진 건물들이 등장한다. 대표적 구조물이 1947년에서 1957년 사이에

상트페테르부르크 모스크바대로변에 늘어선 스탈린카 (사진: www.rosenedv.ru)

지은 7개의 고층 건물이다(모스크바국립대학교, 우크라이나 호텔, 예술인 아파트, 레닌그라드 호텔, 러시아 외무부, 교통건설부, 문화인 아파트 등). 이들을 가리켜 스탈린카로 불렀다. 그런데 이보다 앞서 스탈린카로 불린 주거 공간이 있었다. 바로 1930년대 말 아파트식으로 건축된 주거용 아파트들이다. 그곳에는 당과 국영기업 지도자, 문화계와 군의 고위급 인사들이 살았다. 넉넉한 평수에 집무실과 서재를 따로 갖추고 있다. 주방과 화장실, 욕실 등도 화려하게 꾸며졌다. 당시 사회 엘리트층을 위한 아파트였던 셈이다.

주거용 스탈린카는 1930년대 말부터 1950년대 중반까지 지어진다. 3m가 넘는 높은 천장(우리나라 표준 아파트의 층고가 2.4m다), 넉넉한 창턱과 두꺼운 외벽이 특징이다. 한 가구당 4개 이상의 방을 갖춘 구조가 대부분이다. 주거용 스탈린카를 볼 수 있는 대표적인 곳으로 상트페테르부르크의 모스크바대로가 꼽힌다. 주거용 스탈린카의 종류는 다음과 같다.

1. 노멘클라투라용 (지배계급용)
2. 관리계급용
3. 일반 스탈린카 (노동자 계급용)
4. 1950년대 초에 지은 대중 보급형

코무날카의 등장

주거용 스탈린카와 대비를 이루는 아파트가 코무날카다. 코무날카는 도시 하층민들을 위해 스탈린카와 같은 시기에 등장한 공동 주거 구조물이다. 갑작스러운 공업화로 말미암아 도시의 주거 공간이 부족했고 그 결과 코무날카가 탄생한 것이다. 한 아파트에 여러 가족이 같이 사는 형식이다. 혁명 이전의 저택을 코무날카로 개조한 경우도 있다. 상트페테르부르크 셰레메티예프 가문의 저택도 혁명 이후 코무날카로 개조됐다. 이곳 한쪽 구석에서 시인 안나 아흐마토바가 거주했다. 코무날카의 삶은 1991년 제작된 안드레이 콘찰롭스키의 영화 『이너써클』에 잘 묘사되어 있다.

한 채의 코무날카에 여러 세대가 살았다. 화장실과 욕실은 각각 하나밖에 없었다. 부엌 역시 공동으로 사용했다. 한 세대만 거주했던 노멘클라투라용이나 관리계급용 스탈린카보다 전체 면

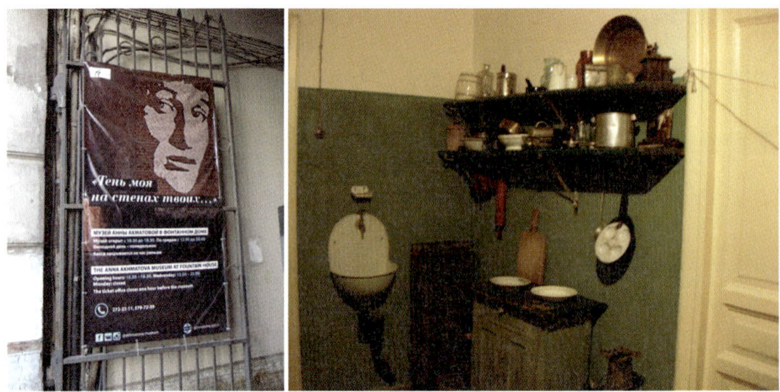

안나 아흐마토바의 코무날카. 상트페테르부르크 셰레메티예프 가문의 저택도 혁명 이후 코무날카로 개조된다. 이곳 한쪽 구석에 시인 안나 아흐마토바가 거주했다. 현재 박물관으로 쓰이는 이곳의 입구와 아흐바토바가 사용한 공동 부엌이 보인다. (사진: 김준석)

적도 작았다. 다른 가족이 사는 방을 통과해야 공용 공간으로 나갈 수 있는 구조로 된 코무날카도 있었다. 모든 것이 공용이다 보니 실내 장식마저 초라해졌다.

이렇듯 사회적 불평등이 심했고 계층별 분열도 발생했다. 표도르 도스토옙스키는 러시아에 두 개의 분열이 있다고 말한 적이 있다. 17세기의 종교 분열과 19세기에 심화한 계층 간 분열이 그것이었다. 만약 도스토옙스키가 스탈린카와 코무날카라는 스탈린 시대의 양면을 마주했다면 아마 그는 '세 개의 분열'을 말했을지 모른다.

코무날카로 본 러시아의 주거 문제

러시아의 주거 문제는 한국만큼이나 심각하다. 시대마다 해결책이 제시됐지만, 문제가 해소되지 않았다. 그 심각성은 소련 시스템과 함께 표면화되어 이후 점점 고착화됐다. 주거 문제는 어느 나라 어느 시대에나 존재했던 것으로 러시아인들만의 재앙은 아닐지 모른다. 하지만 혁명 이후 발생한 이 '집'의 문제로 러시아의 전통은 와해하고 오랫동안 지켜온 조상의 가르침 역시 왜곡된다. 한 세기 가까이 코무날카가 '군림'한 결과 러시아인의 삶에는 커다란 상처가 난다.

가장 큰 문제는 역시 집의 국유화였다. 러시아인들은 오랜 기간 집을 사거나 팔 수 없었다. 당연히 자손에게 물려줄 것도 없었다. 좋은 집에 살기 위해 러시아인들은 국가, 정부와 끊임없는 '계약관계'를 유지해야 했다. 만약 계약의 분위기가 좋으면 무료로 넓은 면적에 대한 권리를 일정 기간 마치 선물처럼 부여받는다. 만약 개인이 국가에 순종적 관계를 확약하지 않으면 그는 삶의 기반을 송두리째 빼앗길 수 있다. 즉, 국가는 집을 국민의 통제 수단으로 사용할 수 있었다. 소련 시민에게 주거 문제는 더 이상 경제적인 문제가 아니었던 셈이다. 주거는 어디까지나 '정치 영역'에 속했다.

국가는 주거 독점권을 소유하고 건축과 분배 역시 담당했다. 공공요금 역시 국가가 상당 부분 해결했다. 주민은 상징적인 액수만 지급했다. 하지만 이것이 주거 문제를 해결해 주진 못했다. 자신의 주거를 자신이 해결할 수 없는 '수동적' 상황이 결국 주택 부족 현상을 낳았다. 물론, 이는 모두 코무날카 주민들의 이야기이다.

좋은 아파트를 얻으려면, 코무날카의 좋은 방을 차지하려면 무엇보다 '줄'을 잘 서야 했다. 먼저 지역 집행위원회의 명단에 이름을 올려야 했고, 그 주거지에 자신이 자격이 있음을 증명해야 했다. 일반 노동자가 모스크바에서 9㎡ 정도의 면적을 얻으려면 10년을 거주해야 했다니 보통 일은 아니었던 것이다. 따라서 그 기간을 줄이고, 주거 면적을 늘리고자 여러 형태의 불법이 성행한다. 결혼 위조, 거주 등록 위조(시골에 사는 친척을 자신의 거주지에 등록시키는 일이 비일비재했다고 한다), 임신 등록증 위조 등 뇌물을 건네는 일도 다반사였을 것이다. 1930년대 후반 대숙청 기간에는 같은 아파트에 사는 이웃의 면적을 차지하려고 이웃을 당에 밀고하는 일까지 생긴다.

화장실 가는 일도 전쟁이었을 것이다. 샤워도 시간표대로 해야 했다. 더 큰 고통은 서로 다른 부류의 사람들이 한데 모여 산다는 것이다. 술주정뱅이와 책벌레 교수가 한 아파트에 어떻게 살았을까? 보통 한 방에 한 가족이 살았는데 환경이 열악한 코무날카에서는 가족이 늘어나도 기존 방 그대로 살아야 했다. 때론 2~3세대가 같이 살거나 다 큰 남녀 형제자매들이 한방에서 살았다.

개인과 공동의 영역 사이의 경계가 점점 모호해졌다. 그럴수록 이웃 감정은 악화됐다. 따라서 사람들은 집에서 말 그대로 쉴 수 없었다. 코무날카에선 옆방 사람이 무엇을 하는지, 어떤 말을 하는지, 어떤 생각을 하는지 다 알았다. 더 나은 주거 공간을 위한 끊임없는 전쟁 속에서 러시아 문화의 원형은 와해됐다.

이런 삶이 지속하자 인간은 적응해 나갔다. 항상 싸울 수만은 없는 법이다. 아이들을 공동으로 교육하고 명절을 같이 보냈다. 다른 출구가 없었다. 그들에게 사생활이란 요원했다. 공동의 삶에 익숙해진 세대는 이제 아무도 없는 방안에선 불안해서 잠들지 못할지 모른다.

페레스트로이카 이후 많은 시간이 흘렀다. 아직도 모스크바나 상트페테르부르크와 같은 대도시에는 코무날카가 있다. 하지만 오늘날의 코무날카는 그 옛날 그 코무날카가 아니다. 의미가 바뀌었다. 젊은이들은 코무날카에 거주하는 비용이 아무래도 적기 때문에 그곳에서 생활하며 돈을 모은다. 집 장만을 위해서다. 대부분의 코무날카가 도심에 있어 '역세권'이기도 하다. 좀 불편하긴 하겠지만, 요즘 젊은이들의 말처럼 '가성비'는 좋다.

진화하는 모스크바, 흐루숍카에서 소뱌닌카로

스탈린카 이후 러시아 도심에 등장한 주거용 건물로 흐루숍카, 브레즈넵카, 소뱌닌카가 있다. 흐루숍카는 제4대 소련 공산당 서기장을 역임했던 니키타 흐루쇼프의 성에서 유래했다. 흐루쇼프는 서민을 위한 적정 수준의 주거용 건물을 제공하라고 건축가들에게 지시했다. 개인의 인간다운 삶을 보장해 주자는 취지에서 프로젝트가 시작됐다. 하지만 자금과 시간이 넉넉하진 않았던 모양이다. 흐루숍카는 5층짜리 '졸속' 건물로 지어진다. 사업은 1940년 말 시작됐다. 곧 코무날카 주민들이 흐루숍카로 대거 이동했다. 처음에는 강철 골조를 사용하기도 했지만, 나중에는 철근 콘크리트를, 이후에는 골조도 넣지 않고 지은 것이 흐루숍카였다. 이 흐루숍카의 수명은 고작 25년이라고 한다.

흐루숍카가 구조상, 외관상 많은 문제점이 있는 것은 사실이다.

판에 찍듯 만들어낸 조립식 아파트니 오죽하겠는가. 하지만 코무날카에 살던 사람들은 기꺼이 이사했다. 조립주택의 비좁은 주방과 낮은 천장, 심한 층간 소음이 싫었지만, 다른 가족들과 한집에서 같은 화장실, 같은 부엌을 쓰지 않아도 된다는 사실은 충분히 매력적인 조건이었다. 흐루쇼카는 1985년 이전까지 건설된다. 아파트 가격이 워낙 오르다 보니 흐루쇼카는 서민이 내 집 마련의 꿈을 실현할 수 있는 대안이 된다.

흐루쇼카 이후 브레즈넵카가 등장한다. 제5대 소련 공산당 서기장인 레오니드 브레즈네프의 성을 땄다. 브레즈넵카의 건설 기간은 코무날카나 흐루쇼카의 그것과 비교해 길지 않았다. 브레즈넵카는 9~12층짜리 아파트였다. 흐루쇼카보다 층은 더 높이 올라갔지만, 획일적인 조립식 건물인 점은 흐루쇼카와 다를 바 없었다. 안타깝지만, 브레즈넵카는 소련 전역의 도시들을 모두 무표정한 공간으로 바꾸어 놓는다.

페레스트로이카 이후 모스크바에선 수명이 다한 5층짜리 흐루쇼카를 철거하고 그곳에 현대식 아파트를 지어주겠다는 공약이 주기적으로 나왔다. 이 약속을 실천하고 있는 인물이 세르게이 소뱌닌 모스크바 시장이다. 그는 현재 모스크바의 대대적인 정비 사업을 주도하고 있다. 그 첫 대상이 수명이 다한 흐루쇼카를 철거하고 새로운 아파트 소뱌닌카를 건설하는 것이다. 모스크바는 지금 한창 건설 중이다.

모스크바의 흐루숍카 단지 체료무시키 (사진: boeingisback.com)

모스크바에 지어진 소뱌닌카의 모습. 모스크바와 달리 상트페테르부르크에서는 수명이 다한 흐루숍카를 철거하고 재건축하는 사업이 더디게 진행되고 있다. 도시 곳곳이 문화유산으로 지정돼 도심 재건축 사업 자체가 쉽지 않은 점과 또 그로 인한 자금 조달 문제가 발목을 잡는 것이다. (사진 : www.varlamov.ru)

재벌과 노숙자 : 시장경제 러시아에 공존하는 두 세계

최우익

신러시아인의 등장

국가 차원에서 사회주의 체제를 최초로 수립한 나라가 바로 러시아이다. 사회주의의 가장 중요한 가치 중 하나는 '평등'이다. 18~19세기 러시아에서는 근대화가 제대로 진행되지 못했다. 19세기 중엽이 지나서야 농노제가 폐지됐다. 그러나 농민의 예속 상태가 여전히 심각하여 구질서와 신분제 종식, 평등에 대한 갈망이 유럽의 어느 나라보다 더 절실했다. 이러한 점이 바로 사회주의 혁명이 20세기 초 러시아에서 가장 먼저 일어날 수 있었던 하나의 배경이었다. 1917년 볼셰비키 혁명 이후 그렇게 수립된 사회주의 체제는 약 70여 년간 지속했다.

하지만 사회주의의 동력이 약화하자 20세기 끝자락에서 러시아는 '시장 개혁'을 추진하게 됐다. 그리고 시장경제라는 새 엔진

신러시아인의 주요 특징 (그림: www.aif.ru)

을 장착한 채 1990년대 초부터 현재까지 약 30년 가까운 세월이 또 지났다. 과연 러시아는 오늘날 어떻게 변했을까? '평등'이라는 가치에 주목하면서 러시아의 현재 모습을 살펴보자.

1990년대 러시아가 시장 개혁을 시작하며 화두가 된 것 중 하나가 바로 '신러시아인'의 등장이었다. 신러시아인은 우리말에서의 졸부나 벼락부자와 비슷한 맥락으로 등장한 호칭이다. 우리나라에서 졸부는 1980년대 주택 건축 붐이 불면서 논밭을 팔거나 땅 투기로 졸지에 부자가 된 사람을 일컫는 말이었다. 러시아에서는 1990년대 시장 개혁이 시작되자마자 이른바 신러시아인이라는 집단이 등장했는데, 이 호칭은 국유 재산의 사유화 조치가 시작되자마자 부를 거머쥔 신흥 부자들을 일컫는 말이었다.

미국 경제지 '포브스'가 선정하는 세계 재벌 순위를 보면 최근 몇 해 중국인들의 순위가 많이 올라왔다. 1990년대에는 미국 다음으로 러시아 재벌들의 순위가 비교적 상위에 오른 기사를 종종 볼 수 있었다. 이들은 과거 사회주의 체제에서 볼 수 있었던 소비에트 인간형과는 아주 다른 유형의 사람들이었다. 과연 어떻게 이들이 그토록 짧은 시간에 이목을 끌면서 등장할 수 있었을까? 70여 년간 지속한 사회주의 체제가 무너지자마자 어떻게 러시아에서 이런 사람들이 바로 나타날 수 있었을까? 궁금할 수밖에 없다. 그러나 궁금증을 풀어줄 해답은 사실 간단하다. 즉, 그들은 이미 존재했다. 다만 시대를 준비하고 있었을 뿐이다. 이들의 실체를 규명하기 위해서는 세월을 좀 더 거슬러 올라가 살펴볼 필요가 있다.

소련의 사회구조

소련 시대 사회주의 이론에 따르면 사회주의 사회에는 두 개의 계급과 하나의 계층, 즉 노동자·농민(집단농장원)과 지식계층(인텔리겐치아)이 존재한다. 이러한 이론은 1930년대 중반 스탈린에 의해 만들어졌다. 그 이전까지는 노동자와 농민만이 사회주의의 기본 계급이었다. 지식계층은 별도의 주요 집단으로 인정받지 못했다. 하지만 스탈린은 지식계층을 기본 계층으로 제시하면서 '두 개의 계급과 하나의 계층'이라는 이론을 만들어냈다. 사회주의 사회에서 이들은 서로 평등하지만, 사회적으로 역할 분담을 한 관계로 묘사된다.

그런데 현대 러시아 사회학자들의 연구에 따르면 이들 외에 더 다양한 사회 계급이 소련 시대에 존재했다. 이런 연구를 대표하는 학자인 타티야나 자슬랍스카야에 따르면, 소련 사회에는 다음과 같은 네 집단이 존재했다.

1) 지배계급('노멘클라투라')
2) 관리 집단과 일부 지식계층을 포함한 비교적 소규모의 중간계급
3) '피고용 근로자들', 즉 노동자, 집단농장원, 중·하급 수준의 숙련도를 보유한 지식계층으로 이루어진 하층계급
4) '사회적 밑바닥 층'

현대 사회학자들에 따르면 사회주의 공식 이론에서 언급하는

노동자, 농민, 지식계층 중 평범한 국민은 대부분 위의 사회계급 중 세 번째 사회 집단, 즉 '피고용 근로자들'로 이루어진 하층계급에 속한다. 이들과 구별되는 '지배계급', '중간계급', '사회적 밑바닥 층'이 소비에트 사회에 더 존재한 것이다. 또한, 이들 네 집단은 사실 불평등한 관계와 지위를 가진 차별화된 계급들이었다. 소련의 공식 이론은 위의 세 번째 집단 외에 다른 집단들을 별도의 독립 계급으로 드러내지 않고 모두 세 번째 계급 안으로 적당히 밀어 넣어 은폐했다. 특히 노멘클라투라라는 지배계급을 평범한 지식계층으로 포함해 은폐한 점이 이 이론의 핵심이다. 소련의 공식 이론은 이들이 모두 평등한 관계에 있는 것처럼 보이게 했다.

'노멘클라투라'라는 용어의 사전적 정의는 구, 도시, 주 등 해당 당 위원회에 의해 사전에 후보로 심의·추천·확정되는 가장 중요한 직위의 목록으로 중요한 자리의 종사자들이 포함되어 있다. 다시 말해 노멘클라투라는 상급기관에 의해 임명되는 주요 직위의 목록이다. 노멘클라투라 체제의 핵심은 당 기관이 모든 관리 임명에 행사하는 통제권에 있다. 이러한 권한은 공산당에게만 있었는데, 이는 피라미드 형태의 수직적인 당의 통로에 의해 이뤄졌다. 바로 이 사회적 집단이 사람들을 지배하는 기본적 요인들인 권력, 이데올로기, 경제권을 독점하면서 소련의 지배계급이 됐다. 이런 맥락에서 소련 시대 지배계급을 노멘클라투라로 부르게 됐다.

소련 시대 노멘클라투라, 즉 지배계급은 몇 단계에 걸쳐 변화했다. 노멘클라투라 1세대는 1920~30년대 권력 투쟁 과정에서 스

유리 안드로포프(왼쪽에서 네 번째), 콘스탄틴 체르넨코(오른쪽 끝)와 함께 있는 레오니드 브레즈네프 소련 공산당 서기장(왼쪽에서 세 번째) (사진: ic.pics.livejournal.com)

탈린에게 개인적으로 복종하고 지위를 보장받으면서 형성됐다. 2세대는 1940년대 말 제2차 세계대전 승리로 지위가 상승한 군 출신자들과 흐루쇼프의 개혁에 따라 새로 충원된 집단들로 구성된 것이었다. 3세대는 1960~70년대 브레즈네프 시대에 형성된 집단이었다. 체제 안정이 가장 큰 목표였던 이 시기에 노멘클라투라는 황금기를 맞이했다. 이들은 높은 보수, 비밀 배급, 특별 서비스, 별장, 관용차 제공 등의 특혜를 받았다. 그들은 집단화됐고, 지배계급의 의식을 가졌다.

이처럼 소련의 사회 구조는 신분적 계급 구조의 성격을 띠었다. 독자적인 행위를 할 수 있는 성숙한 정치적 계급은 따로 존재하지 않았다. 이러한 상황은 1980년대 말까지 계속됐다. 노멘클라투라는 전체주의 형태의 소련 사회에서 지배계급으로 군림했다. 사회 전체는 신분적 계급처럼 구성됐다. 이렇게 장기간 지속된 소련의 사회 구조의 특징을 이해할 수 있다면, 20세기 말부터 현재까지 러시아에서 일어난 많은 현상을 더 잘 이해할 수 있을 것이다.

소련 사회는 '평등한 계급과 계층'으로 이뤄졌다고 공식적으로 선언됐음에도 불구하고 사실은 불평등한 사회 집단으로 구성된 것이었다. 특히 이 사회에서 권력의 지위는 불평등한 계급 구조를 만들어내는 가장 기본적인 수단이었다. 이런 체제에 수동적으로 적응해 살던 소련 국민은 1990년대부터 급속히 시작된 시장 개혁에 무방비 상태로 내몰렸다. 개인의 경쟁력이 필요한 시장경제 체제에서 일반 국민은 아무 준비 없이 급속한 개혁에 휩쓸리게 됐다.

현대 러시아의 사회 변동과 경제 엘리트의 출현

1990년대 시장 개혁이 시작되는 시점에서 특히 주목할 점은 대다수 국민이 시장경제가 무엇인지조차 잘 알지 못했다는 점이다. 국민 대부분은 시장경제 체제에 필요한 노동과 삶의 방식을 제대로 준비하지 못했다.

1980년대 중반부터 시작된 미하일 고르바초프의 개혁은 그 결과를 명료하게 인식하지 못했더라도 어쨌든 공산당과 노멘클라투라 체제를 무너뜨렸다. 이때 노멘클라투라는 자신에게 닥친 위기에서 벗어나는 놀라운 변신 능력을 보여줬다. 그러나 사실 이것은 이미 준비된 것이었다.

즉, 이런 과정은 이른바 '노멘클라투라 사유화'를 통해서 이뤄졌다. 시장 개혁의 첫 조치로 시도된 '사유화'는 본래 국가 재산을 국민에게 골고루 분배하여 시장경제 체제에서 국민 스스로 주인이 되게끔 하자는 취지로 시행됐다. 하지만 국가 재산이 사실상 노멘클라투라에 집중되는 현상이 나타났다. 당시 이를 비꼬아 사유화를 '노멘클라투라 사유화' 혹은 '프리바티자치야(사유화)'에 '흐' 문자를 하나 덧붙여 '프리흐바티자치야', 즉 '횡령'이라고 불렀다.

이 과정을 주도했던 대표 집단은 노멘클라투라 중에서도 바로 1960년대 니키타 흐루쇼프의 개혁 과정에서 등장한 '새로운 기업소장 계급'이었다. 아주 전문적이고 독립심이 강했던 이들은 이미 본격적인 시장 개혁 이전에도 자신이 관리하고 있던 기업의 법적, 현실적 소유주가 되고자 했다. 그런데 사회주의 계획경제에서는 사적 소유가 허용되지 않아 이들이 제아무리 큰 권력을 지녔더라도 자신이 관리하던 기업의 진정한 소유주가 될 수는 없었다. 이들의 권한과 부는 제한될 수밖에 없었다. 하지만 이제 이들을 중심으로 노멘클라투라는 시장 개혁을 통해 자신의 권력과 정치적 힘을 새로운 경제적 지위와 부로 바꾸는 변화를 주도하게 된 것이다.

지배계급은 시장 개혁 첫날부터 적극적으로 자본주의적 기업 경영을 시작할 수 있었다. 낡은 제도는 허물어졌지만, 새로운 제도는 아직 자리 잡지 못한 바로 그때가 그들에게는 기회였다. 막강한 자금력과 연줄, 정보를 거머쥔 그들은 이미 페레스트로이카 단계에서는 비공식적으로, 1992년 보리스 옐친의 급진 개혁 시기부터는 공식적으로 시장경제 활동을 바로 전개했다. 소련 시대의 지배계급이 많은 특권을 그대로 누리면서 사회 변동 과정에 편승한 것이다. 이들의 출현과 형성이 사회적 양극화 현상의 단초가 됐다.

러시아 경제 엘리트가 처음 언론에 포착되기 시작한 것은 1990년대 초였는데, 이들이 러시아 국민 앞에 공공연히 몸을 드러내기 시작한 시점은 1996년 대통령 선거를 전후해서이다. 당시 공산당 진영의 대통령 후보인 겐나디 주가노프에게 밀려 열세였던 옐친을 지원하기 위해 경제 엘리트가 단합했다. 이들의 자금, 선전, 정보력을 통해 결국 옐친은 대통령 선거에서 박빙으로 승리할 수 있었다. 이후 러시아 경제 엘리트의 이름은 경제 영역에서

뿐만 아니라 정치 영역에서도 등장하게 됐고, 러시아의 앞날을 좌지우지하는 중대한 인물들로 부상했다.

경제 엘리트와 거의 동의어지만, 개념적으로 차이가 있는 비즈니스 엘리트라는 용어가 있다. 경제 엘리트란 '그들의 법적 소유 형태에 상관없이 기본적인 금융·경제 구조를 통제하는 사람들의 집단'으로 이해된다. 그것은 두 집단으로 나뉜다. 즉, 소련 시대부터 존재한 국영기업의 관리자들인 기업소장과 시장경제에서 비즈니스 엘리트라고 불리는 사기업체 관리자(소유자 혹은 매니저)가 그들이다. 따라서 경제 엘리트의 범주에 있기는 하지만, 특히 오늘날 시장경제하에서 사기업을 소유하거나 관리하는 경제 엘리트 집단을 과거 소련 국영 기업의 관리자와 구분하여 강조하고자 할 때는 그들을 비즈니스 엘리트라고 부른다.

경제 엘리트가 자신에게 필요한 금융·경제 자원을 동원하고 통제할 수 있는 힘은 바로 이들이 정치 엘리트와 결합되어 있기 때문에 나온다. 권력을 쥔 관료와 정치 엘리트는 경제 엘리트와 유착 관계에 있고, 많은 경제 엘리트는 새로운 지배층의 구성 부분을 이루고 있다. 이처럼 경제 엘리트는 정치 권력과의 긴밀한 관계 속에서 이해할 필요가 있다. 이런 측면에서 일부 러시아 학자는 경제 엘리트를 '올리가르흐'의 개념으로 해석하기도 한다. 올리가르흐는 보통 '권력과 긴밀한 관계를 맺은 대규모의 금융과 산업 조직의 소수 지도자 집단'을 일컫는다. 이들은 고위 관료들과 결탁하여 수익성이 높은 사업을 독점하고 있고, 외국에도 많은 자금과 부동산을 보유하고 있는 집단으로 묘사된다.

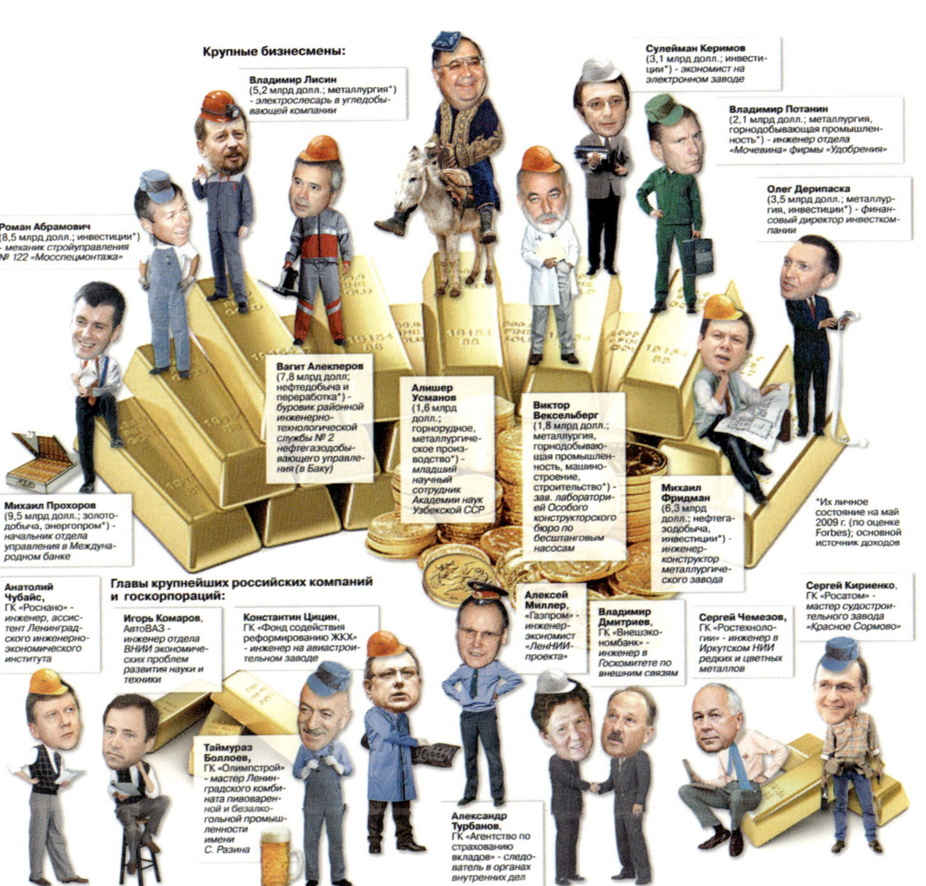

러시아의 재벌들 (그림: fotometka.ru)

이처럼 1990년대 중반 러시아 경제 엘리트는 공공연하게 모습을 드러냈다. 공식적인 사유화는 1992년부터 시작됐지만, 그 이전에 이미 일반 국민에 앞서 그들은 부의 축적을 위한 기초를 마련했다. 이들은 옐친의 대통령 선거를 계기로 정치 권력과 결탁하여 1990년대 후반에는 정·재계에서 막강한 위치를 차지하게 됐다.

그런데 2000년대 블라디미르 푸틴 대통령 집권기에 들어와 경제 엘리트와 국가 권력의 관계에서 일정 정도 변화가 나타났다. 첫째, 푸틴 대통령은 1999년 말 의회 선거와 2000년 초 대통령 선거에서 경제 엘리트에 어떤 의무도 지지 않았다. 둘째, 그는 이른바 '자기 사람'들로 새로운 정치·행정 엘리트를 구성했다. 이런 이유로 기존의 경제 엘리트는 그들과 미처 연줄을 만들지 못하고 권력과의 관계에서 주도권을 잃게 됐다. 셋째, 경제 엘리트에 이제는 어떠한 비호도 없다는 것을 깨닫게 하는 일련의 사건이 일

2000년대 초 푸틴의 친정세력으로 새로 충원된 경제 엘리트 가운데 한 명인 로만 아브라모비치의 모습 (사진: www.cosmo.ru)

어났다. 즉, 당시 권력에 저항하는 블라디미르 구신스키, 보리스 베레좁스키, 미하일 호도르콥스키까지 그들이 그동안 쌓아온 부와 정치력을 상실하고 추방당하는 사건들이 일어났다.

하지만 2000년대 초 경제 엘리트는 로만 아브라모치비나 알렉세이 밀레르 같은 푸틴의 친정세력으로 새로 충원됐다. 결국, 얼굴만 달라졌지 경제 엘리트와 권력의 밀월 관계는 계속됐다. 러시아 재벌들은 바로 이런 과정을 거쳐 탄생했다. 이들은 정치 권력자와의 결탁 관계, 동종 분야 경제인 간의 협력 관계, 친인척·학연 관계를 이용하여 자신에게 필요한 금융·경제 자원을 동원하고 통제할 힘을 보유하게 됐다.

통계로 보는 불평등 현상

소련 사회의 불평등 체제에 순응했던 국민은 1990년대 '개혁' 시대에도 역시 수동적으로 엄청난 변화와 고통을 감내할 수밖에 없었다. 하지만 1990년대 말쯤에는 국민의 시장 적응력이 어느 정도 커지기 시작했다. 새로운 형태의 취업, 직업, 일자리, 기술, 경쟁력이 국민 사이에서 나타나기 시작했다. 시장 개혁이 논의된 지 약 10년이 되어 갈 무렵 '소비에트 인간형'에서 '자본주의 경제인'으로 탈바꿈한 사람들이 러시아에서 나타나기 시작한 것이다. 다른 한편 임금 체납, 기업 도산, 빈부격차 현상이 나타났다. 이로 말미암아 국가에는 사회적 긴장감이 감돌았고, 정부에 대한 불신이 커졌다. 이런 상황에서 위기를 모면할 대책 마련이 시급했다.

다행스럽게도 유가가 폭등하면서 세계 석유 시장 상황이 러시아에 유리하게 흘러갔다. 석유와 가스 수출은 러시아 국가 수익을 늘렸다. 2000년대 국내총생산은 평균 6%씩 매년 성장했다. 이 기간에 러시아는 국가 채무를 어느 정도 청산할 수 있었다. 이 과정에서 정부는 석유와 가스 재벌 기업 길들이기에도 성공했다.

2000년대 에너지 자원 수출로 국가 자산이 늘면서 정치적 안정이 확보됐다. 경제 성과의 사회적 환원도 일정 부분 이뤄졌다. 물론 전체적으로 여전히 빈부격차가 심한 상태이고, 부의 대부분이 상류층에 집중되는 현상이 계속됐지만, 미약하나마 중간계층도 일부 나타났다. 새로운 세대의 등장과 함께 국민은 시장경제에 적응하기 시작했다. 2000년대 중후반의 이런 상황은 앞선 시기와 다른 점이다.

러시아 국민의 1인당 월평균 소득은 1995년 516루블, 2000년 2,281루블이었는데, 그 후 비약적으로 늘어 2010년에는 18,958루블, 2016년 시점에는 30,744루블로 3만 루블이 넘었다. 이것은 한화로 약 60만 원에 해당한다. 2014년 미국과 서방의 경제 제재 이후 루블화 가치가 거의 절반으로 하락했는데, 만약 그렇지 않았다면 1인당 소득은 약 120만 원에 달했을 것이다. 2016년 우리나라 월평균 개인소득이 약 150만 원이었는데, 만약 루블화 가치가 유지됐다면 러시아 국민의 개인 소득은 우리와 큰 차이가 없었을 것이다. 물론 실제로는 루블화 가치가 떨어져 러시아 국민의 1인당 월평균 소득은 현재 우리의 절반에 미치지 못한다. 하지

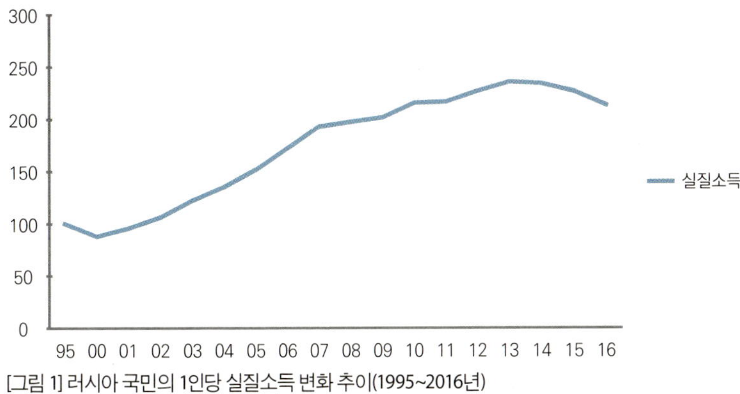

[그림 1] 러시아 국민의 1인당 실질소득 변화 추이(1995~2016년)

만 1990년대와 비교할 때 러시아 국민의 소득이 상당히 증대했다는 점은 부인할 수 없다.

이것은 소비자물가지수를 반영해 산출하는 실질소득에서도 확인할 수 있다. [그림 1]은 1995년을 100으로 했을 때, 현재까지 실질소득 변화 추이를 보여준다. 1998년 모라토리엄의 여파로 실질소득이 떨어졌다가 2001년에 가서야 1995년 수준으로 회복돼 2000년대에는 가파르게 상승했다. 이런 상승세는 2008년 세계 금융 위기로 잠시 주춤했지만, 다시 2013년까지 계속 이어졌다. 하지만 2014년 서방의 경제 제재 이후 실질소득은 다시 조금 낮아졌다. 그래도 2016년 시점 실질소득은 1995년 대비 약 2배에 달한다. 이처럼 2000년대 국민 생활 여건은 1990년대와 비교하여 꽤 개선된 것으로 평가할 수 있다.

하지만 이런 사정이 모든 국민에게 동일한 것은 아니었다. [표 1]은 소득자들을 높은 소득 순서대로 줄 세우고 이들을 20%씩 끊어 놓았을 때 각 집단이 차지하는 소득 총액을 비율로 나타낸 것이다. 이에 따르면 소련 시대(1970~90년)에 소득 최상위 20% 국민이 차지하는 소득 총액 비율은 약 1/3이었다. 그러나 1990년대에 들어와서 그 비율이 점차 높아지더니 2010년대에는 거의 1/2을 차지한다. 나머지 층위의 국민 소득 비율은 소련 시대에 일정 정도 유지되다가 1990년대 시장경제 체제로 들어와 전체적으로 낮아졌으며 하위 층위로 내려갈수록 그들이 차지하는 소득 총액 비율은 더욱 낮아졌다. 다만 4집단의 경우 1990년대에는 소득 총액 비율이 그전보다 낮아졌지만, 2000년대 중반부터는 약간 높아졌다. 따라서 상위 20% 집단의 소득 총액 비율만이 개혁 시대에 거의 일관되게 높아졌음을 알 수 있다.

[표 1] 러시아 국민 소득 순위 20% 집단별 소득 총액 비율 추이 (단위: %)

	1970년	1975년	1980년	1985년	1990년	1995년	2000년	2005년	2010년	2015년
1집단	7.8	9.5	10.1	10	9.8	6.1	5.9	5.4	5.2	5.3
2집단	14.8	14.8	14.8	14.6	14.9	10.8	10.4	10.1	9.8	10
3집단	18	18.6	18.6	18.3	18.8	15.2	15.1	15.1	14.8	15
4집단	22.6	23.3	23.1	23.1	23.8	21.6	21.9	22.7	22.5	22.6
5집단	36.8	33.8	33.4	34	32.7	46.3	46.7	46.7	47.7	47.1
총합계	100	100	100	100	100	100	100	100	100	100

비고: 1집단 - 최하위, 5집단 - 최상위

주목할 것은 1970~90년까지 소련 시대에는 최상위 집단의 소득 총액 비율이 점진적으로 낮아지는 추세였던 반면, 나머지 집단의 이 비율은 전반적으로 높아졌기 때문에 그만큼 그 시대에는 빈부격차 현상이 해소되고 있었다는 점이다. 하지만 이러한 현상은 시장경제 체제로 들어와 역전됐다. 따라서 지금 이런 빈부격차 현상의 심화는 시장 개혁의 심각한 후유증 중 하나라고 지적할 수 있다.

이러한 빈부격차 현상은 지니계수에서도 나타난다. 지니계수가 0.4를 넘으면 상당히 불평등한 소득 분배 상태에 있다고 할 수 있다. 1990년대에는 지니계수가 매년 대부분 0.4 이하였지만, 2002년을 마지막으로 지니계수가 0.397이었다가 2003년 0.403이 되어 그때부터 현재까지 0.4를 넘고 있다. 따라서 앞에서 2000년대에 주민 소득액의 절대적 수치나 실질소득이 모두 증가했다고 언급했는데, 그것은 사실 주로 최상위 20% 집단에 집중해 일어난 현상임을 알 수 있다.

최저생계비란 국민이 건강하고 문화적인 생활을 유지하는 데 필요한 최소한의 비용을 일컫는다. 따라서 최저생계비 이하의 소득자는 사실 극빈층에 해당한다. 러시아에서 1992년 최저생계비 이하 소득자 비율은 33.5%, 2000년은 29%로 이 시대에는 약 1/3의 국민이 극빈층에 해당했다. 그 후 2000년대에 이 비율이 계속해서 낮아져 2012년에는 10.7%까지 내려갔다. 하지만 2014년 경제 제재로 이 비율이 다시 높아져 2016년 시점 최저생계비 이하 소득자 비율은 13.4%가 됐다. 1990년대 대비 극빈층 비율이 많이 낮아졌지만, 이 비율이 여전히 10%대라는 사실은 사회적으로 중대한 문제이다.

오늘날 러시아에서 노숙자 문제는 중대한 사회적 현안이다. 소

모스크바 대낮 거리에서 잠을 자고 있는 노숙자의 모습 (사진: 위키피디아)

련 시대에도 노숙자는 존재했다. 일정한 주거지가 없는 사람, 즉 노숙자는 러시아어 약자로 '봄시'라고 한다. 소련 헌법은 사회를 위해 일하는 모든 시민에게 무상으로 주택을 보장했다. 또한, 이데올로기적으로 모든 시민은 국가와 사회를 위해 일해야 했다. 따라서 이론상으로는 노숙자가 존재할 수 없었다. 하지만 현실에서는 노숙자가 있었고 소련 당국은 이들을 무위도식자로 취급했다. 1961년 '무위도식과의 투쟁'이 시작되어 그 이후 공식적인 소득원이 없는 자들, 무주택자들이 감소했지만, 완전히 사라지지는 않았다. 이때 이들을 단속하던 1970년대 소련 경찰이 조서를 쓰며 '봄시'라는 용어를 사용하기 시작했다. 이러한 노숙자들은 소련이 해체되기 전인 1980년대 말에도 약 142,000명이 존재했다는 통계가 있다.

소련이 해체되고 시장 개혁이 시작되면서 러시아와 다른 독립국가연합(CIS) 국가들에서 노숙자가 비약적으로 늘어났다. 그것은 무엇보다도 생산력 저하, 실업률 상승, 인플레이션, 삶의 수준 저하 등 경제적 원인에서 기인한다. 또한, 정치적 불안정이나 도덕적 타락도 중대한 원인이다. 1994년부터 러시아 정부는 알코올과 마약 중독 치료를 중단했는데, 중독자들이 이 문제를 스스로 해결하지 못하면서 이들 중 다수가 노숙자로 전락했다. 오늘날 러시아에는 최대 약 400만 명의 노숙자가 있다고 추산된다. 하지만 어떤 기관도 국가 전체의 노숙자 통계를 공식적으로 다루지 않아서 정확한 수치는 알 수 없다.

2017년 말 신문 기사에 따르면, 모스크바에만 약 3~5만 명의 노숙자가 있다고 하며, 최대 10만 명이라는 주장도 있다. 상트페테르부르크에도 약 6만 명의 노숙자가 있다고 추정된다. 이들의 약 80%는 남성이며, 나머지는 여성이나 심지어는 어린 소녀들도 꽤 있는 것으로 파악된다. 노숙자들은 경제적으로 빈곤한 집단의 최후 모습이라 할 수 있다. 이들의 다수가 거리에서 동사하거나 사고로 죽는다.

한편 러시아에는 또 다른 세상이 존재한다. 2017년 '포브스' 러시아판에서는 러시아 재벌가 자녀들의 재산을 발표했는데, 재산이 가장 많은 재벌 2세는 '루코일' 총수 바기트 알렉페로프의 아들인 유수프 알렉페로프(1990년생)로 자산 규모는 무려 89억 달러(약 10조 원)이다. 2위는 '예브로힘'의 소유주인 안드레이 멜리니

러시아에서 부의 불평등과 빈곤 문제를 보여주는 대조적인 모습 (사진: www.scientificrussia.ru)

첸코의 딸 타라 멜리니첸코이다. 그녀는 5세에 불과한데 자산 규모는 82억 달러(약 9조 원)이다. 3위는 '노바테크'의 창설자인 레오니트 미헬손의 딸 빅토리아 미헬손(1992년 생)으로 자산 규모는 70억 달러(약 8조 원)이다. 그 외에도 수십 명의 자녀가 약 1조 원 이상의 자산을 보유하고 있다. 일반인에게 그들의 자산 규모는 현실감이 떨어지는 천문학적인 수치이다. 금수저를 물고 태어난 정도가 아니라 다이아몬드 밥상을 받고 태어났다고 해도 과한 표현이 아닐 것이다.

재벌 2세들은 러시아나 외국의 유명 대학에서 공부하는데 어디서든 경제나 경영을 전공하는 경우가 대부분이다. 러시아 내에서 가장 선호하는 대학은 므기모(모스크바국립국제관계대학교)로 그들의 부모도 대다수가 이 대학을 다녔다.

호화 요트에서 흥청망청 시간을 보내는 러시아 금수저들의 모습
(사진: kr.rbth.com)

2014년부터 서방의 경제 제재를 받아 서민들 삶의 수준이 악화한 상황에서도 재벌 2세들은 호화로운 삶을 누리고 있어 간혹 이들을 꼬집는 기사가 언론에 등장한다. 게다가 이들은 스스로 SNS를 통해 값비싼 스포츠카, 호화 요트, 클럽에서 즐기는 장면을 게시해 대중의 선망과 질시를 동시에 받기도 한다. 한 재벌 2세는 5천 루블(약 9만 원)짜리 지폐로 코를 풀고 버리는 장면을 인스타그램에 잠시 올렸다가 내렸는데, 이미 그 장면은 인터넷에 퍼져 대중의 질타를 받았다. 일부 재벌 2세는 자동차 경주를 하다 사고를 냈어도, 성폭력 사건에 연루됐어도 가벼운 처벌만 받아 역시 대중의 따가운 눈총을 받았다.

결론적으로 1990년대에 시장 개혁이 추진되면서 러시아에는 두 부류의 사회집단이 존재한다고 요약할 수 있다. 이들 중 한 집단은 권력, 정보, 연줄이 있는 사람들로서 서구 자본주의에 대한 지식과 경험을 가지고 시장경제 체제에 성공적으로 적응했다. 그러나 일반 국민, 연금생활자, 여성, 고령자, 장애인 대다수는 처음 경험하는 시장경제를 이해하기조차 어려웠다. 시장경제에 적응할 능력이 없는 집단은 결국 도태되기 마련이다.

게다가 2000년대에 들어 어느 정도 경제가 회복됐으나 그 성과가 부유층과 일부 중간층으로 집중되어 대다수 국민은 새로운 시장경제 체제에 대해 더욱 반감을 품게 됐다. 국민 대다수는 가혹한 시장 환경에 적응하면서도 동시에 정부와 시장경제 체제에 치를 떨었다. 게다가 2014년 이후 서방의 경제 제재로 경제가 악화하면서 극빈층 비율이 다시 늘고 있다. 부유층과 극빈층의 소득, 교육 환경, 의료, 문화, 인구학적 상황은 매우 상반된다. 이런 현상은 러시아 사회에서 당분간 지속할 것이다. 이것이 시장경제 러시아에 공존하는 두 세계의 모습이다.

현대 러시아 사회구조

최근 20~30년간 러시아 사회는 매우 심각한 사회 변동을 겪었다. 정치, 경제는 물론 사회, 문화 전반에 걸쳐 폭넓게 변화가 일어났다. 기존 사회 구조가 바뀌고 새로운 계급과 계층이 출현했다. 과거와 현재 상황이 뒤섞이며 러시아 사회는 심각한 혼란을 겪었다. 따라서 이런 사회 변동이 본격화한 1990년대 초반부터 러시아 사회 계급·계층에 대한 연구는 심각한 문제의식 속에서 진행됐다. 다수의 학자가 이 주제를 연구했는데, 이 중 나탈리야 티호노바는 2000년대와 2010년대까지도 러시아 사회 계급·계층 연구를 가장 오랫동안 진행해온 연구자로 꼽을 수 있다. 따라서 그녀가 제시하고 있는 현대 러시아 사회 구조의 모습을 소개한다.

사회 내에 어떤 계급과 계층이 존재하며 이들이 어떻게 사회 구조를 형성하고 있는지를 연구하는 작업은 다양한 방법과 관점에서 이뤄지며, 때로는 그에 따라 전혀 다른 사회 모습이 그려지기도 한다. 티호노바는 사회 계급·계층 연구를 위해 '생활수준지수' 개념을 고안했다. 생활수준지수는 박탈감, 재산, 부동산, 주택, 저축, 문화 수준, 여가 기회 등의 분야에서 측정 단위를 자세히 설정하여 종합하는 방식으로 얻어진다. 각 집단에 대해 생활수준지수를 측정하여 그들이 어떤 계층에 속하는지를 판정했는데, 이를 통해 티호노바는 러시아 사회 구조에 대해 상당히 객관적인 실체를 그려냈다.

[표 2] 생활수준지수에 따른 러시아 국민의 사회계급·계층 분류

계급·계층	2003년	2012년
궁핍 계층	29	7
낮은 생활수준 계층	42	48
중간 생활수준 계층	16	23
생활이 보장된 계층	11	19
높은 생활수준 계층	2	3

티호노바는 생활수준지수를 분석한 결과 엘리트와 총 5개의 계층이 러시아 사회에 존재한다고 판단했는데, [표 2]에서는 엘리트 계층을 제외한 나머지 계층의 비율만 제시되어 있다. 현대 러시아 사회에 지배 엘리트가 현실적으로 존재하지만, 그들은 극히 소수이며 그들의 양적 비율은 중요하지 않다. 따라서 그녀는 이들을 제외하고 총 5개 계층의 양적 비율만 추산했다.

티호노바에 따르면 중간계층이라고 판단할 수 있는 '생활이 보장된 계층'과 '중간 생활수준 계층'은 합하여 2003년 27%에서 2012년 42%로 비율이 높아졌다. 이것은 긍정적 현상이라고 할 수 있다. 또한, 궁핍 계층의 비율은 약 10년 만에 29%에서 7%로 떨어져 역시 긍정적이라고 평가할 수 있다. 하지만 '낮은 생활수준 계층'과 '궁핍 계층'을 합한 하층의 비율은 2003년 71%에서 2012년 시점에도 여전히 55%로 다수여서 이것은 바람직한 사회 모습이 아니다. 티호노바는 이런 상황을 요약해서 2000년대 이

러시아 거리에서 구걸하는 노파의 모습 (사진: argumentua.com)

후 러시아 사회가 상대적으로 '윤택한 국민' 40%, '윤택하지 못한 국민' 60%로 나뉜다고 분석했다.

티호노바는 2010년대 최근에 와서는 프랑스 사회학자 피에르 부르디외와 미국 경제학자 게리 베커의 자원 접근방법론을 이용하여 러시아의 사회적 불평등 현상을 설명하고 있다. 이 이론에 따르면 자본은 경제적, 문화적, 사회적 형태로 다양하게 존재할 수 있으며, 개인은 자신이 동원할 수 있는 이런 자원의 양에 따라 사회적 위치가 결정된다.

자원 접근방법론은 지난 20~30년간 진행된 러시아의 사회 변동과 사회 계급·계층 구조의 변화 과정을 더 명쾌하게 설명할 수 있는 틀이다. 티호노바는 이 과정을 이렇게 설명한다. 현대 러시아의 사회적 불평등 현상은 수세대에 걸쳐 차별화된 자원의 양을 축적한 다양한 집단이 등장하면서 나타난 논리적 귀결이다. 이러한 차별화된 자원이 자본으로 힘을 발휘할 수 없었던 계획경제에서는 이것들이 일상생활의 수준 차이로만 나타났다. 하지만 시장경제의 조건에서 이것들은 경제적 자본으로 전환되거나 그 밖의 무엇으로도 교환될 수 있다. 이런 과정을 통해 소련 사회에서 많은 자원을 보유했던 집단은 자본의 원시적 축적을 진행할 수 있었고 새로운 지배계급으로 변신했다. 그들은 시장경제로 가는 과도기에서 터져 나온 새로운 가능성을 성공적으로 활용할 수 있었다. 또한, 경제적, 권력적 자원에 쉽게 접근할 수 있었던 그들의 사회적, 문화적 자원도 중요한 역할을 담당했다. 반면 소련 시대에 특별한 자원을 보유하지 못한 사람들은 소련 붕괴 이후 러시아에서도 기본적으로 자원이 없이 살아가게 됐다.

중간계층과 시민사회

러시아 사회가 안정적으로 발전하려면 두터운 중간계층이 형성돼야 한다. 중간계층이란 사회를 안정적으로 발전시킬 수 있는 보루이다. 사회적 양극화 현상이 두드러진 러시아의 현시점에서 중간계층의 형성은 아주 시급한 과제이다. 문제는 해결의 실마리가 좀처럼 보이지 않는다는 것이다.

개혁의 주체는 처음부터 소련 체제의 지배계급이었기 때문에 그 개혁의 열매도 결국 그들이 차지할 수밖에 없었다. 1998년 경제 위기 이후에도 중간계층이 발전할 수 있는 사회·경제적 여건이 성숙하지 못했다. 사회적 공동체를 구축할 만한 중간계층의 정체성도 부재했다. 이들은 부유하지도 않고, 가난하지도 않으며, 경제적, 사회적, 문화적, 심리적 측면에서 양극화된 사회 집단들 사이에 낀 단순한 중간 집단일 뿐이었다. 그들은 말 없는 소수에 불과했고, 시민사회와 법치국가의 기초를 공고히 할 수 있는 중간계층이 되기에는 힘이 부족했다.

2000년대에 이르러 러시아에 새로운 돌파구가 생겼다. 석유·가스의 원가 상승과 수출로 러시아 경제가 회복될 수 있는 전기가 마련됐다. 국민소득도 점차 늘어났다. 중간계층이 점진적으로 형성될 수 있는 사회·경제적 배경이 마련되기 시작했다.

빈곤 항의 시위 참가자들이 "우리는 살아남은 것이지, 사는 것이 아니다"라고 쓰인 구호를 들고 있다. (사진 : www.westfinance.ru)

한 보고서에 따르면, 2003년 러시아에서 하층은 60.2%, 중간계층은 33.9%, 상층은 5.9%로 분석됐다. 중간계층의 성장세가 뚜렷해졌다. 2007년에는 '주변적인' 중간계층과 '중심적인' 중간계층을 합쳐 모두 60%에 달한다는 보고서도 나왔다. 또한, 소득이 늘면서 국민 대다수가 더 긍정적인 사회적 자의식을 갖게 됐다고 몇몇 연구자는 평가했다. 이처럼 2000년대 이후 중간계층은 일정 부분 정체성을 지닌 사회 집단으로 등장했다고 다수 학자가 판단하기에 이르렀다.

그럼에도 오늘날 러시아의 시장경제 체제에 있는 소유자 집단은 여전히 보호받지 못하고 있으며, 독립성과 자발성이 떨어진다고 평가된다. 그들은 사회·경제적으로 중심 세력이 되지 못하고 있다. 법을 제대로 준수하는 기업가들조차 별로 없다. 통계 수치상으로 중간적 부와 소비 수준을 지닌 집단이 존재하지만, 그들은 사회적 안정자의 역할 등 중간계층이 담당해야 할 기능을 적절히 수행하지 못하고 있다고 지적된다.

시장 개혁은 수많은 국민으로 하여금 무방비한 상태에서 고통과 희생을 감수하게 했다. 그런 점에서 시장 개혁은 부정적이었으나 국가의 소유권 독점 중단, 사적 기업의 출현은 긍정적으로 볼 수 있다. 비록 이러한 시장 개혁은 낮은 수준이지만 역사적으로 불가피했고, 사회 발전 가능성과 선택의 폭을 넓혔다. 시장경제가 옳은지, 계획경제가 옳은지를 확실하게 평가하기란 쉽지 않지만 어느 하나로 획일화된 체제를 고수하는 것은 오늘날처럼 변화무쌍한 세계 질서와 지역 사회 환경에 적절하지 않다.

러시아 국민은 이제 시장경제를 배우게 됐고, 그 속에서 생존하게 됐으며, 국가로부터 상대적으로 독립하게 됐다. 외화와 유가증권을 다룰 줄 알게 됐고, 은행 거래, 부동산 매매, 주식 투자, 사기업 창설, 외국 파트너와의 무역을 할 수 있게 됐다. 이를 위해 러시아 국민은 새로운 전문성을 키웠고 과거와는 전혀 다르게 사는 방법을 익혔다. 러시아 국민은 과거와는 다른 시장 환경 속에서 살아가게 된 것이다. 계획경제와 시장경제를 모두 배우는 데 이렇게 많은 수업료를 지불한 국민은 없다. 시장 개혁 자체가 주는 가시적인 성과는 아직 없으며, 앞으로 시장경제가 장밋빛 미래를 보장하리라는 확신도 없다. 그러나 어느 나라보다도 깊이 있게 과거를 성찰할 수 있게 됐고, 미래를 위해 더욱 다양한 선택지를 지닐 수 있게 됐다는 점에서 러시아가 지불한 수업료는 절대 헛되지 않을 것이다. 러시아의 역사와 교훈을 통해 세계가 지금 당면한 문제들을 함께 해결하고 공생할 수 있는 해법을 찾을 수 있기 바란다.

참고 자료

강윤희 외. 『현대 러시아 문화연구: 시민의식과 문화정체성』. 서울: 도서출판 한울, 2009.

김학준 외. 『현대 러시아의 해부』. 서울: 동북아역사재단, 2014.

바질 께르블레. 『오늘의 소련사회』. 서울: 창작과 비평사, 1988.

현대러시아 연구회 편. 『현대 러시아의 이해』. 서울: 퇴설당, 2001.

홍완석 외. 『21세기 러시아 정치와 국가전략』. 서울: 일신사, 2001.

순록치기, 스노모빌을 타다

김혜진

툰드라 소년, 도시로 가다

몇 년 전 「최후의 툰드라」라는 다큐멘터리 프로그램이 TV에서 방영된 바 있다. 총 4부작으로 구성된 이 프로그램은 국내 러시아 연구자들을 비롯하여 일반 대중의 많은 관심을 받았다. 순록을 유목하는 네네츠인 가족이 금방 도살한 순록을 둘러싸고 앉아 김이 모락모락 나는 순록 피를 마시는 장면은 시청자들에게 작지 않은 충격을 안겨줬다.

한 네네츠인 가족의 일상을 따라가고 있는 카메라는 여섯 살이 되어 처음으로 툰드라 밖 세상을 접하게 되는 그리샤의 모습을 보여준다. 가을이 되면 순록 유목민 가족 중 6세 이상의 아이들은 헬기를 타고 부모 품을 떠나 기숙학교에 들어가야 한다. 이는 소련 시대 유목민 정착을 유도하고 이들에게 소비에트 교육을

네네츠인 가족의 모습 (사진: 위키피디아)

시키려는 정책의 일환으로 시작됐다. 16세까지 약 10년간 이들은 기숙학교에서 러시아어를 익히고 러시아식 교육을 받게 된다.

그리샤는 기숙학교 입학 첫날 선생님의 도움을 받으며 양치질과 목욕을 하고, 툰드라에서는 본 적 없는 낯선 수세식 변기를 사용하고 정해진 낮잠 시간에 맞춰 침대에 누워야 했다. 그동안 순록을 타고 순록치기 개와 놀며 모든 걸 혼자 해왔던 그리샤였다. 온종일 낯선 곳에서 긴장했던 그리샤는 형 콜랴를 보자마자 눈물을 쏟는다. 선생님과 형의 위로에도 그리샤는 툰드라로 돌아가고 싶다고 말한다. 그리샤보다 일 년 먼저 기숙학교 생활을 시작한 콜랴도 그리샤를 달래다 몰래 눈물을 훔친다.

툰드라의 아이들은 봄방학이 되어야 다시 툰드라로 돌아갈 수 있다. 그동안 그리샤는 툰드라 밖의 세상에 적응해 나갈 것이다. 학교를 졸업한 후 그리샤가 고향 툰드라로 돌아갈지, 도시에 남을지는 아직 알 수 없다. 전통적인 생활방식과 현대적인 생활방식, 전통적인 문화 공간과 도시화하고 보편화한 공간 사이에 서 있는 것은 그리샤만이 아닐 것이다. 러시아의 많은 토착 소수민족이 이러한 선택의 갈림길에 놓여 있다.

한 지붕 아래 180여 개 민족

러시아에는 앞서 말한 네네츠인 외에도 수많은 민족이 공존한다. 인류학적 혹은 언어학적으로 작은 집단까지 세분화한다면 그 수는 180여 개에 이른다. 러시아의 다민족 사회는 하나의 작은 공국이 주변의 영토를 차례로 점령하며 토착민족들을 자국의 구성원으로 흡수하는 오랜 과정을 거쳐 형성됐다. 이는 근대 유럽 국가들이 본국과 멀리 떨어진 아시아와 아프리카 국가들을 식민지화하면서 국가 간 인구 이동이 일어나 다민족 사회가 만들어진 경우와 다르다. 활발한 국제 이주로 단일 민족이던 사회가 점차 다민족 사회로 변모하는 최근의 세계적인 현상과도 다르다.

러시아가 많은 민족을 한 국가의 구성원으로 끌어들이기 시작한 것은 오래전으로 거슬러 올라간다. 9세기 슬라브 땅에 국가를 세우기 시작한 바랴그인(바이킹족의 한 그룹)들이 주변의 슬라

시베리아로 세력을 넓혔던 이반 4세 (바실리 바스네초프, 1897)

브게 종족들을 통합한 것이 그 시초라 할 수 있다. 러시아가 주변 민족들을 가장 적극적으로 통합한 시기는 16세기다. 이후 제정 러시아 시기가 끝날 때까지 러시아 영토는 점차 확장됐다. 이는 곧 수많은 토착민족의 병합을 의미했다.

이 결과 러시아에 수많은 다양한 민족이 살게됐다. 그러나 1억 4천만 명 남짓한 러시아 인구 중 비러시아인이 차지하는 비율은 약 20%에 불과하다. 러시아 전체 인구의 80%가 러시아인이라는 뜻이다. 그렇지만 이들을 모두 순수한 러시아인이라고 말하기는 힘들다. 오랜 기간 다양한 민족 간 결혼이 이뤄졌으며, 자신의 민족 정체성을 러시아의 대표 민족인 러시아인에서 찾는 경우가 적지 않기 때문이다.

러시아인을 제외한 나머지 민족이 러시아에서 차지하는 비율이 적다고 해서, 이들 모두를 소수민족이라고 부르는 것은 무리가 있다. 이 중에는 인구 5백만 명이 넘는 타타르인이나 인구 150만 명의 체첸인처럼 수적으로 규모가 큰 민족들이 있기 때문이다. 이와 달리 인구가 턱없이 적은 민족들도 상당하다. 러시아 정부는 '토착 소수민족'의 범주를 다음과 같이 정의하고 있다. 첫째, 토착 소수민족은 인구 5만 명 이하여야 한다. 둘째, 태곳적부터 조상들이 살아온 영토에서 전통적인 생활방식과 경제 활동을 유지해야 한다. 마지막으로, 해당 민족으로서의 소속감과 정체성을 갖고 있어야 한다.

2018년 기준으로 러시아 정부가 공식적으로 인정한 토착 소수민족은 모두 47개이다. 이들을 모두 합쳐도 러시아 인구의 2%지만, 이들이 사는 지역은 방대하다. 이들은 아시아 대륙의 최북단에 있는 타이미르반도부터 러시아 최북서단 지역인 콜라반도까지 러시아 곳곳에 퍼져 거주한다. 이들은 대부분 조상이 살던 고유 영토에서 오늘날까지 삶을 이어 오고 있다.

낯선 민족들과의 조우

러시아인을 비롯해 서로 다른 민족이 만나는 과정은 다양한 시기에 걸쳐 여러 형태로 일어났다. 낯선 민족과의 만남은 갈등을 동반하기도 했다. 러시아가 영토를 확장하는 과정에서 많은 토착민족이 저항했다. 그러나 군사력과 화기를 앞세운 러시아에 굴복할 수밖에 없었다. 이후 이들은 러시아어를 익히고 러시아 정교를 받아들여야 했다. 소련 시기에는 정치적인 이유로 고려인을 비롯한 여러 민족이 중앙아시아와 시베리아 등지로 강제로 이주됐다. 이는 이후 또 다른 이주와 영토 분쟁 등 많은 문제를 낳았다. 오늘날에는 유색인 이주민에 대한 혐오와 막연한 거부감, 즉 외국인혐오증(제노포비아) 현상이 폭력 사태와 같은 과격한 형태로 발전하면서 심각한 사회 문제로 이어지고 있다.

서로 다른 민족과의 교류와 이질적인 문화와의 접촉은 긴장과 혼란, 충돌과 갈등을 낳지만, 상호 교류의 계기도 될 수 있다. 많은 비러시아계 민족이 러시아 편입 후 소련 시기를 거쳐 러시아 문화로의 동화 과정을 거쳤다. 이뿐만 아니라, 다른 민족들의 문화도 수용하게 됐다. 이 결과 오랜 시간에 걸쳐 다양한 문화의 상호작용이 일어났다.

러시아인의 전통가옥인 이즈바, 러시아 의상의 기본을 이루는 긴 셔츠인 루바하, 얇은 팬케이크 블린, 성상화 이콘을 모셔 두는 자리인 성소 등 많은 러시아 문화 요소가 다양한 민족으로 확산됐다. 반대로 토착민족들의 문화가 러시아 사회와 문화에 깊숙이 자리 잡기도 했다. 예를 들면, 붉은 무와 양배추 등 여러 채소를 넣고 끓인 우크라이나 수프 보르시와 볼가-우랄 지역에 사는 우드무르트인의 전통 음식인 펠멘(만두의 일종)은 이미 오래전에 러시아를 대표하는 음식이 됐다. 타타르인과 같은 튀르크계 민족들의 전통 과자인 차크차크나 바우르사크는 러시아인뿐만 아니라 이웃 민족들도 즐겨 먹게 됐다. 핀-우그르계 민족이지만, 튀르크 문화와 더 가까운 베세르만인, 이웃한 타타르인과 바시키르인처럼 튀르크 민족이지만, 이들과는 달리 정교를 받아들인 추바시

우드무르트인의 전통 음식인 펠멘 (사진: 김혜진)

인과 나가이바크인의 삶에는 튀르크와 핀-우그르, 슬라브 문화 요소가 공존하고 있다.

문화뿐만 아니라, 한 민족의 전통적인 생업이 다른 민족에게 지대한 영향을 미친 경우도 있다. 네네츠인의 전통 생업인 순록 유목이 17세기에 이웃 민족인 코미인에게 전해졌다. 이후 코미인은 이를 상업적인 성격의 대규모 순록 사육으로 발전시켰다. 이 형태가 여러 민족에 퍼진 것처럼 특정 민족의 문화가 다른 민족에 의해 발전하고 다시 확산되는 현상도 볼 수 있다.

말과 순록을 유목하는 사람들

이처럼 러시아는 슬라브계, 핀-우그르계, 튀르크계, 몽골계 등 다양한 민족, 인도유럽어족, 알타이어족 등에 속하는 수많은 언어, 정교와 이슬람, 불교와 같은 여러 종교, 농사를 짓고 살았던 정주민부터 말과 순록을 몰며 유목하는 사람들까지 가지각색의 생활방식과 다채로운 문화가 공존하는 곳이다.

평지에서 정주 생활을 했던 민족들은 러시아 문화에 더 빠르게 동화됐다. 의식주부터 농기구나 생활 도구, 이들의 가정의례나 전통신앙까지 러시아 문화가 뒤섞인 것을 볼 수 있다. 예를 들면, 화덕처럼 생긴 러시아식 벽난로 페치(페치카)는 여러 민족의 전통가옥에서 중요한 위치를 차지하게 됐다. 뿔 모양의 여성용 모자인 소로카도 여러 민족의 의상에 차용됐다. 러시아식으로 3일, 9일, 40

벨라루스 전통가옥 '하타'의 페치 (사진: 김혜진)

일에 추도식을 올리며, 무덤에 십자가를 세워놓는 방식도 퍼졌다.

이와 달리 러시아 유목 민족들은 주기적으로 먼 곳으로 이동해야 하는 생활방식과 툰드라처럼 외부인의 접근이 힘든 지역에 거주한 덕분에 자신의 문화를 비교적 오래 보존할 수 있었다. 러시아 혁명 전까지 유목 민족 대부분은 전통적인 생활방식을 고수했다. 그러나 소련 정부의 경제 발전 계획과 정착 유도 정책에 따라 이들은 산업지로 이주해 노동자가 되어야 했다. 20세기 초까지만 하더라도 이들이 다른 민족과 결혼하는 일은 거의 없었지만, 타 민족과의 결혼도 점점 증가했다.

그런데도 여전히 말과 순록을 기르며 함께 유목하는 민족들이 있다. 이들의 전통 생활방식과 고유문화는 변화의 과정을 겪으면서도 여전히 남아 있다. 과거 유목 민족은 문명화되지 못한 야만적인 민족으로 취급받았다. 이들의 생활방식 역시 정주하는 생활방식보다 뒤떨어진 것으로 여겨졌다. 오늘날에는 오히려 주변 환경과 조화를 이루는 친환경적인 생활 형태로 평가받기도 한다. 툰드라의 유목민은 순록의 먹이가 되는 이끼가 충분히 자란 지역을 따라 순록과 함께 이동한다. 자연을 숭배하는 이들에게 동물은 단순한 사냥감이 아니라 함께 살아가는 형제다. 이들의 전통신앙과 자연관에서 이러한 특성이 잘 나타난다. 오늘날 이들의 문화는 새로운 환경에 맞춰 재생산되거나 실생활에서 그 의미를 잃지 않은 채 유지되고 있다.

순록 무리 사이의 코미 소녀 (사진: 키릴 이스토민)

광활한 초원을 달리는 사람들

러시아의 유목민은 광활한 초원 지대에서 말을 타며 유목하는 이들과 툰드라 지대에서 순록과 함께 유목하는 이들로 나눠볼 수 있다.

먼저, 초원 지대의 유목 민족을 살펴보자. 유라시아의 광활한 영토를 달리던 유목 민족은 대부분 튀르크계와 몽골계 민족이다. 이들은 뛰어난 기동력과 군사력을 바탕으로 짧은 시기에 막강한 제국을 탄생시켰다. 유목 민족은 번갈아 가며 유라시아의 많은 종족과 민족을 통합하여 저마다의 국가를 세웠다. 그러나 이러한 번성은 정주하는 생활방식을 기반으로 성장한 제국보다 오래가지 못했다.

한때 유라시아를 호령했던 유목 민족의 후손들은 오늘날에도 러시아에 남아 있으며, 그 수 역시 적지 않다. 튀르크계 민족인 타타르인, 바시키르인, 노가이인, 투바인, 하카스인이나, 몽골계인 칼미크인, 부랴트인 등이 여기에 해당한다. 이들은 오늘날 동시베리아부터 볼가강 유역과 북캅카스 지역까지 널리 퍼져 살고 있다.

이 중에서 타타르인은 칭기즈칸의 군대와 동의어처럼 알려져 있다. '타타르'라는 명칭은 6~9세기 중앙아시아와 남부 시베리아에서 유목하던 몽골계와 튀크르계 종족 사이에서 등장하여 점차 확산했다. 13세기 칭기즈칸이 여러 영토를 정복하면서 많은 유목 민족이 킵차크한국에 복속됐다. 이들을 타타르라고 통칭하게 됐다. 칭기즈칸의 군대가 유럽에 당도하자, 공포에 빠진 유럽인들은 그리스 신화에서 '지하세계', '지옥'을 뜻했던 '타르타로스'를 떠올렸다. 이들은 칭기즈칸 군대를 '타르타로스'에서 인류를 멸망시키기 위해 나온 악마처럼 여겼다.

타타르인의 모습 (사진: 김혜진)

러시아에서도 한동안 거의 모든 튀르크계 민족을 뚜렷한 구분 없이 타타르라 불렀다. 2014년 우크라이나 영토였던 크림반도가 러시아로 넘어가면서 이곳의 크림 타타르가 세간의 주목을 받은 적이 있다. 타타르라는 이름 때문에 몽골-타타르인의 하위 그룹으로 오해받기도 했지만, 이들은 몽골-타타르가 러시아를 침입하기 훨씬 이전부터 유럽 동부에 살았던 튀르크계와 캅카스계의 후손이다. 이 역시 타타르라는 이름이 오랫동안 민족 구분 없이 통용되면서 생겨난 탓이다.

중국에서부터 카스피해까지 이어지는 대초원을 오갔던 유목 민족들은 대표적으로 다섯 종류의 가축, 즉, 말, 양, 염소, 낙타, 야크를 키웠다. 이 다섯 가축은 짐을 실어 나르는 운반 수단이자 이동 수단이었으며, 고기와 우유, 버터를 얻을 수 있는 중요한 식량 자원이었다.

이들은 겨울에는 물과 숲이 있어 가축을 키우기 좋은 강기슭을 따라 거주했다. 보통 10월에서 이듬해 3, 4월까지 이곳에 머물다가 초원이 푸르러지면 풀이 넉넉한 초원 지대나 산골짜기로 옮겼다. 6월이 되면 샘이나 숲 근처의 시원한 곳에서 머물다가 더위가 물러가는 9월이 되면 서서히 겨울 거주지로 이동했다. 이렇게 계절별로 거주지를 이동하는 방식은 19세기 무렵부터 일 년에 두 번, 겨울과 여름에만 옮기는 것으로 바뀌었다.

오늘날 이러한 유목 방식을 이어오는 민족은 많지 않다. 많은 민족이 정착하면서 일반적인 직업을 갖게 됐다. 그러나 유목 생활에서 생겨난 이들의 전통문화와 축제는 오늘날까지 명맥을 유지하고 있다. 이들의 전통문화는 서로 유사하다. 이들은 남녀 모두 말에 올라타기 쉽게 폭은 넓고 발목 부분은 좁은 형태의 바지를 입는다. 부랴트 남성의 겉옷은 품이 아주 깊어 잔을 넣고 다닐 수 있다. 덕분에 어디를 가더라도 바로 자기 잔으로 차나 뜨거운 수프를 마실 수 있다. 이들의 겉옷은 깔고 덮기에 충분할 정도로 품이 넓어 말을 타고 다니는 생활에 편리할 뿐만 아니라, 비상용 모포로도 사용할 수 있다. 남성의 전통 의상에서 빼놓을 수 없는 것은 칼과 부싯돌이다. 이는 언제라도 고기를 베고 불을 지피기 위함이다. 특히 칼은 장신구와 부적의 역할도 한다. 겨울에는 키우던 양의 가죽으로 만든 외투를 입는다. 외투의 깃이나 소매는 양털로 장식한다. 대표적인 전통 신발 역시 양가죽으로 만든 장화이다.

러시아 유목 민족에게서 서로 비슷한 축제를 찾아볼 수 있다. 유목민에게 겨울은 혹독한 추위와 강한 바람, 식량 부족 등 가장 힘겨운 시기다. 그렇기 때문에 겨울이 끝나고 봄을 맞이하는 축제는 모든 유목 민족에게 풍족한 새로운 시기의 도래를 축하하는 중요한 행사다. 볼가-우랄 지역의 튀르크계 민족이 즐기는 가장 큰 축제는 파종 전에 즐기던 봄 축제인 '사반투이'다. '사반'은 쟁기, '투이'는 결혼 또는 축제를 뜻한다. 즉, 쟁기와 땅이 결혼한다는 것이다. 모든 축제에는 전통 경기가 빠질 수 없다. 이들은 말타기, 활쏘기, 뛰어넘기, 달리기 등 유목 생활과 밀접한 경기뿐만 아니라, 우리나라의 씨름과 비슷한 케레시(부랴트인), 후레시(투바인)를 즐긴다.

타타르인의 '사반투이' 축제 장면 (사진: 권영아)

영구동토 툰드라의 유목 민족

북극해와 가까운 툰드라에도 유목 민족이 살고 있다. 이곳에 사는 민족들의 주요 경제 활동은 지역에 따라 조금씩 다르지만, 대부분 순록 유목, 사냥, 어업이다. 특히 순록을 빼고 이들의 삶을 이야기하는 것은 불가능할 정도로 이들의 생활에서 순록은 중요한 위치를 차지한다. 태어나자마자 순록과 함께 자라는 이들은 순록에게서 고기와 가죽, 모피 등을 얻어 음식으로 먹고 옷을 짓고 텐트를 만든다. 순록의 힘줄로는 끊어질 염려가 없는 질긴 실을, 순록의 뼈와 뿔로는 각종 도구와 세간을 만든다.

러시아에서 순록을 유목하는 민족으로는 북서부의 네네츠인, 사미인, 코미인, 동부의 이텔멘인, 축치인, 에벤인, 에벤키인 등 툰드라 지대에 사는 많은 소수민족을 들 수 있다. 이들 중에는 네네츠인처럼 수천 마리의 순록을 한 번에 무리 지어 유목하는 민족이 있는 반면, 사미인처럼 50마리 이내의 작은 순록 무리와 다니는 민족도 있다.

러시아 순록 유목은 사미식(스칸디나비아식), 네네츠식, 축치-코랴크식, 에벤키식(또는 산림 유목)으로 구분할 수 있다. 이는 순록을 이동 수단을 위해 기르느냐, 식용으로 키우느냐, 방목할 때 개를 사용하느냐에 따라 나눠진다. 사미식은 스칸디나비아반도에 퍼져 있는 방식으로, 순록을 주로 산업용으로 키우고 도축하며 순록의 젖도 음식으로 이용한다. 그렇지만 방목할 때 순록치기 개를 두지 않는다. 네네츠식 역시 도축을 위해 순록을 키우지

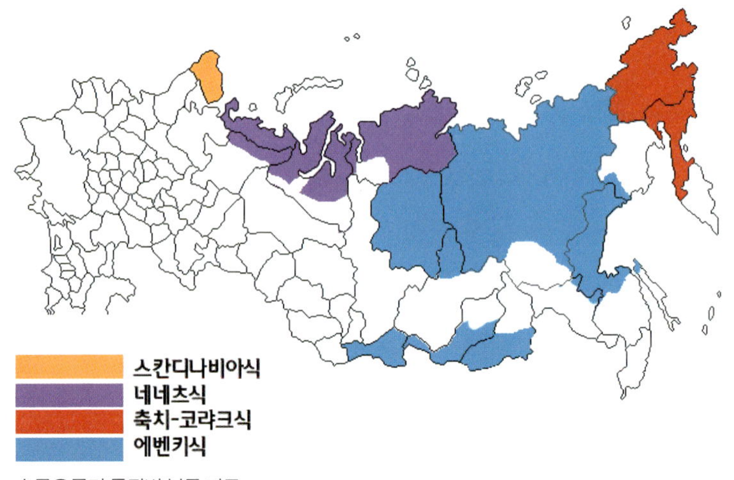

순록유목민 특징별 분포 지도

만, 사미식과는 달리 순록치기 개가 순록 방목에서 중요한 역할을 수행한다. 그러나 순록의 젖은 사용하지 않는다. 이웃한 코미인과 한티인이 여기에 속한다. 축치-코랴크식은 도축을 목적으로 하지만, 개를 사용하거나 젖을 먹지 않는다. 마지막으로 에벤키식은 순록을 식용보다는 이동 수단으로 주로 이용한다. 그래서 순록 무리의 규모가 작고, 늙은 순록이나 다친 순록의 고기만 먹는다. 여기에 해당하는 민족으로는 에벤키인과 에벤인, 투바인, 부랴트인이다. 그러나 혼종 사례도 볼 수 있다. 에네츠인의 순록 유목은 네네츠식에 가깝지만, 대규모 순록 무리를 끌고 다니는 네네츠인과는 달리, 이들의 순록 수는 적은 편이다. 야쿠트인이나 돌간인은 에벤키인에게서 순록업을 받아들였지만, 오랫동안 목축업을 해왔던 이들은 순록을 이동 수단으로 이용하는 동시에 상업적인 목적으로도 활용한다.

초원 지대의 유목민처럼 이들도 겨울과 여름에 머무는 곳이 따로 있다. 겨울이 되면 마을에 머물면서 겨울 방목지를 오가며 생활한다. 여름이 되면 좀 더 서늘한 북쪽의 바닷가나 강변으로 순록과 함께 이동한다. 이동할 때는 모든 살림살이를 순록에 싣는다. 아기를 눕힌 요람 역시 순록 안장에 매달아 싣는다. 아이들도 순록이 끄는 썰매에 앉아 이동한다.

이들은 순록을 유목하는 동시에 야생 동물을 사냥한다. 야생 순록이나 해안의 바다표범을 비롯해, 담비, 수달, 여우, 다람쥐, 자고새나 야생 닭 등을 잡는다. 이렇게 사냥한 동물의 모피와 가죽은 이들의 전통의복에서 없어서는 안 될 중요한 옷감이 된다. 툰드라의 강추위를 견디는 데 순록으로 만든 전통의복만한 게 없다. 추운 바람이 들어올 수 있는 곳을 최소화한 '말리차'는 앞섶이 따로 없고 모자와 몸통, 소매가 하나로 이어진 일체형의 옷이다. 오늘날의 후드티를 생각하면 쉽게 그 형태를 떠올릴 수 있다. 무릎을 덮을 정도로 긴 이 옷은 순록의 모피로 만들며, 이들이 키우는 개의 모피, 그 중에서도 흰색은 장식용으로 쓰인다.

순록의 털과 가죽으로 옷만 만드는 것이 아니다. 양탄자, 가방, 그리고 신발도 만든다. 이들의 신발은 순록 가죽에서도 가장 단단한 부분인 카무스에 기름을 먹여 만든다. 카무스는 순록 정강이에서 잘라낸 가죽이다. 이마 부분에서 떼어낸 가죽으로는 구두창을 만든다. 길이는 다양하다. 무릎 위까지 올라오는 것이 있는가 하면, 허벅지까지 다 덮을 정도로 긴 신발도 있다. 순록 털로 짠 긴 양말을 신고, 장화 안에도 잘 말린 풀을 넣어 따뜻함이

말리차 (사진: 김혜진)

오래가게 한다.

순록만큼이나 이들에게 중요한 동물이 또 하나 있다. 바로 개다. 개는 풀어놓은 순록이 경로를 이탈하지 않도록 돕는 순록치기 구실을 하고, 일하는 부모 대신 아이들과 함께 놀아주는 보모 노릇도 한다. 동시베리아 민족들은 개를 순록과 함께 주요 이동 수단으로 이용했다. 시베리아 허스키처럼 이곳의 개는 시베리아의 혹한에 잘 견디며 강한 체력과 지구력을 겸비하고 있어 현지인뿐만 아니라 극지 탐험에 나선 탐험가들에게도 더없이 중요한 동반자였다.

다양한 고기를 즐기는 유목 민족

유목 민족은 자신이 기르던 가축에서 고기를 얻었다. 초원 지대 유목민들은 양과 말 등에서 주요 식재료를 구했다. 이들이 제일 좋아하는 육류는 양고기이다. 중요한 손님이 오면 양고기를 반드시 준비한다. 북캅카스 지역에 사는 칼미크인은 중요한 손님에게 양의 머리를 대접했다. 물론 소고기와 말고기, 닭고기 등도 요리에 자주 사용한다. 캅카스의 유목 민족은 한때 낙타고기도 먹었다. 그러나 낙타는 이들의 이동에서 중요한 역할을 수행했으므로 아주 소중한 손님을 맞이하거나 중대한 일이 있을 때만 낙타 고기를 먹었다. 노가이인은 낙타의 혹 부분을 별미로 여겼는데, 조각으로 썰어 솥에서 볶아 손님에게 대접했다. 낙타 기름 역시 귀한 것으로, 가죽 부대에 보관하여 음식에 사용하거나 병을 치료하는 데 사용했다.

러시아 튀르크계 유목 민족의 전통음식 중에 비시바르마크가 있다. 이는 튀르크어로 '다섯 손가락'이라는 뜻이다. 유목하는 중에 포크나 칼 같은 식기를 사용하는 것이 번거롭기 때문에 손으로 음식을 먹었다는 데서 나왔다. 비시바르마크는 주로 양고기나 말고기를 삶아서 적당히 자른 후 면과 함께 내놓는다. 이때 손으로 집기 편하도록 고기에는 반드시 뼈가 붙어 있어야 한다. 이들 음식 중에는 우리나라 순대와 같이 고기와 고기의 피, 곡물을 넣은 소시지나 고기 파이도 있다. 완자나 만두, 다진 고기 요리, 고기 수프 등도 즐겨 먹는다. 우리나라 수제비처럼 고깃국에 간을 하지 않은 반죽을 넣어 끓여 먹기도 한다.

이들의 잔치 음식 중 러시아 전역에 널리 알려진 것은 플로프이다. 유목하다가 잡은 고기를 큼직큼직하게 썰어 큰 솥에 넣고 쌀과 함께 볶아낸 것이다. 플로프는 남자들이 요리한다. 이 음식은 가능한 많은 사람에게 빨리 대접할 수 있는 음식이었다. 고기를 삶거나 구워 먹기도 했지만, 유목에 편하도록 고기를 염장하거나 햇볕에 말려 오래 저장할 수 있는 형태로 만들어 먹는다.

바시키르인의 전통음식에는 고기가 들어가지 않는 음식의 수가 다섯 손가락 안에 들 정도로 적다고 하지만, 유목 민족이라고 고기만 먹는 것은 아니다. 곡물로 만든 반죽으로 여러 음식을 만들어 먹는다. 대표적인 것으로 속을 넣지 않은 반죽을 끓는 기름에 튀겨낸 음식을 들 수 있다. 이렇게 기름에 튀긴 반죽은 유목하는 동안 굳거나 맛이 변하지 않은 채 오래 저장할 수 있다. 노가이인의 '루쿰'이나 타타르인의 '차크차크', '바우르사크'가 대표적인 예이다.

이들은 가축의 젖을 끓이거나 발효하여 마신다. 전통음료로는 신 우유에 물을 섞어 만든 아이란과 낮은 도수의 알코올음료인 쿠미스(쿠므스, 쿠미즈 등 민족마다 이름이 조금씩 다름)가 있다. 아이란은 여름철 더위에도 오래 보관할 수 있는 음식이다. 쿠미스는 말젖을 발효시킨 것이다. 말가죽으로 만든 부대에 마유를 넣고 말안장에 매달아 놓으면, 이동하는 동안 온종일 흔들리면서 그 안의 마유가 마치 막대기로 저은 것처럼 잘 섞이며 발효하게 된다. 강한 신맛의 쿠미스는 음료로도 마시지만, 약으로도 사용된다. 카티크, 쿠루트 등 발효 우유를 굳힌 것은 양념이나 소스로도 쓰인다. 가축의 젖으로 다양한 종류의 치즈와 크림도 만들어 먹는다.

시판용 쿠미스 (사진: 김혜진)

무엇 하나 버릴 것 없는 순록

툰드라 지대 사람들은 순록을 무엇 하나 버리는 것 없이 활용한다. 신선한 채소를 구하기 어려운 툰드라에서 비타민의 주요 제공원은 바로 순록의 피다. 툰드라 사람들은 도살 직후 아직 온기가 남아 있는 순록 피를 모두 모아 떠 마신다. 순록의 피는 원기 회복제나 약으로도 사용된다. 순록 고기는 도살 후 날것으로 먹거나 햇볕에 말리거나 굽거나 삶아서 먹는다. 순록의 피로 만든 소시지도 있다. 순록의 뇌와 골수는 별미로 여긴다. 순록 기름에 데친 순록 고기를 먹기도 한다. 순록의 식도와 내장, 가죽 등은 생선 껍질이나 부레와 함께 식기처럼 사용했다.

사냥으로 잡은 자고새, 들토끼, 야생닭 등도 먹는다. 순록처럼 사냥한 고기의 모든 부위를 다 먹는다. 뼈로는 국물을 우려내며, 동물의 피는 육수를 끓일 때 조금씩 부어 넣고, 창자에는 지방을 채워 말렸다가 구워 먹으며, 발굽은 우려내 젤리처럼 만들어 먹는다.

시판용 순록햄 (사진: 김혜진)

이들은 생선도 즐겨 먹는다. 얼린 생선을 얇게 썰어 먹거나 햇볕에 말리거나 구워 먹는다. 얼린 생선을 얇게 썬 것을 '스트로가니나'라고 하며, 햇볕에 말린 것을 '유콜라' 또는 '파카'라고 한다. 유콜라는 살이 많은 물고기를 반으로 갈라 가시를 제거하고 칼집을 낸 뒤 햇볕에 반건조한 후 집안의 화덕에서 훈제해 만든다. 바다에서 잡는 각종 물고기를 비롯하여 송어, 꼬치고기 등 민물고기도 즐겨 먹는다. 밀가루가 이들의 삶에 들어오기 전에는 물고기를 말려 가루를 내어 곡물처럼 사용했다. 이를테면, 물고기 알과 섞어 전병을 굽거나 순록 피와 함께 수프를 끓여 먹기도 했다. 동시베리아 민족에게서 공통으로 볼 수 있는 생선 요리 중 하나로 삶은 물고기를 월귤나무 열매, 식물 뿌리, 비계 등과 함께 으깨 만든 음식을 들 수 있다.

생선을 오랫동안 먹을 수 있는 방법도 발달했다. 보통 겨울에는 생선을 얼음 위에 두거나 깊은 우물 안으로 내려보내거나, 언 땅을 깊게 파서 보관한다. 북부 코미인은 여름에 땅을 아주 깊게 파그 안에 생선을 담은 통을 보관하기도 했다. 북서부의 페초라강 중류 지역에서는 생선에 소금을 조금 쳐서 통 속에 넣은 다음 따

스트로가니나 (사진: 위키피디아)

뜻한 곳에 두는 방법이 발달해 있다. 이렇게 되면 우리나라 젓갈처럼 생선이 발효되면서 강한 냄새를 풍기게 되는데, 이 지역 민족들은 이렇게 묵힌 생선을 숟가락으로 떠먹는다. 이 방법을 '페초라식 염장법'이라고도 부른다. 북유럽 국가와 러시아의 북서부 끄트머리에 사는 사미인은 땅에 일정 기간 파묻어 삭힌 생선을 즐겼다. 그런가 하면, 동쪽의 에벤인은 구덩이를 파서 풀을 펴 넣고 연어 머리와 알을 층층이 깐 후 풀을 덮고 조약돌을 그 위에 얹어 며칠간 삭힌 후 꺼내서 물에 씻어 먹었다. 생선을 빵의 속으로 사용하기도 하고, 수프를 만들어 먹기도 한다.

툰드라 지역에서 나는 월귤나무 열매, 블루베리 등의 산열매는 이들의 식생활에서 매우 중요하다. 이들은 각종 산열매를 따서 말리거나 양념으로 사용한다. 여러 식물 뿌리 역시 얼리거나 발효시켜 먹는다. 이들이 즐겨 마시는 음료는 차이다. 차가버섯을 우려 마시기도 하지만, 오늘날에는 가게에서 파는 일반적인 차를 마신다. 일부 민족은 환각 효과가 있는 광대버섯을 우려 술처럼 마시기도 했다. 차 외에도 민족마다 고유의 전통 음료를 가지고 있다. 동시베리아의 에벤키인은 암순록의 젖을 자작나무 통에 넣어 부드러워질 때까지 나무 막대로 저어 우유 칵테일과 비슷한 음료를 만들어 마셨다.

19세기 이후 러시아인의 영향으로 이들도 빵을 먹기 시작했다. 시중에서 구입한 밀가루로 얇고 넓적한 빵을 굽는다. 여기에 생선 알을 곁들거나 동물의 피를 적셔 먹는다. 밀가루에 물이나 순록의 피 등을 섞어 죽을 끓여 먹기도 한다.

자리를 옮기며 집을 짓는 사람들

이곳에서 저곳으로 주기적으로 터를 옮기며 사는 유목 민족은 설치와 이동이 쉬운 이동 천막에서 지낸다. 보통 유르타 또는 유르트라고 불리는 이동 천막은 민족에 따라 외형과 이름이 조금씩 다르다. 러시아의 몽골인종인 칼미크인, 부랴트인은 몽골식의 '게르'에서, 하카스인은 게르와 비슷한 '이브'에서, 투바인은 '외그'에서 살았다.

이처럼 초원 지대의 유목민은 보통 게르와 같은 원통 모양의 전통가옥에서 산다. 게르는 천으로 만들어 가벼울 뿐만 아니라 설치가 간편하다. 무겁지 않아서 말이나 소로 실어 나를 수 있다. 벽을 이루는 목재는 접이식 격자로 되어 있어 크기를 줄이거나 늘릴 수 있고, 이동할 때는 접을 수 있다. 유연한 자작나무로는 원형 지붕을 만든다. 원형 테두리에는 60개 정도의 구멍이 뚫려 있고, 여기에 장대를 꽂아 고정한다. 이 테두리를 통해 빛이 안으로 들어온다. 밧줄을 이용해 지붕을 열었다 닫으며 환기할 수 있다. 이렇게 골격이 완성되면, 3m 정도 되는 펠트 천으로 외부를 덮는다. 쉽게 썩지 않도록 미리 연초와 소금에 삭힌 우유에 담갔다가 잘 건조한 천을 사용한다. 내벽을 따라 돗자리나 양탄자를 걸어 실내를 장식하고, 바닥에도 펠트 천이나 양탄자를 깐다. 게르 중심에는 화로가 있으며, 화로 위에 삼발이나 솥을 걸 수 있게 틀을 설치한다.

게르 내부에는 남녀 자리가 구분되어 있다. 입구에서 왼쪽(서

초원지대의 부랴트 게르 (사진: 위키피디아)

쪽)은 남성의 자리, 반대쪽은 여성의 자리이다. 성별에 따라 사용하는 도구를 상대편 자리에 둬서는 안 된다. 예를 들어, 남성의 화살집은 여성의 자리에 걸어두지 않는다. 입구의 맞은편, 즉, 화로의 뒤쪽은 신이 머무는 장소 또는 가장이 앉는 장소로 생각했다. 반대로 입구와 가까운 쪽은 가장 낮은 자리로, 나이가 어리거나 신분이 낮은 사람, 다른 씨족에서 온 며느리가 앉는다.

툰드라 지역의 사람들은 '춤'이라고 불리는 원뿔형의 가옥에 산다. 모양은 서로 비슷하지만, 명칭은 민족마다 다르다. 서쪽의 사미인은 '베자', 러시아 토착 소수민족 중에서는 제일 규모가 큰 네네츠인은 '먀'라고 부르며, 동쪽의 축치인은 '야란가'라고 부른다. 원뿔 모양의 이동 천막은 강풍에 안정적이면서도 눈이 많이 쌓이지 않아 툰드라 생활에 적합하다. 이런 식의 이동 천막을 만드는

설치 중인 춤의 모습 (사진: 키릴 이스토민)

방법은 다음과 같다. 두 개의 장대를 서로 교차하여 골격을 잡아 밧줄로 고정하거나 장대의 끝에 미리 만들어 놓은 홈에 맞춰 세운다. 보조 장대들을 기본 장대 주위에 기대 세우면서 골격을 완성하고 크기를 조절한다. 이 위에 순록 가죽을 엮은 덮개를 씌운다. 겨울에는 천막의 안쪽에도 가죽을 두른다. 순록 힘줄로 엮은 이 순록 가죽은 오랫동안 쓸 수 있다. 여름용 이동 천막은 겨울용과 구조가 같지만, 바깥을 덮는 재료가 다르다. 낡은 겨울용 덮개를 재활용하거나 나사 천을 덮고 그 위에 에데르나 나무껍질을 엮어 덮기도 한다. 에데르는 자작나무 껍질을 삶은 후 길게 잘라 꼬아서 멍석처럼 만든 것을 말한다. 보통 5월 초에 겨울용 덮개를 여름용으로 바꾼다.

춤의 내부는 게르처럼 남자와 여자의 영역으로 나뉜다. 남자

영역에는 사냥 도구, 탄약, 신발 등이 놓여 있고, 이동 천막의 입구와 가까운 여자의 영역에는 장신구, 신발, 옷, 가사 도구 등이 있다. 역시 춤 가운데는 화로가 있고, 화로 뒤쪽, 즉 이동 천막의 출구에서 가장 먼 곳은 상석으로 연장자나 손님이 앉는다.

모든 유목 민족이 이동 천막에서 지내는 것은 아니다. 한 유목 민족 안에서도 유목 생활을 하는 사람들과 정주 생활을 하는 사람들로 나뉜다. 정주하는 사람들은 반지하집이나 움막집 등에서 살다가 러시아인의 유입으로 인해 러시아식 통나무집을 받아들이기 시작했다. 소련 시대에는 정착 생활을 하는 사람이 많아지면서 점토나 벽돌로 만든 집에서 살았다.

오늘날 다시 유목민들의 거주생활은 크게 바뀌었다. 특히 초원 유목 민족의 경우, 농촌에서는 일반 목조 주택, 도시에서는 아파트에 거주하고 있다. 그렇지만 툰드라 지역에서는 여전히 이동 천막을 사용한다.

순록과 스노모빌

오늘날 그 수는 예전보다 많이 줄었지만, 여전히 유목 생활방식을 유지하는 민족들이 있다. 이들도 점차 문명의 편리함을 일부 받아들이며 살고 있다. 유목 민족의 게르나 춤에는 위성 안테나가 달리기 시작했다. 이들은 소형 발전기로 위성 TV나 DVD를 보며 여가생활을 즐기게 됐다. 발전기 덕분에 휴대폰과 노트북,

측량 지도까지 사용할 수 있게 됐다. 위성 전화나 휴대폰이 도입되면서 한 손으로는 말고삐를 잡고 다른 한 손에는 전화기를 들고 통화하는 모습도 심심치 않게 볼 수 있다. 툰드라의 모든 지역에 통신망이 있는 것은 아니지만, 툰드라에서도 전화를 사용할 수 있게 됐다. 통신망이 없는 지역에서는 무전기를 사용하거나 위성 전화를 사용할 수 있다. 이 덕분에 툰드라에서 유목하는 도중에도 긴급 상황이 발생하면 도움을 요청할 수 있게 됐다.

현대 기기의 도입은 이들의 여가생활도 바꿔 놓았다. 방목을 마치고 집으로 돌아온 후에는 영화나 텔레비전을 보며 저녁 시간을 보낸다. 항상 옷을 만들거나 방목할 때 필요한 도구를 수선하면서 분주하게 시간을 보내던 예전과 상반된 모습이다. 윗세대는 젊은 세대의 이런 모습을 불만스럽게 바라보기도 한다.

이처럼 현대 기기가 들어오면서 이들의 삶은 조금씩 변화하고 있다. 툰드라 유목민의 생활에 큰 변화를 일으킨 것은 바로 스노모빌(설상차)이다. '스노모빌 혁명'이라는 말이 생겨날 정도로 1인용 스노모빌의 도입은 툰드라에 사는 많은 민족의 이동 수단을 바꿔놨을 뿐만 아니라 생활 형태에도 큰 영향을 미쳤다. 캐나다나 핀란드 같은 곳에서는 이미 1960년대에 스노모빌이 도입됐다. 러시아에서는 1980년대에 소수만 설상차를 소유했다. 1990년대 후반부터 설상차가 퍼지면서 오늘날 러시아의 거의 모든 순록 유목자가 설상차를 보유하게 됐다. 동시베리아의 민족 행사에서는 경품으로 스노모빌이 등장하기도 한다. 러시아 최대 석유·가스 매장지인 북서부 지역에서는 석유·가스 기업이 보상 차원에서

코미인의 순록 썰매 (사진: 키릴 이스토민)

이 지역 토착민족에 스노모빌과 연료를 제공하고 있다. 개썰매나 순록썰매의 자리를 스노모빌이 차지하게 되면서 이들은 길이 없어 접근이 어렵거나 더 먼 곳으로 빠르게 이동할 수 있게 됐다.

스노모빌은 툰드라 유목민들의 생활방식에 큰 변화를 가져왔다. 겨울이 되면 이들은 마을에서 겨울 방목지를 오가며 순록을 돌봤다. 보통 마을에서 겨울 방목지까지의 거리는 꽤 멀기 때문에 방목지와 조금 떨어진 곳에 이동 천막을 치고 겨울을 보냈다. 그러나 설상차를 타게 되면서 마을에서 방목지까지 곧바로 갈 수 있게 되어 굳이 이동 천막에서 묵을 필요가 없게 됐다. 이에 따라 겨울철에 이동 천막에서 거주하는 사람의 수가 점점 줄어들었다. 두 가족이 같이 춤에서 거주하던 방식도 변하게 됐다. 예전에는 보통 부자지간으로 이뤄진 두 가족이 함께 순록을 방목

순록무리와 스노모빌 (사진: 위키피디아)

하고 이동 천막에서 지냈다. 이제는 일정 기간을 두고 한 가족씩 차례대로 천막에서 지내는 방식으로 바뀌었다. 이때 춤에서 지내지 않는 가족 구성원은 마을에 머물면서 순록 모피로 만든 상품을 팔거나 부업을 한다. 모든 가족이 예전처럼 겨우내 이동 천막에서 함께 지내는 것이 아니기 때문에 겨울용 이동 천막을 더 이상 사용하지 않게 됐다. 때로는 여름용 천막에 나사 천을 덮는 식으로 겨울을 나기도 한다. 스노모빌의 도입으로 유목 시기와 거리가 점점 짧아지고 전통 가옥에서의 생활 기간과 생활양식도 크게 변하고 있다.

끊임없이 변화하는 민족문화

모든 문화는 변화를 겪게 마련이다. 러시아에 거주하는 많은 민족도 저마다 문화적 변화를 겪어왔다. 이들은 러시아에 편입되던 순간부터 수없이 많은 동화와 통합, 이웃 민족 간의 문화 변용을 겪어 왔다. 전통문화의 변화는 민족별로, 혹은 지역별로 다르게 나타날 수 있다. 그러나 소련 전역에서 진행된 집단농장과 국영농장 정책은 이들의 경제 활동을 일괄적으로 엄격하게 통제했다. 소련 붕괴 이후 사회주의 체제에서 자본주의로의 전환은 이들 모두에게 사회·경제적 타격과 큰 혼란을 안겨줬다. 이처럼 러시아의 많은 민족은 다른 민족들과의 공존으로 말미암은 자연스러운 문화 변용 외에도, 국가 정책, 체제의 변환 등과 같은 특별한 상황으로 심각한 사회·문화 변화를 겪었다.

도시화와 문화 보편화로 대표되는 세계화 시대에 러시아 소수민족은 또 다른 변화와 마주하고 있다. 순록 유목과 같은 전통적인 경제 활동을 하는 사람의 수는 줄어들고, 고유문화의 많은 요소는 상당 부분 변하고 있다. 그러나 여전히 많은 민족이 자신의 문화를 보전하기 위해 노력 중이다. 전통문화의 변화 위기 속에서도 의식주 문화는 끊임없이 재생산되고 있다. 예를 들어, 석탄 위에 얇은 철판을 깔고 빵을 굽는 툰드라식 기술은 배급품을 받았던 소련 시대에 사라졌다가 배급품이 없어진 소련 붕괴 이후 다시 살아났다. 순록을 도축한 후 모두 모여 고기를 먹는 관습은 여전히 이들을 단합시킨다. 과거에는 없었던 민족 축제가 '발명된 전통'처럼 기획되어 민족 구성원들을 끌어모으고 있다. 사하인의 하지 축제인 '으스아흐'는 민족 단결을 위해 조직된 국가 행사로 몇 년 전에는 최대 규모의 합창으로 기네스북에 오르기도 했다. 세계화 시대 새로운 문화의 빠른 확산 속에서 이들이 앞으로 어떻게 전통문화를 유지하고 전승할지는 계속 지켜봐야 할 것이다.

참고 자료

Istomin, K.V., Popov, A.A., Hye-Jin Kim. "Snowmobile Revolution, Market Restoration, and Ecological Sustainability of Reindeer Herding: Changing Patterns of Micro- vs. Macromobility among Komi Reindeer Herders of Bol'shezemel'skaya Tundra." *Region*, Vol. 6, No. 2 (2017).

김혜진. "코미-이제메츠 문화적 독자성의 기반: 순록사육업을 중심으로." 『러시아연구』, 제22권, 제1호. 서울: 서울대학교 러시아연구소, 2012.

김혜진. Istomin K.V. "체제 전환과 러시아 소수민족의 의식주 변화: 코미 순록사육자를 중심으로(1950년대~현재)." 『슬라브학보』, 30권, 1호. 서울: 한국슬라브유라시아학회, 2015.

김혜진. "러시아 극지 토착 소수민족의 소멸 위기에 대한 고찰." 『슬라브학보』, 32권, 1호. 서울: 한국슬라브유라시아학회, 2017.

김혜진. "러시아 북서 토착민족에 대한 석유기업의 사회적 책임." 『슬라브학보』, 33권, 2호. 서울: 한국슬라브유라시아학회, 2018.

차르와 나로드

송준서

차르와 나로드. 번역하자면 '황제와 인민'이라는 뜻이다. 이 두 단어는 러시아를 이해하는 데 가장 중요한 키워드에 속한다. 러시아에서 '황제'는 여느 국가에서와 마찬가지로 절대 권력을 지닌 인물이었다. 그리고 '인민'은 군주국의 백성을 뜻하는 신민이다. 근대적 개념으로는 국민, 대중, 민중 등으로 이해할 수 있다. 차르와 나로드, 이 두 용어가 러시아를 이해하는 데 중요한 이유는 바로 황제와 인민 관계의 특성이 과거부터 오늘날까지 연속성을 띠고 나타나기 때문이다. 그러므로 차르-나로드 관계의 독특성을 이해하는 것은 러시아 사회, 정치, 문화, 역사의 특성을 이해하는 데 도움을 줄 것이다.

러시아는 서구 국가와 비교하여 권위주의 정치 체제가 더 강하게 실현됐으며 국가 지도자의 권위와 권한이 훨씬 강하게 유지됐다. 러시아 국민 대다수는 국가 지도자의 막강한 지위와 권한에 대해 별다른 반감이 없다. 그렇게 강한 지도자가 국민 편에 서서 국민의 고충을 들어주고 국민의 이익을 대변해 주며 보호해 주기를 바란다. 강한 지도자에 대한 이러한 의존적 태도는 러시아 국민 사이에 특히 강하게 남아 있다. 민주적 정책을 표방하며 다원론을 존중하고, 그 과정에서 국론을 분열시키고 사회를 혼란에 빠트리는 지도자보다는 독재적이라고 해도 강한 카리스마와 지도력으로 사회 안정을 유지하고 불편부당한 정책으로 부패한 정부 관리나 국민을 피곤하게 만드는 사회 지도층을 징벌할 수 있는 강한 지도자를 원하는 성향이 어느 나라 국민보다 강하다.

이런 이유로 소련 말기인 1991년 공산당 일당 독재를 폐기하고 다당제와 민주주의 정책을 도입한 미하일 고르바초프 공산당 서기장이나 소련 붕괴 후 지방 관료와 경제 엘리트들에게 자율권을 주어 중앙 정부의 권한을 약화시킨 보리스 옐친 러시아연방 초대 대통령은 러시아 민중 사이에서 인기가 없다. 반면 독재 체제를 구축하고 강력한 권위주의 정책을 편 이오시프 스탈린은 2000년대 이후 시행된 여론조사에서 항상 가장 인기 있는 역사적 인물 3인 이내에 꼽히고 있다. 마찬가지로 강력한 중앙집권 정책을 시행하면서 국가 지도자의 권한을 강화한 블라디미르 푸틴 현 러시아 대통령은 지지율 최고 80% 이상을 기록할 정도로 인기가 고공행진을 하고 있다. 어떻게 이런 일이 러시아에서 가능할까? 러시아에서 국가 지도자와 국민 간 관계의 본질은 어떠하며 그러한 관계는 역사적으로 어떤 과정을 거쳐서 형성됐는가? 러시아 역사에서 차르라고 불린 국가 지도자와 나로드라고 불린 인민의 탄생 배경과 특성, 양자 간 관계가 현대 러시아에서 어떻게 작동하고 있는지 차르와 나로드의 개념을 통해 살펴보도록 하자.

차르의 탄생

러시아에서 절대 권력을 가진 국가 지도자가 탄생한 것은 240여 년에 걸친 몽골의 지배(1240~1480) 이후였다. 몽골의 지배 이전에 '키예프 루시'로 불린 러시아 영토는 우랄산맥 서쪽 지역, 즉 오늘날 유럽 러시아 지역에 머물러 있었다. 당시에는 단일한 국가를 이루지 못했다. 블라디미르, 수즈달, 스몰렌스크, 키예프, 프스코프, 노브고로드 등 총 12개의 공국으로 나뉘어 각 지역을 가장 힘센 공후가 다스리고 있었다. 1230년대 말 동쪽에서 몽골 군대가 침략해오기 시작했다. 1240년 키예프 루시의 수도인 키예프가 몽골 군대에 함락됐다. 몽골은 '분열시켜 통치한다'는 전략을 사용했다. 러시아 공후들을 서로 경쟁시켜 단합하지 못하게 만들어 드넓은 러시아 영토를 분열시켰다. 이런 상황에서 강력한 러시아 지도자가 등장할 수 없었다. 하지만 1380년 러시아 군대가 몽골 정복군과의 전투에서 처음으로 승리하면서 점차 힘의 균형이 러시아로 넘어오기 시작했다. 100여 년이 지난 1480년 모스크바 공국의 지도자였던 이반 3세(1462~1505) 통치 기간에 러시아는 몽골에 240년 동안 바치던 조공을 중단했다. 이는 몽골 세력이 약화하여 러시아를 지배할 여력이 없어졌음을 의미했다.

드디어 강력한 러시아 지도자가 자신의 영토를 통치할 계기가 생겼다.

이반 3세는 몽골 지배자들이 물러난 15세기 말 유럽 러시아를 통합하면서 몽골 침략 전의 키예프 루시의 전통을 계승하는 지도자로 부상했다. 지배권을 강화하려는 조치들도 취했다. 그중 대표적인 것 중 하나가 바로 자신을 차르라고 부르는 것이었다. 차르라는 용어는 로마제국 황제를 칭하는 라틴어 케사르(Caesar)라는 단어를 러시아식으로 표기한 것이다. 또한 이반 3세는 아내가 죽자 비잔틴제국 황제의 조카딸 소피아와 1472년 결혼했다. 황제의 권위와 통치 스타일에 익숙했던 소피아를 부인으로 맞아들인 후 그는 모스크바 대공의 지위를 황제의 지위로 격상하는 작업을 추진했다. 먼저 단순히 '대공'이라 불리던 칭호를 장엄하고 위엄 있게 '군주'라는 용어로 바꿨다. 모스크바 공국의 문장도 비잔틴제국의 쌍두독수리 문장을 차용해 만들었다. 군주가 거주하는 궁을 짓기 위해 과거 로마제국의 전통을 계승한 볼로냐, 밀라노 등지에서 건축가를 초빙하여 크렘린궁을 개·증축했다. 크렘린궁 안에는 거대한 교회를 지어 차르의 대관식, 결혼식, 장례식 등 각종 의식을 성대히 치르기 시작했다. 조선에서는 9대 성종부터 예종, 연산군 시기였던 15세기 말엽부터 16세기 초 러시아에서는 군주의 위엄을 상징하는 문장, 궁전, 칭호, 예식들이 갖춰지면서 절대 권력을 가진 차르가 탄생하게 됐다.

황제라는 직분에 걸맞은 외양적 요소가 이반 3세 통치기에 마련됐다면, 그의 아들 바실리 3세(1505~33) 때는 러시아 군주의 절

이반 3세와 모스크바 공국 문장(1472). 이반 3세가 소피아와 결혼하고 나서 비잔틴제국 문장을 본떠서 만들었다. (그림: 위키피디아)

대적 권위와 권한, 백성의 의무에 대한 이론적 기반이 마련됐다. 1515~21년경 프스코프의 수도사 필로페이는 바실리 3세에게 이른바 '모스크바-제3로마' 설이 포함된 유명한 서한을 보냈다. 이 서한에서 그는 바실리 3세를 "[우리를] 다스리도록 신에게 선택된 당신, 빼어난 군주이시고… 최고 제위를 점하고 있으시며 동방정교회의 황제이시며 모든 이의 주인"이라고 규정했다. 이어 필로페이는 최초의 기독교 국가였던 로마제국의 수도 '제1로마'는 백성들이 이단을 숭배했기 때문에 이민족의 침입을 받아 멸망했고, 두 번째 기독교 제국이었던 비잔틴제국의 수도 콘스탄티노플, 즉 '제2로마'는 백성들이 진정한 기독교인이 아니었으므로 이교도인 오스만튀르크의 공격을 받아 멸망했다고 주장했다. 이제 세상에서 유일하게 남은 기독교 왕국은 러시아이며 수도 모스크바는 '제3로마'가 되어 영원히 지속될 것이고 제4로마는 없을 것이라고 주장했다. 이어서 그는 다음과 같이 강조했다.

"... 차르시여, 당신 나라의 온 백성, 그리고 정교회를 믿는 모든 나라는 이제 하나의 국가, 바로 당신의 국가로 합해졌다는 것을 알고 있습니다. 당신은 하늘 아래 유일하신 진정한 기독교인 통치자이십니다."

결국 필로페이의 서한은 차르의 통치권이 신에게서 직접 부여받은 것이라는 '왕권신수설'의 내용을 담고 있다. 러시아의 국교인 정교회는 그러한 차르를 전 기독교 국가의 수장으로 모시겠다고 맹세한 것이다. 필로페이는 그 보답으로 차르에게 하느님을 경외하고 "정교회와 수도원에 해를 끼치지 말고" 보호할 것을 요구하고 있다. 즉, 교회가 속세의 수장인 차르의 권위를 인정하고 전폭적으로 지지할 터이니 차르도 정교회를 보호해달라는 의미를 내포한 것이다. 바로 이 시점부터 차르는 교회로부터의 승인과 지지를 토대로 자신의 통치권과 속세에서의 신성불가침한 권위 행사를 정당화할 수 있게 됐다. 결국, 필로페이의 '모스크바-제3로마'설은 차르의 권력 확장에 날개를 달아주었다. 바실리 3세 시기 필로페이는 차르의 막강한 권한과 함께 백성에 대한 의무도 규정했다. 그는 서한에서 다음과 같이 차르에게 간절하게 요청했다.

"간청하고 또 간청하옵나이다. 제가 신에게 당신을 축복해달라고 간청하고 기도했듯이... [당신도] 인색함을 자비로움으로 바꾸고 가혹함을 자애로움으로 바꾸십시오. 우는 자들과 밤낮으로 신음하는 자를 위로해 주십시오. 죄 없는 자들을 괴롭히는 자들로부터 보호해 주십시오…"

이는 곧 차르는 자신이 다스리는 나라 백성을 보살피고 보호해야 할 필요가 있음을 함께 역설한 것이다. 바로 차르와 나로드 관계의 한 축이 설정된 것이다.

이후 바실리 3세의 아들 이반 4세(1533~84)는 러시아 역사에서 전제 권력을 확고히 정착시킨 인물로 잘 알려져 있다. 이반 4세는 대공이 아닌 '차르'라는 용어를 공식적으로 사용한 최초의 군주이다. 당시 러시아에는 보야르으로 불리는 대귀족 세력이 있었다. 그들은 군주와 맞먹는 재산과 권력을 가진 실력자들이었다. 이반 4세는 폭력을 사용해 그들을 군주에게 철저히 복속시켰다. 러시아 역사에서 드디어 무소불위의 막강한 권력을 가진 차르가 탄생한 것이다.

나로드의 탄생

그렇다면 러시아에서 '인민'은 어떻게 탄생했는가? 나로드라 불리는 집단의 이미지와 특성은 사실 많은 경우 '인텔리겐치아'로 불리는 19세기 지식인들이 구현해낸 것이다. 1800년대 초반 유럽 사회는 격변기를 맞고 있었다. 1789년 프랑스 혁명 이후 강력한 전제 국가가 무너지고 귀족이 아닌 중산층 부르주아들이 정치 전면에 나섰다. 또한, 시민의 자유, 평등, 권리를 요구하는 분위기가 유럽 전역에 확산됐다. 영국에서는 1830년대 초 그간의 산업혁명과 산업화로 부와 권력을 쌓은 산업 자본가들이 참정권을 획득한 후 노동자들도 투표권을 행사할 권리를 달라고 요구하는 차티스트 운동이 일어났다. 마르크스는 1848년 기존의 정치·경제 질서를 뒤엎고 노동자들이 주인이 되는 새로운 세상의 건설을 외치는 '공산당선언'을 발표했다. 그런가 하면 독일, 헝가리, 이탈리아, 폴란드 등 유럽 전역에서 전제정치에 대항하는 인민봉기가 잇따랐다. 이러한 변혁과 혁명의 시기에 러시아 지식인들은 러시아가 과연 어떤 길로 나아가야 하느냐를 두고 고민을 시작했다. '나로드'는 바로 이 과정에서 러시아 식자층들이 '발견'해낸 개념이었다. 러시아 인민의 대부분은 농민들이었다. 이들 러시아 농민의 이미지가 식자층이 쓴 문학 작품이나 회화 등에 자주 등장했다. 그들은 주로 단순하고 몽매하지만, 종교적이고 진솔하고 순진한 사람으로 그려졌다.

당시 식자층 가운데 특히 '슬라브주의자'로 불린 사람들은 나로드를 미래 러시아를 이끌어갈 주축으로 간주했다. 슬라브주의자들은 1700년대 초 서구화 개혁을 추진했던 표트르 대제(1682~1725)가 서구 문명을 도입하여 순수한 미풍양속을 간직하고 있던 러시아 전통사회를 타락하고 오염된 사회로 변질시켰다고 비난했다. 표트르 대제 이전의 러시아다운 본원적 특성을 간직한 나로드야말로 혼란스러운 유럽의 세태에서 벗어나 러시아성을 유지하고 러시아를 올바른 방향으로 이끌어갈 집단으로 봤다.

이와 반대로 19세기 초반 슬라브주의자들과 쌍벽을 이루며 정반대 견해를 피력한 지식인 집단이 있었다. 그들은 '서구주의자'로 불렸다. 서구식 민주주의와 자유주의 사상에 심취된 사람들이었다. 대표적인 서구주의자 비사리온 벨린스키는 나로드를 가부장적이고 원초적인 사회의 산물로 극복해야 할 대상으로 보았다. 근대화된 국가의 국민은 순종적이고 원초적인 나로드의 개념이 아니라 '민족'이라는 개념을 근간으로 해야 한다고 생각했다. 즉 서구주의자들은 나로드를 표트르 대제 개혁 이전의 후진적 러시아의 상징으로 간주했다.

하지만 19세기 중반 이후 개혁적, 혁명적 의식으로 무장한 지식인들은 나로드를 새로운 사회 건설의 구심점 역할을 담당할 집단으로 주목했다. 슬라브주의자의 영향을 받은 알렉산드르 게르첸은 수세기 동안 러시아 인민들이 유지해온 농촌 공동체와 생활양식, 집단의식이 러시아가 향후 타락하고 오염된 서구 자본주의 단계를 거치지 않고 곧장 마르크스가 말한 사회주의 사회로 나아가는 데 밑바탕이 될 것이라고 주장했다. 그는 나로드를 이러한 혁명 수행의 주요 세력으로 보았다. 이렇게 나로드란 개념은 19세기 지식인에 의해 이상적이며 다소 낭만적인 이미지를 가지고 탄생했다.

그렇다면 19세기 이전에는 나로드가 없었는가? 물론 그것은 아니다. 러시아 민중은 이전에도 존재했다. 다만 19세기에 이르러 지식인들이 그들의 필요에 의해 '나로드'라는 이름으로 러시아 민중을 개념화한 것이다. 1800년대 초에도 러시아 인구의 95%가

농민이었다. 그들은 관리, 귀족, 성직자 등 전체 인구의 약 1% 정도를 차지하는 이른바 사회 지도층과는 완전히 분리되어 있었다. 농민 대다수는 자기 땅을 소유하고 농사를 짓는 자유농이 아니라 이주가 제한되고 지주에게 속박되어 부역과 토지 임대료를 내야 하는 의무를 지닌 '농노'의 신분으로 살아가고 있었다. 따라서 이들 '나로드'를 좀 더 깊이 이해하려면 러시아에서 농노제의 탄생과 발전에 대해 살펴봐야 한다.

농노제와 나로드

여느 국가의 농민들처럼 러시아 농민도 처음에는 자유인 신분이었다. 9세기 말 러시아 최초의 국가인 키예프 루시 건국 이후 농민들은 여기저기 자유롭게 옮겨 다니면서 농사를 지었다. 몽골 지배가 종식된 15세기경부터 점차 지주들에게 속박되어 농노의 삶을 살게됐다. 농노는 원래 지주와 계약을 맺고 지주의 땅을 임대하여 1년에 한 번, 임대료를 대신하여 수확한 곡물 10% 정도를 바치고, 또 1주일에 며칠 동안은 지주 영지에서 노동해야 하는 의무가 있었다. 계약 기간은 보통 1~10년 정도였다. 계약 기간에 농노의 의무를 다하면 계약 종료 후 농노들이 원하는 지역이나 새로운 지주에게로 이주할 수 있는 권리가 있었다. 하지만 해가 지날수록 농노의 이주 권리는 제한되고, 기존 지주의 장원에 속박되어 계약 농노의 권리를 잃고 의무만 지는 노예의 처지로 전락

「유리의 날」(세르게이 이바노프, 1908). 러시아 농노들이 합법적으로 이주할 수 있는 '유리(Yuri)의 날'에 지주에게서 이주 허가를 받고 떠날 준비를 하고 있다.

하게 됐다.

상황이 왜 이렇게 됐을까?

농노의 권리가 점차 제한되기 시작한 것은 차르의 절대 권력이 차츰 강화되는 것과 직접 연관이 있다. 앞서 언급했듯이, 이반 4세는 대토지를 기반으로 부와 권력을 강화하면서 대대로 세습해 온 보야르 세력을 차르의 신하로 복속시켰다. 그 과정은 수월하지 않았다. 그것은 대귀족 세력에 대한 확실한 견제를 통해 이뤄졌다. 이반 4세는 자신에게 충성하는 새로운 귀족 집단을 창출해 내어 대귀족 견제 세력으로 만들었다. '궁정 귀족' 또는 '드보랸스트보'로 불린 새로운 귀족집단은 확대된 관료제 내에서 국가 관리직을 수행하면서 차르에게서 귀족 칭호를 받았다. 즉 조선 시대 초 신흥 사대부와도 같은 인물들이었다. 차르는 이들의 충성과 관리직 수행에 대한 보답으로 토지를 하사했다. 이때 토지와 함께 그 토지에 거주하는 농민들도 함께 제공했다. 차르가 권력을 확대해 가면서 더 많은 토지와 농민이 바로 이 신흥 귀족에게 돌아갔다. 이 과정에서 농노제는 급속히 확대됐고 농노의 수도 덩달아 급증했다. 바로 러시아 전제정은 농노제 토대 위에 강화된 것이었다. 이 과정에서 러시아 농민들은 1905년 농노제가 실질적으로 폐지되기까지 귀족들의 사유재산처럼 취급되어 사실상 노예와 같은 힘든 삶을 영위해야 했다.

아버지 차르

차르 정부는 전제 권력을 강화하면서 신민들에게 충성과 복종을 신민의 도리로 강요했다. 이반 4세 시기인 1500년대 중반 차르의 고문이자 정교회 수석 사제인 실베스트르가 편찬한 것으로 알려진 교본 '도모스트로이'에는 바로 이러한 신민의 도리가 명시되어 있다. 이는 조선 세종 시기 1430년대에 간행된 '삼강행실도'와 유사한 일종의 도덕서이다. 그중 '차르와 공후를 어떻게 존경하고 그들에게 복종하고 충성하기 위해서 무엇을 봉사해야 하는가'라는 제목이 붙은 절의 내용을 보면 다음과 같은 글이 있다.

"차르를 두려워하고 그에게 충성을 다해 봉사하라. 차르의 건강을 위해 항상 신에게 기도하라. 차르에 대해 나쁜 말은 어떤 경우에도 하지 말고, 마치 신에게 말하듯이 차르에게 공손하게 늘 진실을 말하라. 만약 네가 지상의 왕을 올바르게 보좌하고 그를 두려워한다면 너는 천국의 왕을 두려워하는 법도 배울 것이다."

러시아 인민들은 16세기 이래 이러한 교본을 통해 차르에 대한 절대적 충성을 지속적으로 교육받으며 차르를 지상의 최고 지도자로 숭배하도록 훈련받았다. 이러한 도덕서 덕분에 차르는 점차 인민들에게 가부장적 사회에서 아버지와 같은 존재로 인식되기 시작했다.

그 결과 러시아어 속담에 "신은 하늘 높이 있고, 차르는 저 멀리 있다"라는 말이 생겨났다. 이 속담의 의미는 인민이 지방의 탐관오리들에게 착취당하고 억울하게 괴롭힘을 당해도 그 곤경에서 자신을 구해주지 못하는 것은 신과 차르가 너무나도 멀리 떨어져 있기 때문이라는 것이다. 이는 러시아의 지리적 광대함을 암시함과 동시에 또 다른 한편으로 인민의 억울하고 곤궁한 사정을 일일이 돌보지 못하는 것은 차르 개인의 책임이 아니라는 것이다. 중국어에도 유사한 속담이 있는데 그 의미는 러시아의 경우와 정반대이다. 중국어의 "산은 높고 황제는 멀리 있다"라는 속담은 인민의 입장에서 황제의 권력으로부터 멀리 떨어져 있어 좋다는 뜻이다. 황제가 기거하는 수도에서 멀리 떨어져 있고 지형도 험한 광둥과 쓰촨 지역 사람들이 즐겨 쓴 속담이라고 한다. 이 속담은 인민들에게 황제의 권력이 속박이자 구속이라는 의미를 내포하고 있다. 물론 러시아에서도 차르 정부의 과세와 징집, 농노제의 속박 등에서 벗어나기 위해 차르의 영향력이 미치지 않는 러시아 남부 볼가강 유역 등으로 도망쳐 살았던 집단도 있었다. 그들은 '카자크'라고 불렀다. 하지만 위의 러시아어 속담은 러시아 인민 다수가 차르를 궁극적으로 믿고 기댈 수 있는 사람으로 인식하고 있었음을 보여준다. 비록 표트르 대제는 서구화 정책을 수행하면서 인민들에게서 반러시아적이고 반인민적인 인물로 미움을 받았지만, 그 외의 차르는 20세기 초반까지 꾸준히 공명정대하며 온정주의적 은혜를 베푸는 아버지와 같은 인물로 인민들의 가슴 속에 자리 잡고 있었다.

차르의 참칭자들

러시아 역사를 훑어보면 차르를 향한 인민들의 이러한 바람을 잘 알고 있는 자들이 차르를 참칭하는 사례가 종종 있었다. 이들 참칭자가 하나같이 한 일은 바람과 같이 갑자기 나타나서 도탄에 빠진 인민들을 구해주는 것이었다. 이들 가짜 차르들은 본인이 차르라는 것을 입증하기 위해 인민들이 품고 있던 차르의 이미지를 현실로 보여줌으로써 인민들에게서 인정받으려 했다. 참칭자들이 한 행동들은 바로 당시의 인민들이 차르에게 기대하고 있던 모습이었다.

러시아 역사상 차르의 참칭자로 유명한 자 가운데 한 명은 가짜 드미트리(1605~06)이다. 이반 4세 사망 후 제위를 물려받은 표도르(1584~98)는 신체가 허약하고 지력이 약해 손위 처남 보리스 고두노프에게 많은 자문을 구했다. 이 과정에서 고두노프는 자연스럽게 표도르를 대신해 섭정하게 되는데, 표도르의 이복동생 드미트리가 죽는 일이 벌어졌다. 그러자 세간에는 고두노프가 유약한 표도르가 죽으면 왕위를 물려받기 위해 자객을 보내 드미트리를 암살했다는 소문이 파다하게 퍼졌다. 이러한 상황에서 1598년 표도르가 젊은 나이에 죽자 고두노프는 류리크 왕가를 대신하여 왕위에 올랐다. 공교롭게도 고두노프가 통치한 7년 동안(1598~1605)에 많은 환란이 닥쳤다. 1601~02년에는 큰 흉년이 들어 지주 귀족들이 큰 손해를 입자 고두노프는 귀족을 위해 농노들이 1년에 한 번 자유롭게 이주할 수 있는 권리를 없애고 '이주 금지의 해'를 설정했다. 그러던 차에 1604년 이웃 나라 폴란드가 러시아를 침략했다. 폴란드 군대가 앞세운 사람이 바로 죽은 것으로 알려진 드미트리였다. 폴란드로 건너간 러시아 출신 수도승이라는 설이 있었던 이 사람은 죽은 드미트리를 참칭했다. 그는 자신이 고두노프가 보낸 자객을 피해 구사일생으로 살아남은 드미트리라고 말했다. 이제 고두노프에게 복수하고 정통 류리크 가문의 후손으로 왕위를 계승하여 러시아를 바로 세우고자 폴란드 군대와 함께 모스크바로 진격하고 있다고 선언했다. 이때 마침 고두노프가 갑자기 사망했다. 드미트리는 러시아 인민의 지지를 받으며 1605년 6월 20일 모스크바에 입성하여 차르가 됐다. 이 가짜 드미트리가 크렘린궁에 입성하여 제일 먼저 행한 조치는 바로 도탄에 빠진 농노의 삶을 개선하기 위해 '이주 금지의 해'를 없앤 것이었다. 가짜 드미트리는 러시아 귀족들에게 곧 살해당하지만, 그가 행한 조치는 바로 인민이 차르에게 바라는 '아버지 차르'에 대한 기대를 실행한 것이었다.

차르의 참칭자 중에는 대규모 반란을 일으켜 당시 차르의 간담을 서늘케 한 사례도 있었다. 그런 인물로 러시아 역사에서 잘 알려진 인민반란을 일으킨 예멜리얀 푸가초프를 들 수 있다. 푸가초프의 난(1773~74)은 알렉산드르 푸시킨의 소설 『대위의 딸』의 역사적 배경이 됐다. 푸가초프는 러시아 남부 돈강 지역의 농부였다. 러시아 군대에 징집되어 프러시아와 터키 등 유럽 열강과의 전쟁에 참여했다. 전쟁터에서 갖은 고생을 하던 중 탈영하여 동료들을 규합해서 1773년 반란을 일으켰다. 이 반란에서 푸가초프는 자신이 당시 러시아 군주인 예카테리나 여제의 남편 표트르 3세(1762)라고 주장했다. 표트르 3세는 예카테리나의 정부였던 청년 장교 그리고리 오를로프가 주축이 된 궁정 쿠데타에 의해 살해당했다. 푸가초프는 자신이 마지막 순간에 암살을 모면하고 도망친 표트르 3세라고 참칭하고 반란군을 이끌었다. 당시 예카테리나 전제 정부는 러시아 남부까지 통치를 확대하고 농노제를 확산시켰다. 푸가초프는 예카테리나가 극도로 싫어한 남편 표트르 3세를 참칭하면서 공명정대하고 선량하며 인민 편에 선 '아버지 차르'를 흉내 냈다. 반란군은 수많은 귀족 저택을 파괴하고 불을 질렀다. 푸가초프 자신은 지방의 탐관오리들을 재판하고 처형하곤 했다. 당시 농노의 입장에서 보면 꿈에도 그리던 '아버지

「푸가초프의 재판」(바실리 페로프, 1875). 푸가초프가 표트르 3세를 참칭하며 귀족을 재판하고 있다. 뒤쪽 배경에 반란군이 불 지른 귀족의 저택이 보인다.

차르'가 갑자기 나타나 정의를 구현하고 인민을 구하는 모습이었으리라! 푸가초프는 결국 체포되어 모스크바로 압송됐다. 그는 이듬해인 1775년 1월 모스크바 볼로트나야 광장에서 처형됐다.

해방자 차르

러시아 인민들이 차르의 측근과 정부 관리들을 인민과 차르 사이를 이간질하는 집단으로 보고 반란을 일으킨 경우도 있었다. 1861년 수백 년 동안 지속된 농노제를 폐지함으로써 러시아 인민들 사이에서 '해방자' 차르라고 불렸던 알렉산드르 2세(1855~81) 시대에 발생한 농민 반란은 러시아 인민이 차르에 대해 갖고 있던 이미지가 어떠했는지를 잘 보여준다. 1861년 2월 알렉산드르 2세의 농노해방령이 러시아 각 마을 관청 앞에서 공표되면서 차르의 포고문을 숨죽이며 듣고 있던 인민들은 일제히 환호성을 질렀다. 그러나 포고문 후반부로 가면서 농노들은 어리둥절해졌다. 기나긴 포고문 마지막 부분은 농노들이 즉각 해방되는 것이 아니라 향후 49년에 걸쳐 그들이 지주에게서 받은 토지의 대금으로 연 6%의 이자를 붙여 정부에 갚아야만 진정으로 농노의 의무와 속박에서 해방된다는 내용이 명시되어 있었기 때문이다. 황제의 특별 포고문을 들으려고 이른 아침부터 관청 앞에 모인 인민들은 배반감을 금할 길이 없었다. 그들은 곧 황제가 아닌 황제의 측근 귀족과 정부 관리들을 비난하기 시작했다. 차르는 농노들을 아무 조건 없이 즉각 해방하는 문서에 서명했는데 차르 측근의 교활한 귀족과 관리들이 해방령을 위조했다고 농민들이 믿기 시작했다. 농민들에게는 '공명정대한 차르'가 인민을 기만하는 해방령을 만들었다는 것이 믿기지 않았다.

당시 러시아에서는 이런 믿음을 토대로 농민들이 이른바 '차르의 이름으로' 반란을 일으키는 아이러니한 사태까지 일어났다. 러시아 남부 카잔 지방의 예를 살펴보자. 농노해방령이 공표된 지 얼마 안 되어 카잔 지방의 베즈드나 마을에 거주하는 페트로프라는 농민은 차르의 농노해방령에서 농노들에게 진정한 자유를 제공한다는 내용을 발견했다고 주장했다. 이러한 소문이 주변에 퍼지자 관리들이 읽어 준 해방령에 실망했던 농노들이 페트로프의 말을 듣기 위해 인근 지역에서는 물론 멀리 떨어진 곳에서도 베즈드나로 모여들기 시작했다. 군중은 곧 2,000여 명으로 불어났다. 지방 관리들은 페트로프의 주장이 잘못된 것이라고 군중을 설득하면서 페트로프를 당장 내놓으라고 종용했다. 하지만 농민들은 관리들의 말을 듣지 않고 해산하지도 않았다. 급기야 1861년 4월 중순 차르의 부관인 스테판 아프락신 장군이 손수 군대를 이끌고 베즈드나 마을에 나타났다. 그는 다시 한번 군중들에게 해산할 것을 명령했다. 하지만 농민들은 페트로프와 자신들은 황제의 충성스러운 신민임을 강조했다. 장군의 명령을 듣는 것은 오히려 황제의 진정한 뜻을 어기는 것이라고 주장하면서 해산을 거부했다. 결국 아프락신 장군은 군중에 대한 발포를 명령했다. 이 사건으로 70명 이상의 농민이 사망하고, 다수의 부상자가 발생했다. 페트로프는 결국 생포되어 군법회의에 회부된 후 즉결 처형됐다. 그렇다면 과연 차르가 공표한 농노해방령에는 페트로프가 주장한 것처럼 농노들에게 즉시 자유를 제공한다는 문구가 있었을까? 그렇지는 않았다. 어쩌면 페트로프도 그런 사실을 알면서도 아버지처럼, 신처럼 믿었던 차르가 기만적 해방령을 만들었다고 생각할 수 없었을 것이다. 그 주변에 모여든 많은 농민도 마찬가지였을 것이다.

이런 차르에 대한 러시아 인민들의 절대적 믿음을 상징적으로 보여주는 또 하나의 사례가 있다. 농노해방이 기만적인 것으로 밝혀지자 당시 러시아 사회 개혁을 부르짖던 지식인들은 러시아 혁명을 꾀했다. 이들 중에 혁명의 주체는 다름 아닌 인민들이 되어야 한다고 믿는 집단이 생겨났다. 이른바 '인민주의자'들이었다. 이들은 알렉산드르 2세가 기만적 농노해방령을 발표한 이후 농민들을 계몽시켜 전제정을 무너뜨리는 세력으로 만들고자 했다. 이를 위해 1874~75년 동안 '인민 속으로'('브나로드')라는 구호 아래 수백 명의 인민주의자가 농촌으로 잠입해 들어갔다. 이들은 농민과 섞여 생활하면서 농민에게 차르 체제의 비도덕성과 폭력성을 고발하고자 했다. 이 운동의 결과는 참혹한 실패였다. 러시아 인민들은 역사에서 보듯 전제 정부에 반하는 반란을 일으켰지만, 그것은 차르를 제거하고 새로운 세상을 만들기 위한 반란이 아니었다. 바로 차르에 대한 절대적 신뢰를 바탕으로 '차르의 이름'으로 차르 주변의 악한 관리와 귀족들을 벌주기 위한 반란이었다. 따라서 러시아 농민들은 지방 오지로 들어온 도시의 지식인들을 모두 경찰에 신고해 버렸다. 도시에서 온 인민주의자들

「알렉산드르 2세 황제에게 빵과 소금을 바치는 해방된 농노들」(작자 미상, 1861)

은 줄줄이 체포되어 쇠고랑을 차는 신세가 됐다. 인민들이 불신한 사람은 차르가 아니라 바로 러시아 상류 사회 구성원과 지식인들이었다. 결국 '브나로드' 운동의 실패는 인민에 대한 지식인들의 환상과 몰이해를 적나라하게 드러낸 사건이었다. 이는 러시아 사회에서 상류층 사회와 인민 간의 괴리와 단절이 얼마나 심각한가를 보여 준 사건이었다.

깨져버린 차르 신화

수세기에 걸친 '아버지 차르,' '공명정대한 차르,' '해방자 차르'의 이미지는 영원히 지속되지 못했다. 차르에 대한 러시아 농민들의 절대적 믿음은 결국 20세기 들어서서 깨지게 된다. 그것은 바로 1905년 '피의 일요일'이라는 사건을 통해서였다. 그 당시 과연 무슨 일이 벌어졌으며 그 이후 차르와 인민의 관계는 어떻게 변해 갔는가?

1870년대 '브나로드' 운동 실패 이후 러시아에는 마르크스의 사회주의 이론이 본격적으로 유입됐다. 19세기 말부터 러시아는 뒤늦게 산업혁명을 맞이하면서 공장 노동자의 수가 서서히 늘어났다. 근로 조건, 임금 인상 등과 관련하여 노동자들과 산업 자본가, 공장주 간의 충돌이 잦아지고 사회주의 혁명 운동도 도시 지역을 중심으로 활발하게 전개됐다. 이 과정에서 1904년 발발한 러시아와 일본 간 전쟁으로 인한 경제 상황 악화와 세금 부담 증가는 가뜩이나 힘든 노동자의 삶을 더 열악하게 만들었다. 그러던 중 1905년 1월 3일 상트페테르부르크의 푸틸로프 공장 노동자들이 동료들의 해고에 저항하면서 파업을 일으켰다. 당시에는 러시아 대도시 산업 지대에는 사회주의 혁명 이데올로기가 확산되어 노동자들의 파업이 빈번히 일어나고 있었다.

이러한 상황에서 정부 당국은 혁명 세력의 활동과 공장 노동자들의 동태를 감시하기 위해 공장마다 비밀경찰을 파견하고 밀고자들도 심어 놓았다. 당시 수도 상트페테르부르크의 경찰은 가폰이라는 정교회 신부를 포섭하여 10여 개의 노동자 모임을 이끌게 하고 노동자와 혁명 세력의 동태를 정기적으로 보고하도록 했다. 가폰 신부는 경찰의 정보원으로 활동하는 동시에 노동자들을 위한 문화 활동과 자선 활동을 전개하여 노동자들 사이에서 인기를 얻었다. 그 과정에서 노동자 권리를 옹호하는 활동도 조직했다. 한편, 가폰 신부는 경찰이 만든 어용 노조도 이끌었다. 노동자들에게 차르가 그들을 자식처럼 염려하고 있다고 설득하면서 노동자들이 반정부, 반전제정 운동에서 이탈하도록 노력했다. 푸틸로프 공장 노동자의 파업이 발생하자 가폰 신부는 차르가 머무르는 겨울궁전으로 직접 행진하여 노동자들의 요구 조건을 차르에게 직접 전달하겠다는 계획을 세웠다. 가폰 신부가 왜 이렇게 대담한 계획을 세웠는지 그 배경은 정확히 알려지지 않았다. 이는 당시까지만 해도 '아버지 차르,' '공명정대한 차르'에 대한 인민의 믿음이 그대로 유지되고 있었음을 보여주는 사례이다. 이 과정에서 노동자들은 차르에게 전달할 청원서까지 작성했다. 청원서는 다음과 같은 구절로 시작한다.

> "우리 노동자들, 상트페테르부르크 시민들, 우리 아내들, 우리 자식들, 그리고 무력한 우리 부모님들은 폐하께 정의와 보호를 구하려고 왔습니다... 우리의 탄원에 응답하지 않으신다면 우리는 폐하의 궁전 바로 앞, 이 광장에서 죽어버릴 것입니다."

노동자들은 청원서에 언론·집회·결사의 자유, 법 앞에 만인의 평등 보장 등의 요구 사항을 적어 넣었다. 가폰 신부는 이 청원서에 3일 동안 약 14만 명의 서명을 받았다. 드디어 1월 9일 일요일 오전 가폰 신부와 노동자들은 청원서를 들고 황제 니콜라이 2세(1898~1917)의 궁전으로 행진을 시작했다. 행진에 참여한 노동자들과 그의 가족들은 차르의 성상 초상화를 들고 모두 축제일 의상을 입었다. 이유는 차르가 자신들의 청원을 들어주리라고 굳게 믿고 있었기 때문이다. 그렇게 되면 바로 그날이 경축일이 될 것이기 때문이었다.

들뜬 분위기는 오래가지 못했다. 가폰 신부가 이끄는 노동자들의 행진이 오전 10시경 겨울궁전 앞에 다다랐을 때 노동자들을 맞이한 사람은 차르가 아니라 궁전을 지키는 수비대였다. 수비대는 곧 노동자 행렬에 발포했고 겨울궁전 앞 광장은 순식간에 아수라장으로 변했다. 노동자들은 뿔뿔이 흩어졌다. 130여 명이 사망하고, 수백 명이 부상을 입는 사태가 발생했다. 민중들은 수세기에 걸쳐 믿어왔던 '아버지 차르'가 그들에게 발포 명령을 내렸

「피의 일요일」(이반 블라디미로프, 1905). 1905년 1월 9일 상트페테르부르크 겨울궁전 앞에서 발생한 '피의 일요일' 현장의 모습.

다는 것이 믿기지 않았다. 차르는 당일 겨울궁전에 없었다. 상트페테르부르크 교외에 나가 있어 시위대에게 직접 발포 명령을 내린 것은 아니었다.

어찌 됐든 '피의 일요일'이라 불리게 된 이 사건 이후 러시아 인민들이 품고 있던 '아버지 차르'의 이미지는 단번에 깨져버렸다. 인민들 사이에 "우리에게 더 이상 차르는 존재하지 않는다"라는 말이 퍼지기 시작했다. 이후 '1905년 혁명'이라고 불리게 된 노동자, 농민의 시위와 폭동이 러시아 전역을 휩쓸었다. 그러자 그해 10월 차르 니콜라이 2세는 의회 설립을 허용하고 시민의 선거권을 확대하는 등 양보 조치를 취했다. 이로써 성난 인민을 잠시나마 달랠 수 있었다. 그러나 12년 후인 1917년 2월에는 인민들이 전제정에 반대하여 총궐기함으로써 차르가 제위에서 물러나고 전제정이 종말을 맞는 초유의 사태가 발생했다. 그렇다면 러시아 인민이 믿어왔던 차르 신화도 완전히 종말을 맞이한 것일까?

20세기 차르 신화의 부활

그렇지 않다. 인민들의 차르 신화, 즉 국가 최고 지도자에 대한 절대적인 신뢰와 의존은 제정 러시아가 붕괴된 소련 시대까지지도 지속된다. 스탈린 시대 강제노동수용소의 실상을 적나라하게 알린 자서전적 소설 『수용소군도』에서 알렉산드르 솔제니친은 소련 시대의 변형된 차르 신화를 증언한다. 소설에서는 1930년대 말 자행된 스탈린 정권의 대숙청 시기에 무고하게 체포되어 강제노동수용소에서 갖은 고초를 당한 수많은 사람의 이야기가 나온다. 그들은 비밀경찰이나 관리들의 잘못된 수사로 인해 억울하게 체포되어 고초를 당하게 된 것이라고 말했다. 이들이 자주 혼잣말로 "만약 스탈린이 이 사실을 알기만 한다면...(당장 풀려날 수 있을 텐데)"라고 중얼거리곤 했다는 것이다. 국가 지도자에 대한 소련 민중의 기대와 바람은 바로 제정 러시아 시대에 농민들이 가지고 있던 '공명정대한 아버지 차르'의 이미지와 놀랍도록 유사하다. 차르의 신화는 제정 러시아가 종식된 후 건설된 소련 정부 아래에서도 소멸하지 않고 남아 있었음을 보여준다. 정부 형태와 지도자는 바뀌었지만, 국가 최고 지도자에 대한 무한한 믿음, 특히 그가 강한 카리스마와 강력한 권한을 지니고 있다는 믿음은 변함없이 남아 있었다.

사실 1930년대 많은 소련 시민은 스탈린에게 개인적 탄원과 청원을 담은 편지를 직접 써 보냈다. 예를 들면 소련 집단 농장원들은 혁명 전 러시아 농민이 그랬듯이 아래와 같이 지방 관리를 비난하고 정책 시행의 오류를 비난하면서 20세기 '차르'에게 도움을 청하는 편지를 썼다.

> "친애하는 수령님, 당신께서는 눈이 가려져 있어 잘 보지 못하시며, 또 당 대회나 회의에서 오로지 만족스러운 결과만을 보고하는 수많은 대표의 발언만 들으십니다. 또 우리 언론은 지방 시골에서 일어나는 일에 대해서는 가림막을 씌어 놓았습니다. 스탈린 동지, 따라서 우리는 당신께서 집단 농장원들이 얼마나 가난하게 사는지 모르시리라 생각합니다. 우리 생각에는 우리 지역 당원들이 당신을 속이고 있으며 아마도 당신에게 집단농장이 아주 잘 돌아가고 있다고 보고하는 것으로 알고 있습니다. 하지만 많은 당원은 사실 [집단 농장]을 파괴하고 있습니다. 그런 집단 농장 지도부 밑에서 우리는 잘 살 수 없습니다. 우리 정부 관리들은 스탈린 동지께서 교시해 주신 것을 잘 이행하지 않고 있습니다. 우리는 수령님께서 정말로 우리를 보살펴 주시는 것을 잘 알고 있으며 그에 대해 감사드립니다."

그렇다면 왜 많은 인민이 노동자와 농민의 국가인 소련이 건설됐는데도 이런 편지를 국가 최고 지도자에게 보냈을까? 그 이유는 바로 소련 시기에도 제정 러시아 시대와 마찬가지로 동일한 문제가 존재했음을 의미한다. 중앙과 지방의 격차는 여전히 컸다. 지방의 사정을 효율적으로 중앙 정부에 알리는 제도적 장치도 마련되지 않았다. 이런 상황에서 인민들이 기댈 데는 소련 체제의 '차르'인 당 · 정부의 최고 지도자 스탈린밖에 없다고 생각한 것이다. 따라서 소련 인민은 스탈린을 인민에게 은혜를 베푸는 사람으로 생각했다. 인민들이 고통을 받는 것을 정부 관리와 당원들이 스탈린 주위에 가림막을 치고 거짓말하여 스탈린이 진실을 보지도 듣지도 못한다고 생각했다. 그래서 스탈린에게 구원의 편지를 직접 써 보냈던 것이다. 이는 차르에 대한 순진무구한 인민의 절대적 짝사랑과 믿음을 보여주는 것이다.

다른 한편으로는 정부가 마련해 놓은 법과 제도에 저항하고 지방 관리들과 싸우는 과정에서 소련 시대의 인민들도 제정 러시아 시대의 인민들처럼 차르라는 이미지를 자기들을 위한 지렛대로 이용한 것이라 할 수 있다. 이 경우 러시아 인민들은 순진무구하다기보다는 자신들의 이익을 위해 차르를 이용할 줄 아는 오히려 영민한 존재였다고 볼 수도 있다. 어느 쪽이든, 이러한 예는 혁명 전 러시아나 소련에서 모두 유사하게 국가 최고 지도자가 민중 편에서 그들의 고통을 이해하고 보살펴 줄 것이라는 막연한 믿음, 즉 '차르 신화'를 품고 있었음을 보여준다.

21세기 차르의 탄생

74년에 걸친 공산당 일당 독재와 강력한 중앙집권체제가 1991년 붕괴하고 새로운 러시아가 등장했다. 과연 소련 체제에 뒤이은 새로운 러시아에서도 위에서 살펴본 전통적인 차르-나로드 관계가 작동하고 있고 차르 신화가 남아 있을까? '그렇다'고 할 수 있다. 이는 위에서 지적한 통치 체제의 구조적 문제점에서 비롯됐다. 중앙과 지방 관계의 이분화와 양극화, 강력한 중앙집권적 통치, 아래로부터의 목소리를 효과적으로 표출할 수 있는 시민사회의 미발달 등이 여전히 심각한 문제를 일으키고 있다. 영토가 광대한 러시아는 수백 년 동안 유지된 농노제와 강력한 전제정의 역사적 경험을 갖고 있다. 서구 사회는 수백 년에 걸쳐 점진적으로 도시 발전과 시민사회 및 부르주아 중산층의 형성, 자본주의 경제의 발전과 민주주의 발전을 경험했다. 따라서 서구 사회와 같은 지도자관과 지도자-인민 관계를 형성하기는 어려울 것이다. 전통적인 차르-나로드 관계 그리고 차르 신화가 오늘날까지 영속하게 된 것은 러시아의 지리적 특성과 역사적 경험의 특이성 때문이라고 할 수 있다.

오늘날 푸틴 대통령이 러시아에서 대중 사이에서 높은 지지율을 누리고 있는 것은 이러한 전통적 차르 신화가 남아 있는 예로 설명할 수 있을 것이다. 푸틴 대통령의 통치 스타일은 전임 옐친 대통령 시대와 대조된다. 소련 붕괴 이후 첫 10년 동안 러시아에서 국가 지도자의 상징적 권위는 이전보다 많이 떨어졌다. 소련 시대의 강력한 중앙집권 통치 체제가 붕괴하자 지방 정부는 중앙 정부로부터의 자치권 확대와 지방의 이해관계 보호 등을 주장했다. 중앙의 영향력에서 벗어나려는 원심력적 분위기가 팽배했다. 또한, 시장경제체제로 이행하는 과정에서 이득을 챙긴 소수의 정치 · 경제 엘리트 집단인 '올리가르흐'들이 막대한 부와 권력을 독차지했다. 일반 서민들은 급격히 악화한 삶의 질을 감수하면서 하루하루 버텨야 했다. 이런 상황에서 러시아 국민들은 '차르'로 생각되지 않는 옐친 대통령에게 기대고 의지할 마음이 크지 않았다. 이것은 대통령에 대한 낮은 지지율로 나타났다.

2000년 집권한 푸틴 대통령에 대한 국민의 반응은 그와 사뭇 대조된다. 푸틴 대통령은 현재까지 총 네 번의 대통령직과 두 번의 총리직을 수행하면서 중앙집권 체제를 재도입하고 최고 지도자의 권한과 권위를 강화했다. 이 과정에서 지방 정부와 지도자의 권한은 다시 약화했다. 그에 더해 때때로 푸틴은 서민을 울리는 '올리가르흐'들을 향해 대놓고 호통을 치며 혼내줬다. 그야말로 인민이 바라는 현대판 '공명정대한 아버지 차르'의 역할을 수행하고 있다.

한 가지 예를 들어보자. 2009년 5월 푸틴이 8년 동안의 대통령직에서 물러나고 총리직을 수행하면서 차기 대통령직에 출마하려고 준비하고 있을 때였다. 푸틴은 전용 헬기를 타고 상트페테르부르크에서 남동쪽으로 240km 떨어져 있는 피칼료보라는 인구 2만여 명의 소도시를 전격 방문했다. 왜일까? 바로 '아버지 차르'의 역할을 수행하기 위해서였다. 피칼료보에는 시멘트와 알루

미늄 공장이 있다. 이 공장은 당시 3개월 째 종업원 1만여 명의 임금을 체불하고 있었다. 당시 공장 임원진과 소유주가 마련한 회의 자리에서 한 여성 종업원이 "3개월째 임금을 받지 못했다"라고 푸틴 총리에게 호소했다. 그러자 푸틴은 그 자리에 있던 공장주 올레크 데리파스카를 검지로 가리키며 앞으로 나오게 했다. "당장 공장 재가동 합의문에 서명하고 임금을 지급할 것으로 약속하라"며 펜과 합의문을 그에게 집어 던지며 호통쳤다. 데리파스카의 모습은 마치 담임 선생님께 혼나는 초등학생의 모습과 다를 바 없었다. 이처럼 살벌한 분위기에서 그는 두말 못 하고 합의문에 서명했다. 데리파스카는 바로 전년도에 소유 자산이 35조 원에 이르는 러시아 최고 갑부로 부상한 인물이었다. 이로써 공장 종업원들은 밀린 임금을 받게 됐다. 전 과정이 러시아 국영 TV 방송을 통해 그대로 생중계됐고 피칼료보 주민들은 푸틴 총리 덕에 임금을 받게 됐다고 환호했다. 이런 예는 푸틴이 인민들의 기대를 저버리지 않고 사악한 지방 토후를 혼내고 공명정대한 '아버지 차르'의 역할을 훌륭히 해냈음을 보여주는 것이다.

바로 이런 이유로 푸틴의 인기는 임기 내내 80%를 넘나드는 높은 지지율을 유지했다. 그는 2012년 대통령 선거에 다시 출마하여 압도적 지지로 당선됐다. 이는 곧 차르-나로드의 관계와 차르 신화가 오늘날에도 계속되고 있음을 보여주는 사례이다. 민중뿐만 아니라 러시아의 국가 지도자도 전통적인 차르-나로드 관계와 차르 신화를 이용하고 있다. '나로드'의 이름으로 중간 관리를 견제 · 감시하고 지도자 자신과 중앙 정부의 권력을 강화하는 것이

피칼료보 공장주로 영향력 있는 올리가르흐 가운데 한 명인 올레크 데리파스카를 향해 호통을 치는 블라디미르 푸틴 당시 러시아 총리 모습(2009년 5월) (사진: 리아노보스티)

다. 차르와 나로드의 관계는 러시아 역사는 물론 오늘날 러시아 정치·사회의 운영 원리와 정치문화를 이해하는 데서 결정적인 키워드라고 할 수 있다.

참고 자료

알렉산드르 라디셰프. 『페테르부르크에서 모스크바로의 여행』. 서광진 옮김. 서울: 을유문화사, 2017.

제임스 빌링턴. 『이콘과 도끼: 해석 위주의 러시아 문화사』. 류한수 옮김. 서울: 한국문화사, 2015.

Andrzei Walicki. 『러시아 철학과 사상사: 18세기 계몽사조에서 19세기 마르크스주의 까지』. 장실 옮김. 슬라브연구사, 1988.

Sarah Davies. *Popular Opinion in Stalin's Russia: Terror, Propaganda and Dissent, 1934-1941*. Cambridge: Cambridge University Press, 1997.

Daniel Field. *Rebels in the Name of the Tsar*. Crows Nest: Unwin

Hyman, 1989.
Cathy A. Frierson. *Peasant Icons: Representations of Rural People in Late Nineteenth-Century Russia*. Oxford: Oxford University Press, 1993.

러시아는 늘 강대국이었을까 : 수난과 단절의 천 년 역사

황성우

수난의 역사를 구원의 역사로 승화시키다

러시아 역사 초기에 러시아인을 포함해 동슬라브인들이 주로 활동한 무대는 동유럽 평원이다. 이곳은 슬라브인 개개인에게 의미가 있는 특정한 '주관적 장소'가 아니라, 러시아인을 포함해 동슬라브인들이 자신의 역사와 문화를 공유하는 보편적이고 '객관적인 공간'이었다. 동유럽 평원은 동쪽으로 우랄산맥과 서쪽으로 카르파티아산맥, 남쪽으로 카스피해와 흑해, 북쪽으로 발트해와 북극해에 둘러싸인 약 400만㎢에 해당하는 광활한 지역이다. 남북한을 합친 한반도 면적의 약 20배에 이른다.

유럽과 아시아 대륙에 걸쳐 광활한 영토를 보유하고 있음에도 불구하고 초기 러시아인들의 삶의 공간이었던 동유럽 평원은 높은 산이나 넓은 강과 같이 외부의 위협으로부터 러시아인들을 보호해줄 자연적 경계선이 없었다. 국가 형성 이전부터 러시아인들은 1,000회가 넘게 주로 동쪽에서 밀려온 아시아 유목민들에게 침략을 받았다. 지리적으로 아시아와 유럽의 경계선인 우랄산맥 역시 평균 해발고도가 500m에 지나지 않고 완만한 지형이어서 이민족의 침입으로부터 러시아를 보호하는 자연적 방어선 역할을 수행하지 못했다.

그런 까닭에 러시아는 기원전에 스키타이족, 사르마트족의 침략을 받았다. 기원후에는 동고트족, 훈족, 아바르족, 하자르족을 비롯해 페체네그족, 폴로베츠족의 침략을 받았다. 몽골 민족에게는 240년(1240~1480)이라는 엄청난 기간에 걸쳐 지배를 받았다. 16세기 말과 17세기 초 이른바 '혼란의 시기'(1584~1613)에는 폴란드인이 러시아의 왕권을 장악해 러시아인들은 폴란드의 지배

러시아의 광활한 대지(콘스탄티노보, 모스크바강과 오카강이 만나는 지역) (사진: 황성우)

를 받기도 했다. 19세기 초반 '조국전쟁'(1812~1815)으로 불리는 나폴레옹의 침략 전쟁과 근대화된 서유럽 자본주의 세력에 맞서 싸운 크림전쟁(1853~1856)의 소용돌이 속에서 러시아인들은 조국을 지켜내기 위해 많은 피를 흘려야 했다. 러시아인에게 '대조국전쟁'(1941~1945)으로 불리는 제2차 세계대전 내 '독소전쟁' 시기에도 히틀러의 침략에 맞서는 등 러시아인이 지금까지 겪어왔던 고통과 인내의 역사는 헤아릴 수 없을 만큼 길고 암울했다.

하지만 수많은 민족적 시련을 겪었음에도 러시아인들은 크게는 세상을, 작게는 유럽을 세 번 구했다고 말하고 있다. 몽골의 침략으로부터 유럽을 구하고, 나폴레옹의 지배로부터 유럽을 구했으며, 히틀러의 파괴로부터 유럽을 지킨 나라가 러시아라고 주장하며 자신들이 겪은 수난의 역사를 구원의 역사로 승화시키고 있다.

러시아는 어떻게 정교 국가가 됐는가

러시아인이 기독교를 받아들인 사실은 러시아의 국가 정체성을 규명하는 데서 매우 중요한 사건이다. 러시아는 무엇보다도 로마가톨릭교가 아닌 그리스정교를 국교로 채택함으로써 서유럽 문명과 분리되는 역사 과정을 겪게 됐다. 18세기 표트르 대제 이후 국가 지도자들이 서유럽화 정책을 적극적으로 추진했음에도 러시아는 동시대 유럽의 역사를 공유하지 못했다. 러시아가 서유

블라디미르 공후의 신앙 선택 과정 (사진: artclopedia.ru)

럽의 역사와 문화를 공유하지 못한 또 다른 이유는 240년간 지속한 몽골의 지배와 1917년 10월 러시아 혁명으로 탄생해 74년간 이어진 소련 체제에 있다.

10세기 말 키예프의 공후였던 블라디미르(980~1015)는 자신의 정치적 입지를 강화하고, 키예프를 전체 러시아 사회의 중심지로 구축하기 위해 개혁 정책을 추진했다. 신정정치의 테두리 안에서 나라를 운영하던 블라디미르 공후는 자신이 믿는 '천둥과 번개의 신' 페룬(Perun)이 러시아 사회에서 구심점 역할을 수행하지 못한다는 사실을 깨닫고 주변 국가들이 믿고 있는 신들을 알아보기 위해 사절단을 파견한다. 블라디미르 공후의 부름을 받은 유대교, 이슬람교, 가톨릭교, 그리스정교의 사절단들이 공후를 방문해 자신들이 믿는 종교의 우수성을 설명했지만, 공후는 쉽게 결정을 내리지 못했다. 러시아에서 가장 오래된 역사서인 『원초연대기』(원제는 『지나간 시절의 이야기』)에 따르면, 그는 제일 먼저 유대교를 거부했다. 국가도 없이 떠돌아다니는 민족의 종교라는 이유에서였다. 다음으로 가톨릭교를 거부했다. 독일 주교가 두서없이 지루하게 설명하자 가톨릭교에 별다른 관심을 보이지 않았다. 그리고 이슬람교를 거부했다. 술과 돼지고기를 먹지 않는다는 게 이유였다. 마지막으로 온 그리스 현인이 천지창조부터 당시에 이르기까지 인류가 걸어온 이야기를 설명하자 공후의 마음이 흔들렸다. 고민하던 공후에게 신하들은 해당 종교를 직접 보자는 의견을 개진했다. 콘스탄티노플 성소피아 성당에서 거행하는 예배 의식을 보고 온 신하들이 그곳이 천상인지 지상인지 알 수 없을 정도로 아름답다는 말을 전했다. 공후는 더 고민하지 않고 그리스 정교를 받아들였다.

잘 알려지지 않은 한 가지 사실은 '신앙 선택' 과정에서 기독교 수용과 관련된 중요한 사건이 발생했다. 블라디미르 공후가 신앙 선택 과정을 진행할 당시, 비잔틴 제국 내 소아시아 지역에서 반란이 일어났다. 반란군의 지도자 바르다 포카는 통치자인 바실리 2세의 권좌를 위협했다. 그러자 바실리 2세는 블라디미르 공후에게 도움을 요청했고, 이에 대한 보답으로 자신의 동생 안나와의 결혼을 제안했다. 블라디미르 공후의 아버지는 스뱌토슬라프(962~972) 공후였지만, 어머니는 할머니 올가(945~962) 공후의 몸종이었던 말루샤였다. 그런 까닭에 블라디미르 공후에게는 '노예의 자식'이라는 꼬리표가 항상 따라다녔다. 블라디미르 입장에서 당시 유럽 최대 국가인 비잔틴제국 황제의 여동생과 혼인 관계를 맺는 것은 더할 나위 없는 큰 선물이었다. 자신의 신분 콤플렉스를 떨쳐 버릴 좋은 기회였다. 블라디미르 공후는 비잔틴제국 황제의 제안을 받아들이고, 약 6,000명의 군사를 파견해 반란군을 진압했다. 블라디미르 덕분에 아비도스와 흐리스폴리스 전투에서 승리한 바실리 2세는 권좌를 지킬 수 있었지만, 마음이 변한 바실리 2세는 블라디미르 공후와의 약속을 지키지 않았다.

화가 난 블라디미르 공후는 크림반도에 있는 헤르소네스(러시아 지명 코르순, 오늘날 세바스토폴 부근)를 점령하고, 수도인 콘스탄티노플까지 진출할 수 있다고 위협하면서 바실리 2세에게 약속 이행을 재차 요구했다. 블라디미르의 행동에 위협을 느낀 바실리 2세는 블라디미르와 키예프 주민의 세례를 전제조건으로 내걸었다. 블라디미르는 황제의 두 번째 제안을 받아들여 기독교를 수용하고, 안나와 결혼하게 된다. 키예프로 돌아온 블라디미르 공후는 기독교를 국교로 정하고, 키예프 주민들을 세례했으며, 과거 키예프인들이 숭배했던 페룬을 파괴했다. 그가 신들을 파괴한 이유는 유일신을 믿는 기독교 교리에 따랐기 때문이다.

몽골의 지배가 남긴 상처

키예프 루시가 쇠퇴기에 접어든 13세기 초반 아시아 초원 지대에서 세력을 확장한 몽골인들은 중앙아시아, 페르시아를 지나 러시아 땅으로 몰려왔다. 1223년 아조프해 인근 칼카강에서 발발한 전투에서 러시아인은 칭기즈칸의 몽골 군대에 맞서 사력을 다했지만, 동쪽에서 몰려온 이름도 모르는 이민족에 대항하기에는 역부족이었다.

칭기즈칸의 손자인 바투가 재차 침공했을 때도 러시아인들은 키예프를 중심으로 1년 동안 끈질기게 저항했지만, 결국 1240년 키예프가 몽골 군대의 수중에 떨어지면서 키예프 루시는 역사의 뒤안길에 묻히게 됐다. 러시아의 '강력한 무기'인 동장군도 몽골군을 막아내지 못했다. 추운 겨울에 호수가 얼어 있어서 몽골의 기병대는 오히려 신속하게 움직일 수 있었다. 반대로 그때까지 성을 지키며 전투를 하는 공성전에 익숙했던 러시아인들은 몽골 기마병의 기습공격에 속수무책으로 당할 수밖에 없었다. 몽골군이 한 차례 휩쓸고 간 러시아에는 우는 아이들의 울음소리를 듣지 못할 정도로 몽골에 대한 공포심만 남았다.

바투는 1243년 볼가강 유역에 있는 사라이(지금의 볼고그라드 근처)에 수도를 건설하고, 킵차크한국을 세워 러시아를 지배하기 시작했다. 이후 러시아는 1480년까지 약 240년간 킵차크한국의 지배를 받게 된다. 러시아 역사에서는 이 시기를 '타타르의 멍에', 혹은 '금장한국(Golden Horde)' 시기라고 부른다.

몽골의 지배기 러시아의 주요 도시들은 몽골에 의해 철저하게 파괴됐다. 러시아는 문화적으로나 경제적으로도 발전할 수 있는 동력을 잃어버렸다. 더욱이 고대 러시아의 중심지였던 키예프와

「쿨리코보 들판의 아침」(알렉산드르 붑노프, 1947)

러시아 남부 지역은 몽골의 피해가 너무 심해 더 이상 사람이 살기에 적합한 곳이 아니었다. 그 결과 키예프의 남서부 지역과 북동부의 블라디미르-수즈달 지역, 북서부의 노브고로드 지역으로 대규모 인구 이동이 시작됐다. 인구 이동에 따라 러시아의 중심지도 변했다. 몽골의 지배기에는 몽골의 지도자 한의 환심을 얻어 지역 패권을 장악하려는 러시아 공후들의 시기와 질투, 갈등과 분쟁이 잦았다. 이 싸움의 최종 승자는 바로 모스크바의 공후였다.

240년의 몽골 지배로 인해 러시아는 동시대 서유럽의 역사와 문화를 공유하지 못하고 그들과 단절돼 유럽과 다른 경로를 밟을 수밖에 없었다. 러시아가 몽골의 지배를 받음으로써 유럽 기독교 세계의 방파제 역할을 했다는 사실도 러시아에 절대 위안이 될 수는 없었다. 오히려 몽골 한이 가지고 있던 신권적, 군사적 통치 구조가 모스크바 공후의 전제적 통치 방식에 영향을 미쳤다. 그 결과 러시아인들에게는 공통의 집단의식이 생겨나 군주의 권력은 절대적이며, 저항할 수 없다는 관념이 그들의 사고 체계에 자리 잡았다. 몽골 한의 권력 속성을 그대로 답습한 모스크바의 공후들은 몽골의 한으로부터 전수받은 절대 불가침의 전제권력을 국민들에게 행사하며 국가를 통치했다.

표트르 대제는 왜 유럽을 모방했는가

1672년 차르 알렉세이(1645~76)와 두 번째 왕후인 나탈리야 나리시키나(1651~94) 사이에서 태어난 표트르 대제(1682~1725)는 네 살이 되던 해 아버지 알렉세이가 사망하자 이복누이이자 아버지의 첫 번째 왕후 마리야 밀로슬랍스카야의 딸 소피아 알렉세예브나의 견제 속에 어린 시절을 보내야 했다. 차르 알렉세이의 사랑을 독차지해 후계자로 유망했던 표트르는 어린 나이에 아버지를 잃었다. 그의 든든한 후원자가 사라진 것이다. 반면 나리시킨 가문의 왕후가 들어옴으로써 한순간에 권력과 명예를 빼앗긴 밀로슬랍스키 가문은 과거의 영광을 되찾기 위해 나리시킨 가문 출신 관리들을 몰아내고 권력을 다시 장악했다.

1682년 알렉세이를 계승한 이복형 표도르 3세(1676~82)가 후사 없이 사망했다. 표트르는 이복형인 병약한 이반 5세(1682~96)와 함께 러시아 역사상 초유의 '공동 차르'[1] 자리에 오르게 됐지만, 실권은 밀로슬랍스키 가문 출신의 이복누이 소피아에게 있었다. 표트르가 1689년 열일곱 살 되던 해에 옙도키야 로푸히나와 결혼해 성인이 되자, 자신의 권력을 위협하는 존재라는 사실을 두려워한 소피아는 표트르를 제거할 목적으로 쿠데타를 일으켰다. 표트르는 지지 귀족과 근위대의 도움으로 권력을 장악하고, 소피아를 모스크바강 강변에 위치한 노보데비치 수도원에 감금했다. 표트르는 이복누이 소피아와의 권력 투쟁에서 승리한 후 유년 시절부터 꿈꿔왔던 강대국 러시아의 실현을 위해 힘을 쏟을 수 있었다.

어린 시절 표트르 대제가 소피아의 견제를 피해 어머니와 함께 피신해 있던 곳은 모스크바 근교의 한 마을이었다. 그곳은 모스크바에서 약 7㎞ 떨어진 곳에 있는 프레오브라젠스키 마을로 17세기 중엽부터 독일인이 주로 살던 외국인 거주 지역이었다. 모스크바에서 떨어진 한적한 곳에 외국인 거주 지역이 있었던 이유는 당시 집권 세력이 러시아인과 외국인의 접촉을 철저히 제한했기 때문이다. 당시 러시아인들은 외국 여행조차 자유롭게 할

1) 1682년 표도르 3세가 후사 없이 사망하자, 표트르 대제를 지지하는 귀족들은 그를 차르에 등극시키고 싶었지만, 권력욕이 강했던 차르 알렉세이의 딸 소피아는 쿠데타를 통해 자신의 친동생 이반 5세를 대(大)차르, 표트르를 소(小)차르로 지명해 섭정을 시행했다. 모스크바 공국 이후 러시아 역사에서 통치자가 두 명이 된 경우는 이반 5세와 표트르 대제가 처음이자 마지막이었다.

「근위병 처형의 날 아침」 (바실리 수리코프, 1881)

수 없던 상황이었다. 권력을 양분할 수 없었던 이복누이의 질투와 시기로 생사의 갈림길에서 항상 신변의 위협을 느끼고 살았지만, 외국인 거주 지역에 가까이 살면서 그들의 선진 문화를 체험할 기회를 얻을 수 있었던 것은 어린 표트르에게 아주 유익한 경험이었다. 물론, 어릴 적부터 표트르는 단순히 읽고 쓰고 시를 암송하는 것보다는 기계 장치 교육이나 조선 기술 등 실용적 학문에 관심이 많았다. 그는 직접 배를 만들어 보기도 했으며, 친구들과 어울려 전쟁놀이를 즐기기도 했다. 후에 창설된 프레오브라젠스키와 세묘놉스키 근위대도 표트르가 어린 시절에 전쟁놀이하

표트르 대제의 청동기마상 (사진: 황성우)

던 마을 이름에서 따온 것이다.

1696년 공동 차르였던 이반 5세가 사망하자 표트르 대제는 실질적인 차르로 등극했다. 그는 외국 여행길에 올라 유럽의 선진 문화를 몸소 체험하고자 했다. 차르가 신분을 숨기고 사절단을 직접 이끌고 외국 여행을 한다는 것은 당시 러시아에서는 하나의 획기적인 사건이었다. 더욱이 목수나 군인으로 신분을 위장했지만, 그는 어엿한 차르의 신분이었고, 이전까지 러시아 군주가 외국에 간 전례가 없었다. 유래 없는 돌발적 행동이 가능했던 것은 그가 외국인들과 쉽게 접촉할 수 있었던 어린 시절의 경험 덕분이었다.

외국 여행의 형식적 명분은 유럽 국가와 동맹을 맺어 오스만제국에 대항한다는 것이었지만, 실제 목적은 어릴 적부터 꿈꿔왔던 유럽의 선진 문물을 수용해 '강한 러시아 만들기'라는 대의명분을 이행하는 것이었다. 표트르 대제는 유럽 국가와 동맹을 맺어 오스만제국이 영향력을 행사하고 있던 흑해 지역으로 진출하고자 했다. 그 이유는 부동항을 확보하고 유럽과 교류를 확대하는 데 있었다. 당시 러시아 유일의 항구였던 아르한겔스크는 북극해에 있어 연중 6개월 동안 얼어 있었다. 표트르 대제는 흑해 지역으로 진출해 그곳에 새로운 도시, 즉 '상트페테르부르크'를 건설하고자 했으나, 그곳에는 오스만제국이라는 절대강자가 자리 잡고 있었다. 그래서 대체 공간으로 찾은 곳이 바로 발트해로 나가는 지역에 자리 잡은 지금의 상트페테르부르크이다. 스웨덴과 북방전쟁(1700~21)을 치르는 와중에 표트르 대제는 발트해 연안에 상트페테르부르크를 건설해 공간적으로 유럽과 러시아의 거리를 줄이려고 했을 뿐만 아니라, 경제와 문화 수준이라는 시간적, 문화적 격차도 줄이고자 했다.

유럽 여행 중에 국내에서 쿠데타가 발생했다는 소식을 접한 표트르 대제는 급히 귀국길에 올라 쿠데타 세력을 친히 제압하고 잠재적 위협 인물이었던 소피아의 측근들을 완전히 제거했다. 쿠데타를 잔인하게 진압한 후 표트르 대제는 본격적인 개혁 정책을 추진했다.

표트르 개혁의 핵심은 군사 개혁이었다. 표트르 대제는 해군을 창설하고 강력한 군대를 보유하는 것이 강대국을 향한 첫걸음이라고 생각했다. 이 점에서 표트르 대제가 추진한 개혁 정책의 본

러시아식 단발령 (사진: 위키피디아)

질을 파악해 볼 수 있다. 표트르 대제의 개혁 정책이 어린 시절부터 꿈꿔왔던 정해진 절차에 따라 진행됐느냐, 아니면 스웨덴과의 전쟁 와중에서 전쟁을 승리로 이끌기 위해 취해진 무분별한 정책의 결과물이었느냐는 것이다. 낙후한 러시아를 선진국으로 끌어올리겠다는 개혁의 목표는 어린 시절에 만들어졌을지 몰라도, 후에 취해진 구체적 개혁 정책이나 방향으로 가늠해보면 후자의 성격이 강하다고 볼 수 있다. 인두세 도입 등과 같은 조세 개혁을 포함해 경제 관련 개혁과 사회·문화 분야의 개혁 역시 궁극적으로는 전쟁 수행과 승리를 위해 취해진 보완적 성격의 개혁이라고 볼 수 있기 때문이다. 교육 개혁 역시 당시 러시아군 내부 지휘관 대다수가 외국인이었기 때문에 학교를 통해 훌륭한 교관과 기술자, 지휘관, 항해사 등을 양성하는 다분히 실용적이고 전략적 차원에서 이루어졌다.

개혁은 정해진 절차와 준비된 프로그램에 따라 진행된 것이 아니었다. 목표를 위해 수단이 정당화되는 주먹구구식 정책이었다. 그 결과 약 200년이 흐른 뒤 표트르 대제가 추진한 '위로부터의 개혁'으로 인해 생겨난 새로운 러시아와 옛 러시아 사이의 갈등과 충돌이 결국 러시아 혁명을 야기했다. 표트르 대제의 위로부터의 개혁으로 인해 발생한 부작용이 결국에는 러시아를 혁명의 길로 나가게 했다고 볼 수 있다.

수염세 증표 (사진: 위키피디아)

표트르 대제가 강제한 단발령은 단순히 수염을 자르는 행위가 아니라, 지난 천 년 동안 낙후한 러시아의 과거와 완전히 결별하고 새로운 러시아로 나가려는 조치 중 하나였다. 표트르 대제의 개혁을 평가할 때 반드시 유념해야 할 점은 그가 이룩한 러시아의 외형적 국가 발전조차 일반 대중의 자유의지를 통해 얻은 것이 아니라는 사실이다. 표트르 대제는 당시 러시아의 후진성을 대변하는 농노제를 폐지하지 않았으며, 군주의 전제 권력을 강화하면서도 귀족들의 권한을 확대하지 않았다. 오히려 국가라는 틀 속에 모든 사회 구성원을 귀속시켰다. 귀족, 농민, 노동자 모두 예외 없이 국가와 군주에게 절대 충성해야 하는 국가이다. 이것은 표트르 대제가 시행한 '관등표'에 확실하게 나타난다. 표트르 대제의 관등표는 출생 신분보다 철저하게 능력에 따라 보상하는 관리 등용 체제를 보여준다. 이 제도 아래에서는 누구라도 최하위 계급인 14관등부터 시작해야 했다. 신분 여하에 상관없이 자신의 능력에 따라 최고 관등까지 오를 수 있었다. 언뜻 보면 공정한 인재 관리제라고 생각할 수 있지만, 후진성의 원인인 전제권력과 농노제 폐지 없이 진행된 제도 개혁은 근본적인 한계가 있을 수밖에 없었다. 더욱이 관등표는 당시 지배층인 귀족이 가진 최소한의 권리도 보장하지 않은 강압적인 조치였다.

러시아 혁명은 필연이었나

20세기 최대 사건, 혹은 세계를 뒤흔든 사건으로 기억되는 러시아 혁명은 사건 자체의 발발 배경과 전개 과정도 중요하지만, 이후 전 세계의 현대사에 커다란 영향을 미쳤다는 점에서 시사하는 바가 크다. 역사상 최초로 노동자, 병사, 농민의 무산계급에 의한 소비에트 정권이 수립됐다. 그리고 자본주의와 사회주의 진영의 대결에 의한 동서 냉전 체제를 가져왔다. 더 나아가 과거와의 단절이라는 급진적인 변혁을 의미하는 키워드이기도 하다.

러시아 역사에서 혁명으로 불리는 사건은 세 번 있었다. 우선 1905년 1월에 발발한 '1월 혁명'이다. 러일 전쟁의 와중에 일어난 1월 혁명은 당시 제정 러시아의 수도였던 상트페테르부르크 소재 푸틸로프 공장 노동자들의 시위로 촉발된 대중 봉기이다. 가폰 신부가 노동자와 농민들을 이끌고 황제를 알현해 민생고를 해결하려고 탄원서를 제출하고자 했다. 제정 러시아 정부는 이들의 시위를 물리적 폭력을 동원해 제압했다. 그 결과 러시아 대중들은 1905년 1월 9일 '피의 일요일'이라는 참혹한 역사의 장면을 목격해야 했다. '피의 일요일' 사건 이후 황제에게 실망한 일반 대중들은 대규모 봉기를 일으켰다. 러시아 황제 니콜라이 2

소비에트 정권 수립을 선언하는 레닌의 모습. 「제2차 소비에트 대회」(파벨 소콜로프-스칼랴, 1953)
(그림: times.bntu.by)

세(1894~1917)는 그 해 '10월 선언'을 통해 국민에게 기본권을 부여하고, 선거에 의한 의회(두마)를 수립하는 등 입헌군주국으로 체제를 전환하는 유연 전략을 선택했다. '피의 일요일' 사건부터 '10월 선언'에 이르는 일련의 과정을 러시아 역사에서 '1905년 1월 혁명'이라 부른다.

두 번째 혁명은 1917년 2월 혁명이다. 1914년 6월 28일 '사라예보 총성'으로 시작된 제1차 세계대전에 러시아는 애국주의와 강대국 재현이라는 기치를 내걸고 참가했다. 그러나 녹록지 않은 전선의 영향으로 후방에 거주하는 일반 국민의 삶은 매우 빈궁해졌다. 1917년 2월 23일(그레고리력으로 3월 8일 '여성의 날') 수도인 페트로그라드(현재 상트페테르부르크)에 거주하던 여성 노동자들이 굶주림과 비참한 삶을 원망하며 시위를 일으켰다. 게다가 일반 노동자들과 군인들까지 시위에 가세하면서 러시아 정국은 격랑 속에 빠져든다. 이후 이른바 '영광의 5일'(2월 26일~3월 2

일)을 거치며, 니콜라이 2세는 권좌에서 물러나고, 1613년부터 300여 년을 유지해 온 로마노프 왕조가 끝난다. '여성의 날' 시위부터 로마노프 왕조가 붕괴한 3월 2일까지의 대중 봉기를 러시아 역사에서 '2월 혁명'으로 부르고 있다. 1917년 2월 혁명부터 1917년 10월 혁명이 발발하기까지 약 8개월을 러시아 역사에서는 임시정부와 소비에트 권력 사이의 과도기적 '이중 권력의 시기'라고 부르고 있다.

마지막 세 번째 혁명이 일반적으로 우리가 러시아 혁명이라고 부르는 '1917년 10월 혁명'이다. 10월 혁명에 앞선 두 혁명과 구분하기 위해 '볼셰비키 혁명,' 혹은 '사회주의 혁명'이라 부르기도 한다. 러시아 10월 혁명은 일차적으로 2월 혁명의 연장선 위에서 이해하는 것이 맞지만, 근본적인 발생 배경을 파악하려면 18세기 초반 표트르 대제가 시행한 서구화 정책을 이해해야만 한다. 앞서 언급했듯이, 낙후한 러시아를 근대화시키기 위해 서유럽의 선진 문화를 수용하고자 했던 표트르 대제는 직접 사절단을 이끌고 서유럽을 두 차례나 방문했을 정도로 개혁 의지가 강한 인물이었다. 이후 표트르 대제는 낡고 무지몽매한 러시아의 체질을 완전히 개선하기 위해 사회 모든 영역에 걸쳐 대개혁을 단행했다. 그리고 '표트르 대제의 계승자'를 자처했던 예카테리나 2세(1762~96) 역시 러시아를 근대화시키고 유럽의 강대국으로 편입시키고자 적극적으로 서구화 정책을 추진했다. 그 결과 러시아는 외형적으로 강대국의 반열에 올라설 수 있었다. 그런 까닭에 러시아 역사에서는 두 황제에 대해 "표트르 대제가 러시아에 육체를 만들어줬다면,

예카테리나 대제는 그 속에 영혼을 불어넣었다"고 할 정도로 긍정적인 평가를 하기도 한다. 그러나 두 황제가 추진한 개혁 정책은 '위로부터의 혁명'이라는 태생적 한계를 안고 있다. 두 황제가 러시아의 근대화를 강력하게 추진한 것은 사실이지만, 근대화의 수혜자는 러시아 사회 구성원의 상층부였던 귀족에 국한됐고, 일반 국민의 삶의 질에는 별다른 변화가 없었다. 오히려 러시아 사회 구성원의 대다수를 차지하던 농노들은 상품이나 물건과 같이 매매되는 대상에 불과했다. 그 결과 두 황제의 서구화 정책으로 인해 러시아의 사회적 양극화가 오히려 심화했다.

농노들의 비루한 삶을 개선하고, 유럽 선진국보다 뒤처진 러시아의 후진성을 극복하고자 노력한 소수의 지식인이 등장했다. 러시아 지식 사회는 점차 진보적 개혁 성향의 지식인과 전제권력을 고수하려는 수구적 황제와 그의 측근들로 양분됐다. 표트르 대제와 예카테리나 대제의 서구화 정책을 통해 러시아는 '외형적으로' 유럽의 강대국으로 부상했다. 반면 '내부적으로' 보면 유럽에서 가장 뒤떨어진 국가 중의 하나였다. 러시아 지식인들은 이런 모순을 극복하고자 했다. 그들은 러시아가 안고 있는 모순이 황제가 갖고 있던 '전제 권력'과 전근대적인 '농노제'에 기인한다고 믿었다. 그런 까닭에 러시아 10월 혁명은 러시아 사회가 안고 있던 모순을 해결하고 낙후된 러시아 사회를 개혁하고자 했던 지식인들의 염원이 분출된 사건이었다. 러시아 10월 혁명은 이미 19세기 초반부터 시작해 약 100년에 걸쳐 지식인들이 뿌린 씨앗이 자라 열매를 맺은 결과였다.

「1920년 5월 1일 연단에 선 V. I. 레닌」(이삭 브롯츠키, 1933)

사전적 의미에서 러시아 10월 혁명의 의의를 정리하면, 크게 두 가지 견해로 구분된다. 첫째, 러시아 10월 혁명은 레닌과 볼셰비키가 일으킨 무장 쿠데타이며, 둘째, 마르크스가 주장한 바대로 인류 역사의 법칙에 근거해 발생하는 필연의 결과물이다. 볼셰비키는 러시아 혁명을 자본주의 다음 단계인 공산주의로 나아가기 위한 프롤레타리아 혁명이라고 정의한다. 그러나 좀 더 포괄적이고 미래 지향적인 관점에서 생각해보면, 또 다른 해석도 가능하다. 러시아 혁명을 일으킨 주역들은 "사람이 사람을 착취하고 지배하는 세상을 없애고, 모두가 평등하고 행복한 삶을 사는 세상을 만들자"고 주장했다. 그들이 품고 있던 이상이 살아 있는 한 러시아 혁명은 인류사에 미해결의 숙제를 던져 준 것이다. 다시 말해서 러시아 혁명은 끝나버린 미완의 혁명이 아니라, 아직도 지속되는 현재 진행형의 혁명으로 정의할 수 있다.

* * *

러시아는 동서로 태평양에서 발트해까지, 남북으로 흑해와 카스피해에서 북극해까지 걸쳐 지구 육지 면적의 1/8을 차지하는 광활한 영토를 보유한 나라이다. 러시아는 유럽과 아시아를 아우르는 거대한 유라시아 대륙의 중심부에 있으면서 '동과 서'를 동시에 바라볼 수 있는 쌍두독수리의 나라이다. 러시아는 20세기 최대의 사건이라 할 수 있는 러시아 혁명의 중심 무대였으며, 1957년 10월 4일 세계 최초로 인공위성 스푸트니크 1호를 발사하고, 1961년 4월 12일 인류 최초로 유리 가가린이 보스토크 1호를 타고 "지구가 푸르다"고 외치던 소련 시대의 화려한 영광을 간직한 나라이다.

흔히 타민족을 지배한 강대국으로만 알고 있는 러시아의 역사는 예상과 다르게 수많은 이민족의 침략을 받아 수난과 단절을 경험하고, 급진적이고 혁명적인 내적 전환으로 점철된 지난한 삶의 연속이었다. 러시아가 세계무대에서, 혹은 유럽에서 주연 배우

1961년 4월 12일 인류 최초의 우주 비행을 완수한 유리 가가린의 그림 이미지 (사진: Rb.ru)

로 등장한 때는 18세기 이후에 들어와서였을 뿐이었다. 그 이전에 러시아는 국제무대에서 한낱 조연 배우에 머물러 있었다. 러시아는 점진적으로 진화해왔다기보다는 오히려 급작스러운 내부 갈등의 분출, 외부 세력에 의한 과거와의 극단적 단절, 그리고 새로운 외부 문물의 유입을 통해 성장해 왔다. 오늘날의 러시아 역시 약 70여 년에 걸친 소련 체제의 해체, 급진적인 정치적 실험, 자본주의 채택이라는 변화를 겪으며 다시 한 번 진화하는 중이다.

러시아 - 유럽, 아시아, 유라시아

이지연

러시아는 유럽인가

> "왜 우리를 유라시아라 부르는가? 유라시아는 아시아(Азия)보다 유럽(Европа)이 더 클 때 가능한 이름이다. 그런데 우리는 아시아가 더 크다. 그러니까 우리는 유라시아(Евразия)가 아닌 아시오파(Азиопа)이다."
>
> \- 미하일 자도르노프

유럽에서 아시아에 이르는 광활한 영토, 이는 러시아의 특수한 정체성을 낳은 지리적 조건이다. 이로부터 러시아 역사의 수많은 사건, 현대 러시아 사회와 문화의 여러 쟁점이 생겨났다. 널리 알려진 시인 표도르 튜체프의 시 구절 "이성으로는 러시아를 이해할 수 없다"는 서구 합리주의 전통의 틀로 설명해 낼 수 없는 러시아의 동양적인 특성에 대한 변명으로 이해되기도 한다. 러시아인들의 외형적 특성은 흔히 아시아 민족의 혈통이 결합한 결과물이라 여겨진다. 스탈린의 독재와 소련의 전체주의에 대해 서구 학자들은 몽골-타타르족 침입의 역사와 아시아성으로부터 자유로울 수 없는 러시아의 한계라 폄하한다. 푸틴의 연임 또한 민주주의가 발달하기 어려운 러시아의 아시아적 유산 때문이라 말한다.

그러나 아시아인인 우리는 러시아인에게서 동양적 요소를 먼저 생각해 내기 쉽지 않다. 러시아인이라는 말에서 부랴트족이나 야쿠트족 같은 민족의 얼굴이 먼저 떠오르지는 않는다. 백인의 피부에 회색 눈, 금발보다 더 흐린 아마 빛 머리카락이 전형적으로 우리 한국인들이 생각하는 러시아인의 모습일 것이다. 요즈음 한참 붐이 일고 있는 블라디보스토크 관광 상품은 "가장 가까이 있는 유럽"이라는 문구로 포장됐다. 러시아어는 인도유럽어이고 러시아 음악과 발레는 서양 음악사의 전통에 뿌리내리고 있다.

그렇다면 러시아는 유럽인가? 흔히 우랄산맥이 유럽과 아시아의 경계라 말한다. 예카테린부르크 근교에는 유럽과 아시아를 가르는 기념비들이 서 있다. 이렇게 우랄 산맥을 중심으로 러시아 영토를 유럽과 아시아로 나눌 경우 러시아 국토의 77%는 아시아에 속한다. 물론 인구는 약 75%가 유럽에 거주한다. 러시아의 가장 큰 두 도시 모스크바와 페테르부르크는 모두 유럽 쪽에 있다. 그러나 우랄산맥 너머 동쪽으로 펼쳐진 영토야말로 자원의 보고이자 러시아의 저력이다.

예카테린부르크 근교에 있는 유럽과 아시아 경계 표시 오벨리스크 (사진: 위키미디어)

러시아인들 자신도 러시아가 유럽인가라는 질문에 대답을 주저할 것이다. 러시아 국가 문장에 그려진 쌍두독수리는 비잔틴을 계승하는 기독교 국가로서의 정통성 확보를 위해 유럽에서 가져왔음도 불구하고 러시아인들은 그 안에서 동과 서를 동시에 바라보고 있는 러시아의 영토적 분열을 읽어낸다. 러시아 제국의 확립과 동시에 러시아 지식인들은 자신의 정체성에 대해 고민하기 시작했다. 슬라브주의자들은 러시아 정신의 고유성을 강조했다. 반면 서구주의자들은 서유럽의 문화를 배움으로써 러시아가 진정한 유럽이 될 수 있다고 믿었다. 그러나 서구주의자들은 물론이고 슬라브주의자들조차 그 내면에는 유럽이 되고자 하는 강한 열망을 품고 있었다.

20세기 초 러시아의 서정시인 알렉산드르 블로크는 자신의 시에서 "그렇다 우리는 스키타이인이다! 그렇다 우리는 아시아인이다! 치켜 올라가고 탐욕스러운 눈을 가진!"이라고 쓰고 있다. 그러나 블로크의 시에서 스키타이는 유라시아 전역을 자유롭게 가로지르던 신화화된 민족의 형상에 가깝다. 스키타이는 몽골을 비롯한 '야만의 아시아'와는 다르다. 시인의 절규는 자신을 아시아인이라 부르는 순간에도 유럽을 향해 있었다.

러시아에서는 지금도 심심치 않게 "가격은 러시아적, 품질은 유럽적"이라거나 "유럽식으로 수리된 집" 같은 광고 문구를 볼 수 있다. 러시아에서 "유럽식으로 수리된 집"이란 전혀 유럽적이지 않지만 새로 공들여 단장해 놓은 깨끗하고 좋은 집인 경우가 많다. 러시아인들의 사고 속에서 여전히 '유럽적'이라는 것은 '좋은', '우수한', '선진의' 같은 의미를 갖는다. 러시아인들은 이상적인 유럽 문명의 결핍에 대한 자의식에서 완전히 자유롭지 못하다.

표트르 대제와 유럽

유럽에 대한 러시아의 열등감은 언제부터 생겨난 것일까? 러시아의 정체성과 유라시아주의를 연구해 온 마크 바신의 말을 따르자면 중세 러시아인들은 서양과 동양의 차이를 알지 못했다. 그러한 구분이 큰 의미가 있지도 않았다. 모스크바 공국은 외국인에게 다소 폐쇄적이었지만, 거기서 유럽인들은 타타르, 터키인들과 동등한 대접을 받았다. 모두가 반정교적인 인종들로, 즉, 모두가 '나' 아닌 '타자'로 인식됐을 뿐이다. 유럽의 문명을 최고로 여기지도 않았다.

이러한 상황이 변하게 된 것은 표트르 대제에 이르러서였다. 그는 서유럽의 선진 문화를 적극적으로 도입했다. 러시아의 근대화가 시작됐다. 그러나 동시에 이는 러시아의 떨쳐버릴 수 없는 서구에 대한 열등감의 진원지이기도 했다. 그는 러시아를 유럽 문화권으로 편입시키고자 했지만, 서유럽은 러시아를 유럽으로 인정하지 않았다.

> "러시아인은 셔츠를 집어넣어 입기 전까지는 매우 유쾌한 민족이라는 점을 명확히 해두자. 동양인으로서 러시아인은 매력적이다. 러시아인이 다루기 지극히 까다로운 이상한 민족이 되는 것은 자기가 동양 민족 중에서 가장 서쪽에 위치한 것이 아니라 서양인 중 가장 동쪽에 위치한 민족으로 취급되기를 고집할 때뿐이다."
>
> \- 러디어드 키플링

서구인들은 러시아라는 정체 모를 야만적인 사회를 진보적이고 고귀한 서구 문명의 일부로 받아들일 수 없었다. 이에 러시아는 자신의 동양적 정체성을 주목하지 않을 수 없었다. 그 바탕에는 서유럽 문화에 편입되지 못하는 불안감이 있었다. 러시아를 유럽으로 정의하기 위해 아시아에 대한 정의가 요구됐다. 즉, 러시아를 동양과 구분함으로써 러시아의 서구적 정체성을 정의할 수 있으리라 생각했다.

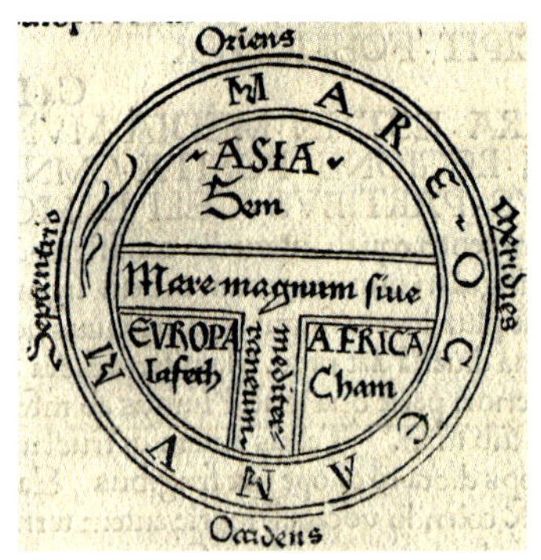

"T in O map" (그림: 위키미디어)

표트르 대제 시기에도 여전히 서구의 세계관은 "T in O map"에 기반하고 있었다. 그들은 세계가 대양으로 둘러싸인 대륙이고, 그 대륙이 흑해-아조프해를 경계로 아시아와 유럽으로 구분된다고 믿었다. 지중해는 유럽과 아프리카를 나누는 경계였다. 유럽인들의 세계 인식에서 흑해부터 북극의 대양까지 이르는 넓은 육지는 배제됐다. 사실 바로 이 공간이 당시 키예프 루시의 광활한 영토가 있던 곳이었다. 표트르 대제 시기에 이르러 러시아 지도를 그리는 작업이 시작됐다. 러시아에서는 흑해-아조프해가 이루는 선을 북쪽으로 연장하여 우랄산맥까지 이르도록 했고 그것을 새로운 유럽과 아시아의 경계로 고안했다. 이렇게 함으로써 기존의 유럽적 세계 인식 속에는 아예 존재하지 않았던 아조프해에서 북극해까지 이르는 넓은 육지가 유럽이라는 공간으로 새롭게 편입될 수 있었다.

그러나 우랄산맥을 경계로 하는 새로운 동서 구분은 이전보다 더 넓은 범위의 러시아 영토가 아시아에 속하는 결과를 초래했다. 즉, 러시아는 영토의 일부를 유럽으로 포함하는 대가로 더 큰 동쪽의 영토를 아시아가 되게 했다. 이로부터 러시아의 뿌리 깊은 지리적 분열이 시작됐다. 이후 18세기 초반까지 러시아에서는 많은 지도가 제작됐고 서구에서도 우랄산맥을 유럽과 아시아의 경계로 삼는 것이 보편화된다. 자연히 러시아는 유럽과 아시아에 걸친 분열된 정체성을 본질로 하는 거대한 영토로 규정됐다. 유럽과 아시아라는 이중적 정체성을 지닌 국가로서의 러시아라는 개념은 이처럼 표트르 대제에 의해 추진된 러시아 근대화 과정에서 '만들어진' 것이었다.

페테르부르크

페테르부르크는 표트르 대제의 서구화 의지가 본격적으로 나타난 공간이다. 이 도시는 유럽의 건축물들을 네바강 기슭의 늪지에 옮겨 놓은 유럽 문화의 모방작이지만, 동시에 스웨덴 함대를 비롯한 유럽에 맞서기 위한 요새이기도 했다. 표트르 대제는 모스크바보다 더 서쪽에 위치한 유럽과의 국경 지역 근처의 땅, 심지어 러시아 영토로 취급도 되지 않던 늪지대로 수도를 옮긴다. 새로운 도시에 붙여진 이름 '페테르부르크'는 당시 러시아인들에게 발음조차 매우 이질적이었을 것이다. 가령 원주나 전주 같은 전통적인 한국 도시 가운데 오사카나 베이징 같은 외래의 이름이 붙여진 도시가 생겨난 격이다.

페테르부르크는 '갑자기'와 '새로운'이라는 수식어가 어울리는 도시였다. 중심으로부터 방사형 확장을 통해 서서히 성장한 키예프나 모스크바와는 전혀 다른 도시, '어느 날 갑자기' 러시아 땅에 생겨난 이질적인 도시였다. 태초에 신이 자신의 음성으로 세계를 창조했듯 황제가 손바닥 위에서 도시를 건축한 후 그것을 땅에 내려놓았다는 이야기가 전해오기도 한다. 그러나 늪 위에 도시를 세우는 과정은 쉽지 않았다. 15만 명 이상의 사람이 희생됐다. 강변을 따라 펼쳐지는 대리석 건축물들의 파노라마는 매우 아름다웠지만, 그 위로는 도시 건설 과정에서 희생된 무수한 영혼들의 넋이 음울하게 드리워졌다.

당시 귀족들은 새롭게 도입된 서구적 양식에 맞는 일상생활을

페테르부르크 네바 강변의 청동기마상 (사진: 위키피디아)

강요당했다. 페테르부르크는 그러한 부자연스러운 삶의 무대가 되는 연극적 공간이었다. 유럽 열강으로 도약하고자 했던 표트르 대제의 욕망은 종교개혁 이후 나락으로 떨어진 유럽 가톨릭교의 위상을 페테르부르크라는 공간 안에 다시 세우려는 명분을 통해 정당화됐다. 서구의 웅장한 바로크 문화를 단기간에 모방·이식하려는 시도가 페테르부르크를 낳았다. 그것은 러시아와 유럽, 가톨릭의 바로크 문화와 정교의 슬라브주의 사이에서 태어난 몽환적인 공간이었다. 모든 것이 전혀 러시아적이지 않은 허위와 같은 도시, 서서히 산업화와 도시화가 진행되어 가던 러시아 사회의 병폐들은 바로 그 도시의 뒷골목에 하나둘 모여 썩어가고 있었다.

> "이 안개 한가운데 있으면 이상하지만 집요한 몽상이 백 번도 더 나에게 떠오르는 것이다. 이 안개가 걷혀 위로 사라질 때 안개와 함께 이 썩어빠진 도시 전체가 사라지는 것은 아닐까? 안개와 함께 이 도시도 걷혀, 연기처럼 사라져서 예전의 핀란드만의 늪지대만 남게 되는 것은 아닐까?"
>
> 표도르 도스토옙스키, 『미성년』

페테르부르크가 환영 같은 도시로 인식된 또 다른 이유는 그 기원의 부재였다. 페테르부르크는 러시아의 후진적 과거를 부정하기 위한 도시였다. 그것은 갑작스럽게 나타나 새로운 기원이 되려 했다. 유럽이기를 열망하면서 동시에 유럽에 맞서기 위해 만들어진 이 도시는 사도 베드로의 도시인 동시에 황제 표트르의 도시였다. 페테르부르크는 '모스크바-제3로마' 설에 반항하며 도시의 문장(紋章)을 비롯한 많은 부분에서 로마제국을 모델로 삼았다.

그러나 페테르부르크는 점차 베드로의 도시에서 표트르의 도시로 옮겨간다. 초기에 지어진 건축물이 페트로파블롭스크 요새였다면, 그 후 지어진 건축물은 이삭 대성당이었다. 이삭은 표트르 대제의 생일에 해당하는 성인이다. 기독교의 중심 로마에 대한 계승의 의지가 표트르 대제의 러시아 제국에 대한 숭배로 치환된 것이다. 이는 러시아 제국의 본격적인 탄생을 알리는 징후적 사건이었다.

동양, 제국 러시아의 꿈

페테르부르크 건설과 함께 점차 유럽은 러시아를 인식하게 됐고 러시아는 비로소 세계사 속에 등장하게 된다. 이는 러시아의 근대화를 의미하는 사건이었지만, 동시에 뿌리 깊은 러시아의 문화적 열등감과 반서구적 정서의 시작이기도 했다. 표트르 대제의 페테르부르크 건설 이후 예카테리나 여제의 계몽주의, 데카브리스트(12월당원)를 비롯한 러시아 귀족 계급의 서구주의적 지향, 슬라브주의자들의 메시아주의, 나아가 사회주의 이념을 바탕으로 한 급진적 러시아 혁명과 사회주의 국가 건설에 이르기까지,

러시아 역사의 모든 변혁의 순간들에는 서구라는 '상상된 타자'의 형상이 늘 자리하고 있었다.

러시아에서 아시아에 대한 관심은 서구라는 거대한 타자에 대한 의식과 함께 생겨났다. 즉, 러시아는 서구를 인식하는 순간 비로소 '동(東)'으로 눈을 돌리게 됐다. 유럽에서 배제되어 온 러시아는 동쪽으로 넓게 펼쳐진 영토를 식민화하면서 자신을 유럽과 동일시하고자 했다. 야만적인 미지의 땅(*terra incognito*) 동양에 대한 교화자의 역할을 자처하면서 우월한 서구 제국의 역할을 스스로 부여했다.

아조프해와 흑해 지역으로 흐르는 타나이스강을 서양과 동양의 경계로 정의한 서구 지리학자들의 의견을 우랄산맥을 경계로 보는 해석으로 대체함으로써 시베리아는 유럽 러시아의 이방이자 동양의 식민지로 재의미화됐다. 비로소 우랄 서쪽의 러시아는 진정한 서구가 될 수 있었다. 러시아의 유럽화는 결국 러시아 영토의 더 큰 부분을 의도적으로 아시아로 만들게 된다.

서구의 역동성과 동양의 정체성은 늘 대조되는 개념이었다. 표트르 차다예프는 자신의 서한에서 동양이 음울한 교훈이자 "우리가 볼 수 있도록 남겨진 약간의 먼지"와도 같다고 썼다. 러시아인들에게 동양은 식민지 공간으로서 지배와 계몽의 대상이 됐다. 서구가 동양을 그렇게 정의했던 것처럼. 19세기 중반 슬라브주의자들은 아시아 민족들을 계몽하는 것이 러시아의 사명이라고 말했다. 동양에 대한 문명화와 영적인 구원은 러시아인들이 스스로 부여한 소명이었다. 이를 통해 러시아 제국은 자신의 지배를 합리화했다. 러시아인들이 동양에 대해 부여한 중요성은 모두 결국 러시아인들이 유럽에 대해 갖고 있던 피해 의식과 열등감에서 나온 것이었다.

서구주의자들은 러시아의 운명이 러시아가 얼마나 유럽화되느냐에 달려 있다고 믿었지만, 슬라브주의자들은 이를 거부했다. 이들은 유럽이 러시아를 인정하지 않으려 한다는 것을 확신했고 따라서 서구로부터 독립적이어야 한다고 주장했다. 대신 이들 민족주의자는 신이 러시아 제국에 부여한 사명을 더욱 강조했다. 이를 근거로 고통 받는 동양을 러시아가 구원한다는 제국주의적 신념이 생겨났다.

이때부터 러시아에 동양이 갖는 의미가 미묘하게 바뀌게 된다. 동양은 러시아와 서구의 차이를 드러내고 러시아의 우월성을 증명할 수 있는 공간으로 정의됐다. 러시아의 운명을 동과 서의 문제로 설명함으로써 서구에 대한 적개심을 드러내는 경향은 1850년 크림전쟁 때 정점에 이른다.

> "아시아는 매혹적인 미개척지. 바로 이 동양에서 사대주의자가 아닌 주인이 될 것이다. 유럽에서 우리는 식객이자 노예이지만 아시아에서 우리는 주인이다. 유럽에서 우리는 타타르인이지만 아시아에서는 우리 또한 유럽인이다."
>
> - 표도르 도스토옙스키

최근 러시아는 극동 개발을 서두르고 있다. 18세기 초 표트르 대제가 유럽을 향한 창으로 페테르부르크를 건설했듯이 21세기 러시아는 본격적으로 새로운 동방의 수도를 건설하려 준비 중이다. 극동의 도시 블라디보스토크는 러시아어로 '동쪽을 지배하라!'라는 뜻이 있다. 최근 극동 개발은 과거 동방에 대한 지배를 꾀했던 러시아 제국의 경험과는 구별된다. 이제 러시아 극동이 유럽 러시아에 대한 자원기지이자 잉여의 생산재들을 소비하는 내부 식민지라고 하긴 어렵다. 러시아의 극동개발은 오히려 동북아에 대한 영향력을 강화하기 위한 러시아의 국가 프로젝트의 하나이자 새로운 유라시아 시대와 '강한 러시아'라는 국가 이데올로기를 서구에 선언하는 일종의 퍼포먼스이기도 하다. 그런데도 러시아에 동양이란 언제나 서양과의 관계 속에서 규정되는 것이라는 사실은 부정할 수 없다.

영토와 영광

"러시아는 그저 큰 나라가 아니라 위대한 나라이다."

Россия не просто большая, а великая страна.

- 블라디미르 푸틴

2009년 11월 17~18일 양일간 모스크바 러시아 과학아카데미 본부에서는 러시아 지리학회 개편에 관한 임시총회가 열렸다. 이 회의에서 당시 협회 회장이었던 코마리친은 건강상의 이유로 회

러시아 지리학회 회장을 맡고 있는 세르게이 쇼이구 국방부 장관과 이사장을 맡고 있는 블라디미르 푸틴 대통령 (사진: www.kremlin.ru)

장직을 사퇴했다. 1991년 이래 러시아 재난구호부 장관직을 수행한 바 있는 현 러시아 국방부 장관 세르게이 쇼이구가 새로운 회장으로 취임했다. 이 회의에서는 참석자 253명 전원의 찬성으로 당시 러시아연방 총리였던 블라디미르 푸틴이 협회의 이사장으로 선임됐다.

러시아 지리학회는 니콜라이 1세 시기인 1845년 설립된 황실 아카데미의 지리학 연구기관을 전신으로 한다. 이는 지리학과 민속학에 대한 교육기관이자 연구기관이었지만, 실제로는 러시아 제국의 팽창 이데올로기를 합리화하고 새롭게 복속한 소수민족들에 대한 지배를 수월하게 하려는 정치적, 군사적 목적을 가지고 있었다. 심지어 지리학회는 19세기 중엽에 이르면 지리적 원정과 민족지학뿐 아니라, 해양 탐사와 북극 개발, 더 나아가 러시아

해군 업무와도 밀접히 관련을 맺게 된다. 이 기관을 2009년 국가 주도로 새롭게 주목하고 의미화하면서 러시아인들이 가장 신뢰하는 관료이자 정치인인 쇼이구를 회장으로 임명하고 총리인 푸틴을 이사장으로 선임한 것이다.

이날 이사장 취임사에서 푸틴은 러시아 지리학회의 유구한 역사와 사회적 역할을 치하하면서 러시아의 위대함을 '영토'와 연관 짓는다. "대국"이라는 표현은 영토의 크기를 이미 함의하고 있다고 지적하면서, 광활한 영토가 없다면 러시아의 영향력도, 러시아의 중요성도 없을 것이라 단언한다. "지구의 6분의 1을 차지하고 있는 국가, "유럽의 심장부로부터 태평양까지, 북극해로부터 남쪽의 넓은 스텝과 아열대의 흑해에 이르는" 영토를 가진 국가가 어떻게 국제사회에서 영향력을 갖지 않을 수 있겠는가?"

러시아의 넓은 영토에 대한 이러한 수사는 이미 18세기 후반 예카테리나 여제나 역사가 니콜라이 카람진의 러시아 역사 서술에서 빈번히 등장했고 19세기에는 슬라브주의자들이나 범슬라브주의 학파의 구성원들에게서도 널리 사용되면서 러시아 제국의 중앙아시아 및 극동 점령과 발칸에 대한 영토 개입을 정당화하는 논리가 되어 왔다. 이러한 영토 담론은 소련의 메시아주의 수사에서도 계속됐다. 푸틴은 취임사에서 러시아 영토에 대한 학문적 탐구를 국가주의적 소명으로 은밀히 치환한다. 실제로 러시아 지리학회는 이후 러시아의 시간대 조정이나 북극 탐험, 극동 개발, 크림 합병 등의 문제에 적극적으로 개입하면서 러시아의 영토적 정당성을 학문적으로 가공했다. 러시아의 지리적 정체성 가운데서 비잔틴적 메시아주의의 영광을 소환해 낸 것이다. 이는 푸틴의 국가 경영에서 보이지 않는 최상위 가치로서 '영토 정치'의 스펙터클을 만들어 냈다.

러시아, 거대한 유라시아 국가

"유라시아로서의 러시아의 소명은 동과 서의 대립을 없애는 것이다."

- 표트르 사비츠키

소련 해체는 러시아인들에게 큰 상실감을 가져왔다. 때로 이는 민족적 분노로 표출되거나 자신들의 상실을 서구를 비롯한 남의 탓으로 돌림으로써 자신을 애도하는 집단적 병리 현상을 일으켰다. 그러나 2000년대 들어서면서 러시아인들은 러시아-소련 제국의 영토 회복이라는 새로운 소명을 스스로 부여하기 시작한다.

소련 해체 이후 러시아에서는 유라시아주의가 다시 대두됐다. 그러나 이는 20세기 초반 러시아 망명 사상가들의 유라시아주의와 많은 부분에서 다르다. 가장 큰 공통점이라면 러시아의 많은 문제를 러시아의 고유한 영토적 특성인 유라시아라는 공간으로 설명하려 한다는 점일 것이다. 유라시아주의자들은 러시아가 자신의 영토를 동과 서로, 아시아와 유럽으로 구분한 것의 문제점을 지적하면서 동서의 결합이 아닌 유라시아라는 연속된 하나의 공간을 통해 진정한 러시아의 정체성과 운명을 이해할 수 있다고 믿었다.

유라시아 대륙을 유기적 전체로 생각하는 고전적 유라시아주의자들의 지리적 반성을 소련 해체 이후 새롭게 등장한 유라시아주의 이데올로기에서 찾아보기는 어렵다. 물론 고전적 유라시아주의에도 서구 문명에 대한 비판이 존재하며 러시아를 서구와 대립되는 유라시아로 규정함으로써 러시아-유라시아라는 새로운 영토적 정의에 이르려는 경향이 분명히 드러난다. 그러나 이것이 신유라시아주의자들에게서 나타나는 반(反)서구주의적 정서와 동일시될 수는 없다. 1990년대를 거치면서 유라시아주의는 소련 붕괴 이후 러시아의 가장 생산적인 보수 이데올로기로 부상한다. 즉, 그것은 유라시아라는 공간 규정을 통해 잃어버린 러시아의 정체성을 소련과 러시아 제국의 영토 위에 투사하기 위한 일종의 국가 건설 장치였다. 유라시아주의는 점차 정치적 강령에 가까워져 갔다. 그것은 러시아인들의 뿌리 깊은 민족주의적, 반서구적 정서를 통해 대중과 소통하려는 초국가적 기획으로 진화했다. 서로 다른 정치적 신념을 가진 겐나디 주가노프와 블라디미르 지리놉스키, 예브게니 프리마코프가 모두 유라시아주의자가 될 수 있었던 것은 이러한 새 시대의 이데올로기가 영토를 통한 제국의 영광을 복원하려는 범민족주의 정서를 매개로 했기 때문이었다.

2000년대 알렉산드르 두긴이라는 인물의 등장 이후 유라시아주의는 또 다른 방향으로 나아간다. 이는 1990년대의 국가 건설 이데올로기로서의 유라시아주의와 구별된다. 이제 이미 유라시아주의 고유의 이상은 거의 사라지고 러시아의 거대한 영토라는 표면적 기호만이 남겨진다. 그 기호는 이어 새로운 제국 이데올로기와 결합한다. 구소련 국가들의 관세동맹을 추진하면서 슬그머니 시작된 푸틴의 유라시아 연합 기획은 바로 이러한 21세기 러시아 유라시아주의의 정점이다. 그리고 이는 러시아 내부의 많은 산재한 문제를 서구와 러시아의 대립이라는 거대 담론을 통해 봉합한다.

현대 러시아 사회에 잠재된 가장 중요한 문제라 여겨지는 지역간 경제 및 개발 불균형, 소수민족 공화국들의 빈곤 문제 등 그야말로 21세기의 내부 식민지 문제는 그 안에 그저 묻히고 만다. 모든 당면한 문제는 거대한 영토의 국가 러시아를 적대시하는 서구의 문제로 수렴되며, 더 강한 러시아가 되어 서구의 아틀란티스주의에 맞서야 한다는 민족주의적 구호 안에서 용해된다.

현대 러시아 사회의 영토에 대한 담론을 가리켜 마를렌 라뤼엘은 "더 넓게, 더 높이, 더 멀리 북쪽으로"라고 표현한다. 유럽과 아시아를 아우르는 유라시아 국가로서의 러시아 영토에 대한 자긍심을 바탕으로 이제 북극과 우주로 러시아의 영광을 펼쳐나가겠다는 것이다. 영토와 관련된 이러한 일련의 이념들은 단순히 개발의 논리이길 넘어서 민족 문제와 러시아 고유의 메시아주의로 확장된다.

러시아의 국가주의 이데올로기는 과거 비잔틴의 영광을 계승한 세계의 마지막 남은 구원자로서의 소명을 스스로 부여하려 했던 '모스크바-제3로마' 선언 이래 이처럼 지금도 여전히 러시아의 문화 정체성의 가장 중요한 부분으로 변주되고 있다. 구소련 국가들의 재통합과 전 세계에 군림하는 강한 러시아의 영광 회복이란 제국의 이데올로기이다. 푸틴 3기에 들어 한층 강화됐고 4기에 들어선 지금도 진행 중에 있는 극동 개발과 더욱 본격화된 우주 개발 프로젝트, 유라시아 연합의 강화와 같은 일련의 정치·사회적 이슈들은 모두 포스트소비에트의 폐허를 딛고 일어서 그 위에 과거 러시아-소련 '제국'의 영광을 복원하려는 현대 러시아의 새로운 꿈과 무관하지 않다.

참고 자료

니콜라스 르제프스키. 『러시아 문화사 강의: 키예프 루시부터 포스트소비에트까지』. 최진석 外 옮김. 서울: 그린비, 2011.

김현택 외. 『붉은 광장의 아이스링크: 문화로 읽는 오늘의 러시아』. 서울: 한국외국어대학교지식출판원, 2008.

Marlène Laruelle. *Russian Eurasianism: An Ideology of Empire*. Johns Hopkins University Press, 2012.

이 글은 이지연, "유라시아 담론과 영토의 문제," 『e-Eurasia』, 51호(2014), 9-13쪽; 이지연, "영토와 영광: 러시아 우주 개발 프로젝트를 중심으로," 『러시아어문학연구논집』, Vol. 49 (2015), 341-366쪽을 참조하여 작성했다.

크림, 러시아인의 영원한 안식처

김선래

러시아에 크림반도는 어떤 존재일까? 크림을 두고 벌어지고 있는 싸움은 단지 우크라이나와 러시아만의 문제일까? 크림 사태는 두 나라만의 문제가 아니다. 크림 사태를 기점으로 유럽연합(EU)과 러시아가 대치하고 있으며, 미국이 가세하여 러시아를 종·횡으로 철저히 차단하고 있다. 2014년부터 시작된 서구 진영의 대러시아 경제 제재는 4년째 이어오고 있다. 러시아의 경제와 수출에 큰 타격을 입혔고 그 충격으로 러시아는 아직도 어려운 상황이다. 서구 진영과 러시아의 대립과 갈등을 보면서 혹자는 냉전 이후 미국 주도의 세계 질서가 러시아라는 암초에 부딪힌 사건으로 보며 신냉전이 막 시작됐다고 말하기도 한다. 러시아는 지난 4년뿐 아니라 앞으로 몇 년이 더 걸릴지 모르는 EU와 서구의 경제적 압박을 감내하면서도 크림을 포기하지 않을 것인가? 러시아인들의 크림 사랑과 역사적인 뿌리를 들여다보면 왜

크림반도 위치 (그림: 위키피디아)

그렇게 러시아가 크림에 미련을 버리지 못하고 무리수를 써서라도 차지하려 했는지 이해할 수 있을 것이다. 크림은 러시아인들이 가장 사랑하는 지역 중 하나다. 크림에는 러시아인의 역사가 배어 있으며, 마음의 고향과도 같은 존재이다. 그뿐만 아니라 크림의 수려한 자연과 흑해의 아름다움을 한 번 보면 크림에 집착하게 되는 러시아인의 마음을 이해하게 될 것이다.

크림, 갈등과 이별의 서사시

러시아와 우크라이나 간의 갈등은 크림반도에서 시작된 것이 아니다. 우크라이나 사태는 우크라이나를 지나 유럽으로 가는 가스관을 놓고 두 나라가 다투면서 이미 시작됐다. 사실 두 나라는 역사와 문화, 전통이 하나의 뿌리인 키예프에서 발전하여 이루어진 슬라브족 형제 나라이다. 우크라이나는 폴란드와 리투아니아 연합왕국에 속해 있었다. 우크라이나 지도자 보흐단 흐멜니츠키가 이들의 압제에서 탈피하기 위하여 1652년 러시아로 자진 합병했다. 그 이후 제정 러시아에 속하게 됐다. 1917년 볼셰비키 혁명 이후 잠깐 독립을 선포한 적이 있지만, 1922년 소련이 등장하면서 소련의 구성 공화국으로 자리 잡았다. 이처럼 러시아와 우크라이나는 공통의 역사와 뿌리를 두고 있을 뿐 아니라 같은 슬라브 민족이다. 우크라이나에 속해 있었던 크림은 두 나라가 갈등이 없고 형제국답게 친밀한 관계를 지속해 왔더라면 러시아인과 우크라이나인들이 함께 자유롭게 휴양을 즐기고 편하게 지냈을 곳이다. 우크라이나 내에는 자신이 러시아인이라고 생각하는 우크라이나 시민이 많이 살고 있다. 특히 크림반도와 우크라이나 남동쪽에 많이 살고 있다. 우크라이나 내 서쪽 지방에는 폴란드의 영향을 많이 받은 지역이 있다. 폴란드와 EU에 근접해 있는 서부 우크라이나는 우크라이나가 러시아에 기우는 것보다는 EU에 가입하여 경제적으로 윤택한 생활을 원하는 우크라이나인들이 많이 산다. 최근 10여 년 사이에 우크라이나 서부 지역인 르보프 지역 출신의 친 유럽 성향 정치인들이 정권을 잡으면 우크라이나는 유럽 쪽으로 기울고, 반대로 러시아와 국경을 맞대고 있는 우크라이나 동부 돈바스 지역에 기반을 둔 정치인들이 정권을 잡으면 러시아 쪽으로 기울어져 왔다. 이처럼 우크라이나에서 동과 서로 국론이 분열되는 현상은 지금도 진행 중이다.

2014년 이후 전개되고 있는 우크라이나 사태의 내부를 들여다보면 우크라이나에서 동과 서로 나뉜 지역적 갈등도 중요하지만, 대외적 요소인 러시아와 미국의 대립이 반영되어 나타난다. 많은 학자가 우크라이나 사태를 미국과 서방의 지속적인 러시아 압박에 러시아가 반발하면서 발생했다고 보기도 한다. 미국과 러시아의 본격적인 갈등은 미국발 셰일가스 혁명에서부터 시작됐다. 미국에서 시작된 셰일가스 혁명으로 2013년 말부터 우크라이나는 서방의 지원을 받아 자국 내 셰일가스층을 개발하고 에너지 자주국으로 나아가기 위한 발걸음을 옮기고 있었다. 이로 말미암아 우크라이나가 러시아의 품에서 벗어나 EU로 가리라는 것이 불을 보듯이 명확해졌다. 러시아는 길게 볼 때 우크라이나를 자신의 영향력 아래에 두어 앞으로 발생할 미국의 대러시아 압박에서 우크라이나가 완충지 역할을 담당하는 것이 좋다고 보고 있었다. 러시아의 계산과는 달리 우크라이나가 EU로 넘어간다면 러시아의 적인 북대서양조약기구(NATO) 군대가 러시아 수도 모스크바 턱밑까지 들어오는 가장 상상하기도 싫은 그림이 그려진다. 거기다가 러시아인들이 보물처럼 여기는 크림이 눈앞에서 멀어진다면 더욱 견디기 힘든 일일 것이다. 어떻게 보면 크림은 러시아인들에게 지고지순한 순정이다. 러시아인들에게는 그들이 사랑하는 크림을 EU에 빼앗긴다는 것은 상상하기조차 힘든 일이다.

따라서 우크라이나 사태를 바라보는 러시아의 시각은 단호하다. "우크라이나 사태는 미국과 서구가 벌인 쿠데타"라고 보고 "러시아 주위에서 큰 전투가 막 시작됐을 뿐"이라고 보는 러시아 관료들의 관점을 보면 알 수 있다. 우크라이나 사태 초기 러시아 블라디미르 푸틴 대통령의 러시아 정부는 미국과 러시아가 세계를 놓고 벌이는 첫 싸움에서 러시아가 밀린다면 많은 것을 잃을 수 있다는 위기감이 팽배해 있었다.

크림, 누구의 것인가

크림의 정식 명칭은 크림 자치공화국이다. 소련 시기 같은 나라에 속해 있었던 러시아와 우크라이나 사이에 있던 크림반도를 1954년 니키타 흐루쇼프 소련 공산당 서기장이 정치적인 목적으로 자기 마음대로 우크라이나 행정구역으로 편입시켰다. 당시는 같은 국가 내에서 행정구역만 달라서 크게 문제 되지 않았다. 하지만 소련이 붕괴하자 이 문제는 우크라이나와 러시아 간 영토분쟁으로 치달았다. 흐루쇼프는 크림반도를 임의로 우크라이나 행정구역에 넣어 버린 것이 후일 어떤 결과로 나타날지 상상도 하지 못했을 것이다. 당시 소련 헌법에 따르면 영토 문제는 소련 공산당 최고회의와 국민투표에 의해 결정됐다. 그러나 흐루쇼프 서기장은 이런 절차를 무시하고 최고회의 간부회에서 처리했다. 세월이 흐른 뒤에 소련 헌법을 무시하면서 결정한 행정 명령을 취소

크림반도와 흑해 (사진: 위키피디아)

하려는 움직임이 소련 붕괴 이후 러시아에서 나타났다. 소련 붕괴 직후인 1990년대 초반에 모스크바 지식인과 정치인들을 중심으로 크림 반환 운동이 전개됐다.

그러나 1991년 소련 붕괴 직후 러시아는 중앙권력도 약했고 국가 형태도 추스르기 힘든 상황에서 크림반도의 반환 문제를 손대기에는 정부의 능력이 벅찼다. 이후 1996년 모스크바 시장이었던 유리 루시코프가 공개적으로 크림반도 반환을 언급했다. 크림반도에는 크림 자치공화국과 세바스토폴 특별시가 있었다. 1948년 세바스토폴항은 크림주에서 독립하여 러시아공화국의 직접적인 지휘와 통제를 받는 독자적인 행정구역이었다. 하지만 1954년 흐루쇼프는 세바스토폴 항구를 러시아공화국에 그대로 둔 채 크림만 우크라이나에 행정적으로 인도했고, 소련 붕괴 이후 이

부분을 소홀히 했던 러시아 정부의 잘못으로 세바스토폴은 우크라이나 영토로 굳어져 버렸다. 우크라이나는 영토적으로만 소유하게 된 세바스토폴항에 대한 극복을 위하여 1978년과 1996년 두 번에 걸쳐 헌법을 개정하여 세바스토폴을 크림주에 편입했다. 이후 1997년 5월 31일 우크라이나와 러시아 사이에 맺어진 우호조약에서 국경 불가침성이 합의됐고, 양국은 러시아 흑해함대가 2017년까지 크림반도에 주둔하는 데 동의했다. 이 우호조약에서 러시아가 많은 양보를 해서 후일 러시아 보수 세력의 비판 대상이 됐다. 2008년 세바스토폴에서 열린 흑해함대 창설 225주년 기념식에서 모스크바 시장 유리 루시코프는 또다시 세바스토폴을 언급했다. 공식 자리에서 나온 그의 발언은 러시아의 공식 입장으로 해석될 수 있었다. 이 발언 이후 러시아 상하원은 그를 지지하면서 우크라이나가 흑해함대 소유권을 주장하면 그들은 크림반도 소유권을 주장하겠다고 경고했다.

당시 크림반도에서 가장 중요한 이해관계는 세바스토폴에 있는 흑해함대에 있었다. 소련이 붕괴하자 우크라이나와 러시아가 각각 독립하면서 흑해함대 소유권을 놓고 갈등하기 시작했다. 양국은 오랜 협상 끝에 1995년 소치에서 흑해함대 소유 비율을 81.7%는 러시아가, 18.3%는 우크라이나가 나누어 갖기로 합의했다. 이후 러시아는 흑해함대 기지 사용을 이유로 우크라이나에 매년 1억 달러의 사용료를 지급하고 있었다. 그런데 우크라이나와 러시아 간 가스 가격과 가스 사용료 체납으로 갈등을 빚자 우크라이나 정부는 러시아의 흑해함대 기지 사용료를 4배로 인상

크림반도 세바스토폴 항구 (사진: 라승도)

하겠다고 경고했다. 이에 러시아는 우크라이나와 러시아 간 우호 조약을 깨고 크림반도를 가져가겠다고 하여 양국 간 경제적 문제가 영토 문제로 발전했다. 2006년에 이어 2009년에도 우크라이나로 공급되던 가스를 러시아가 끊자 우크라이나는 흑해함대 사용료 인상으로 맞받아쳤다. 이로 말미암아 크림반도를 둘러싼 양국 갈등이 점점 심화하기 시작했다.

크림 문제는 어제오늘의 일이 아니다. 이미 소련 시기부터 시작됐다. 크림반도에 거주하는 주민은 대부분 러시아인이었고 러시아어가 공용어로 사용됐다. 1993년 크림 내 529개 학교 중 우크라이나어를 사용하는 학교는 하나도 없었다. 1991년 소련 붕괴 이후 크림 거주민 중 54.2%는 우크라이나로부터 독립하여 러시아와 합병하는 안을 찬성했다. 소련 말기인 1990년에도 우크라이나가 소련으로부터 독립하려 하자 1991년 1월 크림 내 주민 투표를 통해 93.26%의 압도적 지지로 크림 자치공화국 안이 통과됐다. 우크라이나는 이를 무마시키려고 그해 2월 12일 우크라이나 공화국 내 크림 자치공화국을 인정했다. 소련이 붕괴하고 러시아가 독립한 직후인 1992년 1월 러시아 의회에서 예전에 흐루쇼프 소련 서기장이 자기 마음대로 크림을 우크라이나에 양도한 데 대해 법적인 문제가 있다고 보고 양국 간 국경 재조정을 결의했다. 특히, 보수파인 당시 알렉산드르 루츠코이 러시아연방 부통령과 아나톨리 솝차크 상트페테르부르크 시장도 크림 반환을 주장했다. 이에 동조하여 크림 의회는 1992년 2월 자치공화국에서 크림 공화국으로 명칭을 바꾸고 5월에는 독립을 선포했다. 그러자 우크라이나 의회는 크림 공화국을 달래기 위해 크림 공화국의 자치권을 확대해 주는 법안을 통과시켰다.

이런 역사적 과정에서 보듯이 러시아는 크림이 역사적으로나 문화적으로, 인종적으로 러시아 영토라고 줄곧 주장해 왔다. 그중 중요한 부분이 러시아어 사용 문제이다. 우크라이나에는 러시아어 구사자 수가 많다. 특히 동부 지역은 과반수가 러시아어를 사용하고 있다. 크림의 공식 언어는 러시아어이다. 인구도 러시아인 58%, 우크라이나인 24%, 크림 타타르인 12%로 구성되어 있다. 상황이 이러한데 크림에서 러시아어를 사용하지 못하게 하고 우크라이나어만 쓰게 하자 불만과 반발이 일어났다.

2014년 우크라이나 수도 키예프의 유로마이단 광장에서 일어난 시위 사태 (사진: 위키피디아)

우크라이나 유로마이단 혁명과 크림 사태

우크라이나 수도 키예프 정중앙에는 독립광장이 있다. 한국과 비교하면 서울 광화문 앞 광장과 비슷하다. 이 독립광장이 2013년 11월 발생한 우크라이나 반정부 시위의 중심지 구실을 했다. 그 이후 독립광장은 유로마이단으로 명칭이 바뀌었다. 유로는 유럽을 뜻하고 마이단은 우크라이나어로 광장을 뜻한다. 따라서 '독립광장'이 '유럽광장'으로 바뀐 것이다. 우크라이나의 운명을 가른 시민 혁명은 2013년 겨울에 시작됐다. 당시 빅토르 야누코비치 대통령의 우크라이나 정권은 11월 21일 EU와의 조약 체결을 무기한 연기하고 러시아와의 관계 정상화를 발표했다. 이에 친유럽 성향의 정당과 단체, EU 가입을 원한 시민들이 광장으로 쏟아져 나왔다. 영하의 강추위에도 수만에서 수십만 명에 이르는 시위대가 야누코비치 정권의 일방적인 대러 관계 정상화에 분노하고, 권력 남용과 부정부패에 항의하는 시위 사태가 걷잡을 수 없이 커졌다. 그해 겨우내 우크라이나 전 도시에서 반정부 시위대가 정부의 폭력 진압에 맞서 시위를 계속해 나갔다. 그 겨울이 끝나가던 2014년 2월 18일 유로마이단 광장에는 정부의 폭력 진압에 항의하는 2만여 명의 시위대와 시위 진압부대 간 유혈 충돌이 발생했다. 시위 도중에 총격전이 발생하여 이날 하루 75명이 사망하고 1,100명이 부상하는 참극이 빚어졌다. 다음날 정부와 야권의 시위대가 휴전에 합의했다. 2014년 2월 21일 야누코비치 대통령은 대통령궁을 떠나 자신의 정치적 기반인 남부 지역으로 도피했다. 이로써 친 러시아 성향의 야누코비치 정권이 붕괴했다.

우크라이나의 친 러시아 정권이 붕괴한 지 며칠 지나지 않은 2014년 2월 27일에 일단의 친 러시아계 무장 세력이 크림반도와 역내 흑해함대 거점인 세바스토폴항을 점령하면서 크림 사태가 발생했다. 다음날 러시아는 우크라이나에 사는 러시아인 보호와 세바스토폴 군사기지 보호를 이유로 2,000명의 군인을 보내 크림반도를 점령했다. 이후 한 달도 채 안 된 3월 16일 러시아로 귀속하는 의견을 묻는 크림 전체 주민투표가 시행됐다. 투표 결과 크림 주민들은 러시아와의 통합에 96% 가까운 찬성표를 던져 우크라이나 크림 자치공화국은 러시아 귀속을 결정했다. 이처럼 러시아와의 전격적 합병이 진행되어 3월 18일 모스크바에서 크림 자치공화국 대표들과 러시아 정부 간 합병 조약이 체결됐다. 그 뒤 러시아 의회 비준을 거쳐 러시아 대통령이 서명하면서 러시아와의 합병이 마무리됐다. 이로써 크림 공화국은 러시아연방의 84번째 연방 주체로, 세바스토폴은 85번째 연방 주체로 편입됐다.

러시아인의 영원한 안식처, 크림!

크림반도는 우크라이나 남쪽 흑해 연안에 있다. 면적은 25,500㎢로 우크라이나 전체 면적의 4.5%에 이른다. 크림은 제정 러시아 시기인 1783년에 러시아로 병합됐다. 지정학적으로 볼 때 이곳은 러시아가 흑해로 진출하려면 꼭 필요한 지역이다. 크림반도 남서쪽에 있는 세바스토폴 항구에는 소련 시절부터 흑해함대가 주둔하고 있었다. 크림반도 남쪽에 있는 얄타시는 예전부터 러시아인들의 관광지며 휴양지로 사랑받고 있었다. 현재 크림반도에는 러시아인과 우크라이나인, 크림 타타르인 등 약 240만 명이 거주하고 있다.

크림 공화국의 수도 심페로폴 중심부에는 기차역이 있다. 이 기차역에서 시작된 철로는 우크라이나 본토와 연결되어 우크라이나 남쪽 항구 도시인 오데사를 지나 유럽으로, 우크라이나 수도인 키예프로, 현재 분쟁지인 도네츠크와 그 너머 러시아로 연결되어 있었다. 그러나 2014년 3월 이후 우크라이나와 크림 공화국의 관계가 적대적으로 바뀌면서 국경이 폐쇄되고, 철로는 단절되었다. 휴가철 관광객으로 붐비던 심페로폴 기차역은 아무도 드나

들지 않는 텅 빈 공간으로 남아 있다. 크림은 러시아에 합병된 이후 EU와 서방 세계의 제재로 유럽으로 연결되는 모든 교통편이 단절되어 있다. 크림은 유럽에서 오는 크루즈 선박과 항공기, 열차가 모두 끊겨 마치 고립된 섬과 같다. 현재 크림반도는 항공기를 이용해 심페로폴 공항에 도착할 수 있고 러시아에서 선박을 통해 들어올 수 있다. 차량으로도 들어올 수 있는데, 크림 남동쪽 케르치와 러시아 쪽 타만을 잇는 다리가 2년에 걸친 건설 공사를 일부 마치고 지난 5월 15일 개통했다. 다리 전체 길이는 19km이며, 나란히 건설되는 철교는 2019년에 완공된다. 철교까지 건설이 완료되면 크림으로 접근하거나 물류 운송에 별 어려움이 없어질 것이다. 크림대교 건설은 러시아 본토와 연결되어 실질적으로 러시아 영토가 됐음을 상징적으로 보여준다.

크림반도는 기후와 식생을 기준으로 남쪽 해안선 지역과 중북부 지역으로 나눌 수 있는데, 두 지역의 기후는 크게 차이를 보인다. 남쪽 해안선 지역인 얄타와 알루시타, 페오도시야 지역은 아열대성 기후로 오전에 비가 내리고 오후엔 구름 한 점 없이 맑은 날씨가 여름 내내 이어진다. 항상 건조한 대륙성기후에 적응된 러시아인들은 고온 다습한 이 지역에서 지내기가 어렵다고 한다. 그래도 추운 러시아 북쪽 지방에서 따스한 남쪽 지역으로 휴가를 올 수 있다는 것만으로도 큰 행운이다. 소련 시절에는 기업이나 관청에서 열심히 일한 노동자와 관료에게 40일 이상 크림행 휴가를 선물로 주곤 했다. 러시아인들에게 크림반도는 휴양지이자 따스한 남쪽 나라로 인식됐다. 크림 남쪽 해안선과는 달리 크

얄타 해반 풍경 (사진: 위키피디아)

림 중부와 북부는 지표수가 거의 없는 건조한 초원 지역이다. 세바스토폴과 얄타 부근에는 포도 농사가 발달해 있다. 2차 대전 당시 독일군이 크림을 점령한 이후 크림산 마산드라 포도주를 실어 나갔다고 할 정도로 크림반도의 포도주는 유럽에서도 유명하다.

크림, 흑해로 나가는 출구

크림반도를 둘러싸고 있는 바다는 흑해이다. 흑해의 면적은 42만㎢로 한반도보다 두 배 정도 크며 최대 수심은 2,212m다. 흑해의 명칭 유래를 둘러싸고 여러 가지 설이 있다. 일설에 따르면 해상에 먹구름이 자주 끼고 비가 많이 내려 해수면이 멀리서 보면 검게 보여 흑해로 불리게 됐다고 한다. 또 다른 설명으로는 내해 특성상 심층수와 표층수의 순환이 일어나지 않아 심층수에 산소 공급이 거의 안 되어 물속 깊이 흑색 황화철이 생긴다고 한다. 바로 이 흑색 황화철 때문에 검게 보인다고 한다. 바닥에 검은색 흙과 자갈이 많은 것으로 보아 멀리서 보면 푸른빛보다는 검푸른 빛이 더 강하게 나타나 보일 수도 있다. 여름철 수온은 해수욕하기에 적당한 20~24도이다. 한국의 동해안만큼 바닷물이 깨끗하지는 않지만, 그래도 맑은 편이다. 얄타 해변은 한국의 해운대와 광안리처럼 서구식으로 잘 꾸며져 있다. 매년 여름 해안 거리는 러시아에서 온 휴양객으로 북적거린다. 예전에는 유럽 관광객과 우크라이나인, 러시아인들로 붐비던 곳이었는데 이제는 러시아인들로 가득 차 있다. 러시아로 귀속된 지 몇 년 만에 얄타는 완전히 러시아화 됐다. 호텔과 상점, 거리에선 오직 러시아어만 사용하고 있으며 몇몇 도로 표지판에서 우크라이나어가 남아 있는 것만 빼면 크림 전역에서 우크라이나 흔적을 찾아보기 힘들다.

현대 러시아인들에게는 크림이 따뜻한 남쪽 나라이면서 겨울철을 보내기 좋은 휴양지이다. 러시아인에게 크림은 역사적으로나 정서적으로 빼놓을 수 없는 곳이다. 제정 러시아 시기와 소련 시기 크림 내 러시아인들의 흔적은 곳곳에 남아 있다. 남쪽 해변의 산기슭에 병풍처럼 놓여 있는 얄타시는 한국인에게도 잘 알려진 도시이다. 얄타 근교에는 유명한 리바디아 궁전이 있다. 리바디아 궁전은 얄타 시내 중심부에서 서쪽으로 약 16km 떨어져 있는 해변 언덕에 있다. 회색빛을 띠고 있는 2층짜리 근대식 건물인 리바디아 궁전은 2차 세계대전이 끝나가던 1945년 2월 영국의 윈스턴 처칠과 미국의 프랭클린 루스벨트, 소련의 이오시프 스탈린이 전후 세계 구도를 놓고 회담한 장소로 유명하다. 궁전은 원래 흰색으로 칠했지만, 얄타 기후의 특징적인 높은 습도 때문에 흰색 회칠이 회색으로 변했다고 한다. 얄타에서 휴양했던 제정 러시아 귀족들도 높은 습도로 고생했다는 이야기와 목제 가구들이 비틀리거나 문짝이 맞지 않은 일들이 빈번하여 궁전을 지키고 관리하는 사람들이 애를 먹었다는 이야기가 전해져 내려온다. 리바디아 궁전은 예카테리나 여제의 기획으로 건설됐으며, 제정 러시아 마지막 황제 니콜라이 2세와 그의 가족이 여름휴가를 이곳에서 보냈다.

크림반도 남쪽에 있는 얄타 인근의 리바디아 궁전 (사진: 김선래)

얄타시에서 서쪽으로 17km 떨어진 곳에 있는 보론초프 궁전은 1830~48년에 미하일 보론초프 총독의 여름별장으로 지어졌다. 보론초프 총독은 암석으로 뒤덮여 있던 얄타의 경사면에 큰 노력을 들여 정원과 궁전을 건설했다. 궁전의 정원에는 세계 각국에서 가져온 다양한 수종을 심어 놓았다. 정원에는 한국의 적송과 같은 소나무가 이국땅에서는 색다르게 느껴질 정도로 독특한 자태를 뽐내고 있다. 150년 이상 된 소나무들과 다양하고 독특한 여러 수종의 나무가 잘 배치된 이 정원은 원래 바위로 덮여 있었다. 보론초프 총독은 선박을 이용하여 흙을 실어 날아 바위투성이 야산에 토양을 다져 하나하나 정원을 만들었다. 정원과 자그마한 연못 등 모든 것이 약 170여 년 전 사람의 손으로 만들어졌다.

얄타시 인근에 있는 제비 둥지 성 (사진: 김선래)

크림을 상징하는 건물로는 1912년에 지은 '제비 둥지'로 불리는 건축물이 있다. 높이 12m, 폭 10m, 길이 20m의 작고 예쁜 성채다. 주인이 여러 차례 바뀌었다. 1927년 얄타를 뒤흔든 지진으로 절벽 꼭대기에 서 있던 성채도 피해를 보아 절벽 암석 일부가 흑해로 떨어지는 사고가 있었다. 지금은 얄타를 찾는 사람들이 꼭 들러야 하는 명소가 됐다. 얄타시는 얄타항을 중심으로 양 날개를 활짝 편 독수리 모양으로 늘어선 건물들이 해변 언덕 기슭에 자연스럽게 자리 잡고 있다. 해가 진 얄타의 밤은 해변도로를 따라 수많은 러시아 관광객으로 붐비며, 러시아 관광객 사이사이에 음악과 춤을 선보이는 젊은이들이 이방인들의 눈길을 사로잡는다. 손에 손을 잡은 선남선녀들과 가족들로 가득 찬 해변도로는 유럽의 여느 휴양지와 비슷한 모습이다. 오늘날 이곳은 언제 우크라이나 땅이었는지 그 흔적을 찾아볼 수 없을 정도로 러시아어 세움 간판과 러시아인들로 넘친다. 이 따뜻한 남쪽 휴양지를 러시아인들이 포기하기에는 어려웠을 것이다. 2018년 3월 대선 기간에 푸틴 대통령이 크림은 러시아 땅이라고 강조할 때마다 대다수 러시아인은 크림을 러시아의 품으로 되돌아오게 한 푸틴에게 지지의 박수를 보냈다.

크림반도에서 두 번째로 중요한 도시는 세바스토폴이다. 얄타에서 약 70km 서쪽 해안에 있는 세바스토폴은 얄타와 더불어 크림반도에서 빼놓을 수 없는 도시다. 세바스토폴로 향하는 해안도로는 무척이나 아름다우며 얄타에서 세바스토폴로 가는 도중에 만나는 고양이 산과 해안도로를 따라 병풍처럼 펼쳐져 있는 석회암벽, 고르바초프 별장 등이 해변을 따라 늘어서 있다. 고르바초프 별장은 1991년 소련 붕괴를 촉발한 8월 쿠데타의 중요 장소 중 하나다. 1991년 8월 고르바초프는 얄타 서쪽 해안에 있는 포로스 별장에서 신연방 조약을 구상하고 있었다. 그는 포로스 별장에서 여름휴가를 보내던 중 신연방 조약을 반대하는 공산당 8인 위원회가 일으킨 쿠데타로 이 별장에 감금됐다. 이 쿠데타로 말미암아 소련이 붕괴하고 2차 대전 이후 지속됐던 미·소 냉전이 끝났다. 고르바초프 별장인 포로스에서 서쪽으로 더 가면 세바스토폴 항구가 나타난다. 러시아 흑해함대 기지가 있는 세바스토폴은 세계사에서도 유명한 도시다. 우크라이나 함대와 러시아 함대가 공존했던 예전의 모습과는 달리 지금은 세바스토폴이 러시아연방 구성 주체 중 하나로 귀속되어 러시아의 품으로 돌아갔다. 러시아의 크림 공화국과 세바스토폴 병합을 서방 세계가 인정하고 있지 않지만, 러시아는 이곳을 실효 지배하고 있다.

세바스토폴 하면 크림전쟁을 빼놓을 수 없다. 나이팅게일 덕분에 잘 알려진 크림전쟁은 러시아의 대문호 레프 톨스토이가 직접 참전한 경험을 바탕으로 쓴 소설 『세바스토폴 이야기』에서 잘 묘사되어 있다. 러시아가 1854년 3월부터 1856년 3월까지 오스만 튀르크, 영국, 프랑스에 맞서 벌인 크림전쟁에서 스물여섯 살의 톨스토이는 전쟁의 잔인함과 비인간성을 이렇게 묘사했다.

> 2시간 전만 해도 고결하거나, 비열하거나, 가지가지의 꿈과 욕망에 차 있던 사람들이, 몇백 명의 사람이, 이제는 피범벅이 된 굳은

손발을 팽개친 시체가 되어, 능보에, 참호에, 이슬이 촉촉이 내린 꽃이 만발한 골짜기에, 세바스토폴의 장례 교회의 마룻바닥 위에, 널브러져 있었다. 그러나 모든 것은 어제와 그대로였다. 샛별은 사푼산의 산마루 위에서 반짝이기 시작했다. 깜박이던 별들은 서서히 하얘져 갔다. 불타오르는 듯한 진홍빛 아침노을이 동쪽 하늘 한쪽을 불태우기 시작했다. 자줏빛의 긴 구름이 엷은 야청빛 지평선을 따라 흩어져 달려갔다. 모든 것은 어제와 그대로였다. 장대하고 아름다운 태양이, 생기에 찬 온 누리에 사랑과 행복을 약속하며, 또다시 둥실 떠올랐다.

레프 톨스토이, 『세바스토폴 이야기』에서

세바스토폴 언덕에 있는 전쟁기념관 (사진: 김선래)

나이팅게일과 톨스토이

크림은 나이팅게일이 간호사로 활약한 전쟁으로도 유명하다. 이 전쟁에서 러시아군 13만 명과 연합군 7만 명이 전사했다. 현재 인구 35만 명의 작은 중소도시인 세바스토폴은 1783년 러시아 황제 예카테리나 2세가 군항으로 건설했다. 1804년에는 흑해 함대가 창설했다. 세바스토폴 공방전에 포병장교로 참전한 톨스토이는 1년 동안 세바스토폴을 지키려고 사력을 다해 싸웠다. 그때 경험한 전쟁의 기억을 토대로 『세바스토폴 이야기』를 썼다. 나중에 그는 1812년 나폴레옹 전쟁을 다룬 불후의 명작 『전쟁과 평화』를 썼다. 지금도 세바스토폴항이 바라다보이는 언덕 위에는 그 당시 톨스토이가 방어했던 진지와 대포들이 설치되어 있다. 복원된 진지에 놓인 150년 된 대포에는 세바스토폴의 역사가 하나 가득 담겨 있으며 녹슨 대포 위에 쓴 낙서에는 젊은 남녀의 애틋한 사랑 이야기가 새겨져 있다. 2차 세계대전 당시 세바스토폴은 250일간의 치열한 공방전 끝에 1942년 7월 독일군의 손으로 넘어가기도 했다.

고대 로마의 유적 헤르소네스

세바스토폴에서 얼마 떨어지지 않은 곳에 고대 그리스·로마 유적지인 헤르소네스가 있다. 현대와 중세, 고대가 공존하는 크림의 모습 중에서 고대의 흔적이 고스란히 남아 있는 헤르소네스에는 고대 그리스·로마인들의 집터와 거리, 지하 곡물 저장소, 고대 그리스 신전과 해변 목욕탕, 원형극장, 성벽 등이 원형에 가깝게 남아 있다. 기원전 6세기경에 세워진 이 도시는 그 이후 2천 년간 동서양 문물의 교역 중심지로 번창했다. 도시 면적은 몇만 명 이상의 도시민이 거주했을 정도로 넓었다. 이 유적지는 유네스코 세계 100대 유산에 등재되어 있을 정도로 가치가 있다. 세바스토폴에서 크림의 중심지인 심페로폴 방향으로 약 50km 이상 가면 1532년에서 1783년까지 크림을 통치한 크림한국의 수도

헤르소네스 고대 유적지 (사진: 김선래)

이자 크림 한이 살았던 궁전이 있다. 이 도시가 바흐치사라이이다. 바흐치사라이에 있는 이슬람 풍의 크림 한의 궁전은 매우 아름답다. 어찌 보면 역사적으로 크림의 주인은 크림 타타르인들이라고 볼 수 있다. 그러나 크림반도에 살았던 크림 타타르인 20만 명 이상이 제2차 세계대전이 끝날 무렵 크림을 재탈환한 소련군에 의해 중앙아시아로 강제 이주됐다. 1944년 5월 독일에 부역했다는 죄명으로 중앙아시아 지역으로 강제 이주된 크림 타타르인의 46.2%(약 10만 9,900명)는 적응 과정에서 사망했다. 이후 중앙아시아 지역 거주 크림 타타르인들은 고르바초프 시기부터 자신의 고향으로 되돌아오기 시작했다. 현재 크림반도에 거주하는 크림 타타르인은 약 30만 명이다. 크림 타타르인은 연해주 한인의 중앙아시아 강제 이주와 비슷한 슬픈 운명을 겪었다.

2014년 갑작스럽게 일어난 러시아의 크림 합병으로 말미암아 크림 타타르인들은 뜻하지 않게 러시아 국민이 됐다. 16세기부터 수백 년간 크림의 주인이었던 크림 타타르인들은 크림반도 소수민족으로 지금도 생존권을 놓고 투쟁하고 있다. 합병 초기 크림 타타르인들과 러시아인들 사이에 흐르던 미묘한 경계심이 지금은 많이 누그러져 러시아 시민이 됐음을 인정하는 분위기다.

크림한국의 궁전인 바흐치사라이 전경 (사진: 김선래)

절대 포기할 수 없는 땅

러시아는 우크라이나와 대립하면서 한편으론 공격적으로 다른 한편으론 외교적으로 양면 전술을 펼치고 있다. 러시아는 우크라이나 내전에 간섭하면서도 우크라이나 정부와 대화를 유지하고 있다. 이것은 러시아의 이익을 최대한 챙기려고 하는 전략이다. 러시아가 가장 원하는 그림은 우크라이나를 연방제 국가로 만들어 동부지역에서 러시아어를 사용하게 하고 그곳에 살고 있는 러시아인의 권리를 보장하는 것이다. 러시아는 우크라이나 동부 지역을 자치공화국으로 만들어 우크라이나 중앙정부를 견제하려고 한다. 루간스크와 도네츠크 이 두 지역의 독립국 선포는 연방제로 가는 길이다. 이런 그림이 성공하려면 우크라이나 동부 지역을 친 러시아 지역으로 확보해 놓아야만 유리하다.

페트로 포로셴코 우크라이나 대통령은 먼저 우크라이나 동부 지역과 크림이 우크라이나 소속이어야 러시아와의 정상적인 관계가 회복될 수 있다고 보고 있다. 하지만 블라디미르 푸틴 러시아 대통령은 의도적으로 우크라이나 동부 지역이 우크라이나 영토임을 여러 번 강조했다. 동시에 크림과 세바스토폴은 여러 차례 러시아 영토임을 강조했다. 러시아 정부는 우크라이나 대통령과 협상을 통해 양국 간 외교 관계를 조정하고 우크라이나 동부 2개 주에서 영향력을 유지하는 것이 러시아에 가장 좋은 그림이라고 본다. 이것이 불가능하다면 크림만이라도 러시아 영토로 못을 박으려는 의지를 갖고 있다. 즉, 우크라이나 정부가 말하는 동부 지역 자치권 확대와 주지사 선거 정도를 받아들이는 선에서 타협하고 그 대신 크림을 확실히 챙긴다는 생각이다.

푸틴 대통령의 입장에서 보면 현재 진행되고 있는 서구와의 갈등과 국내 정치를 생각하더라도 우크라이나 동부 지역을 쉽게 포기할 수 없다. 특히, 러시아가 그렇게 갖고 싶어 했던 크림이라는 보물을 순순히 다시 내주는 일은 없을 것이다. 푸틴 대통령은 우크라이나 동부 지역의 전쟁 상황을 계속 유지해 나가면서 러시아에 유리한 상황으로 사태를 변화시키려 노력할 것이다. 시간이 길어지면 길어질수록 러시아의 크림에 대한 실효적 지배는 더더욱 강화되어 굳어져 갈 것이다. 크림을 러시아 품속으로 돌아오게 한 일은 푸틴이 러시아인들에게 준 최고의 선물이다.

저자 소개

강덕수

한국외국어대학교를 졸업하고 미국 위스콘신주립대학교 슬라브어문학과에서 러시아어와 폴란드어의 비교 연구로 언어학 박사학위를 받았다. 한국외대 노어과 교수로 언어학 관련 과목을 강의하면서, 『러시아어사』(공저), 『러시아어 구문의 이해』, 『러시아어 발음과 구조』(공저) 등 여러 단행본과 논문을 발표했다. 또한, 야쿠트어와 퉁구스어를 연구하며 『야쿠티야: 맘모스와 다이아몬드와 착한 사람들의 나라』, 『야쿠트어』, 『에벤어의 형태와 구조』 등을 출판하고, 야쿠트족 영웅서사시 『엘레스 보오투르』를 번역했다. 2010년 러시아정부로부터 '푸시킨 메달'을 받았다. 1994년 러시아연방 사하공화국 야쿠츠크에 '사하-한국학교' 설립을 지원했고, 한국-사하친선협회 회장으로 그리고 러시아 북동연방대학교 명예교수로서 러시아 사하공화국과의 민간 외교를 위해 활동하고 있다. 현재 한국외대 부총장(서울 캠퍼스)으로서 러시아연구소 소장직을 겸임하고 있다.

김민수

경찰대학교를 졸업하고 한국외국어대학교에서 노어학 전공으로 문학 박사학위를 받았고 러시아 치타국립대에서 철학인간학 전공으로 철학 박사학위를 취득했다. 현재 한국외국어대학교 러시아연구소 HK교수로 재직하고 있고 러시아인과 러시아 내 소수민족의 전통 신앙과 의례에 관한 연구를 수행하고 있다. 니키타 톨스토이의 『언어와 민족문화』, 블라디미르 보고라스의 『축치족: 신앙』, 바츨라프 세로셉스키의 『야쿠트인 구비전승과 신앙』 등 전통문화와 신앙 관련 번역서를 출판했다.

김선래

단국대학교 정치외교학과를 졸업하고 러시아국립학술원 산하 세계경제·국제관계연구소(이메모)에서 박사학위를 받았다. 현재 한국외국어대학교 러시아연구소 HK 연구교수로 재직하고 있으며, 러시아 정치와 독립국가연합(CIS) 근외 정치에 관해 연구하고 있다. 저서로는 『러시아의 심장부: 중앙연방관구』(공저), 『유라시아시대 러시아의 국가경쟁력』(공저), 『중국과 러시아의 현재』(공저), 『푸틴의 러시아』(공저), 『러시아 기업제도에 대한 고찰』(공저) 등이 있다.

김혜진

한국외국어대학교 노어과를 졸업하고 모스크바국립대학교 역사학부에서 석·박사학위를 받았다. 인하대학교 국제관계연구소에서 연구교수를 지냈다. 현재 한국외국어대학교 러시아연구소 HK연구교수로 재직하고 있으며 러시아 내 다양한 민족의 삶과 문화에 관해 연구하고 있다. 주요 저서와 논문으로는 『민족의 모자이크, 유라시아』(편저), 『러시아의 민족 I: 북서부 & 볼가-우랄 편』, "러시아 극지 토착 소수민족의 소멸 위기에 대한 고찰", "러시아 북서 토착민족에 대한 석유기업의 사회적 책임" 등이 있다.

김준석

한국외국어대학교 노어과를 졸업하고 러시아국립학술원 러시아문학연구소에서 박사학위를 받았다. 현재 한국외국어대학교 러시아연구소 HK 연구교수로 재직 중이며, 러시아 문학과 문화 관련 연구를 하고 있다. 저서로는 『개인 서신에 나타난 작가의 제 문제』, 논문으로 "미하일 조셴코의 작품에 나타난 문화 패러다임", "망명 작가 이반 부닌의 작품에 나타난 집과 기억의 양상" 등이 있다.

라승도

한국외국어대학교 노어과를 졸업하고 같은 대학교 대학원 노어노문학과에서 석사학위를 받았고 미국 텍사스주립대학교 슬라브어문학과에서 박사학위를 받았다. 현재 한국외국어대학교 러시아연구소 HK 연구교수로 재직하며 러시아 문학과 문화를 연구하고 있다. 저서로는 『붉은 광장의 아이스링크: 문화로 보는 오늘의 러시아』(공저), 『시네마트료시카: 영화로 보는 오늘의 러시아』, 『사바틴에서 푸시킨까지: 한국 속 러시아 문화 150년』(공저), 『포시에트에서 아르바트까지: 러시아 속 한국 문화 150년』(공저)이 있고 역서로는 『러시아 영화: 문화적 기억과 미학적 전통』이 있다.

손현익

한국외국어대학교 노어과를 졸업하고 러시아 상트페테르부르크국립대학교 러시아어과에서 박사학위를 받았다. 현재 한국외국어대학교 러시아연구소 HK 연구교수로 재직하고 있으며, 러시아어 의미론과 사회언어학 관련 연구를 하고 있다. 논문으로는 "러시아어 사과 화행 연구", "러시아 중립적 호칭어 연구", "러시아 사례 연구를 통한 금연정책 제언" 등이 있고, 저서로는 『푸틴 시대의 러시아』(공저) 등이 있다.

송준서

한국외국어대학교 노어과를 졸업하고 같은 대학교 대학원 동구지역연구학과에서 지역학 석사학위, 미국 인디아나대학교 사학과 석사학위를 받았고, 미시간주립대학교 사학과에서 러시아사 전공으로 박사학위를 취득했다. 미국 인디아나주 맨체스터대학교 사학과 초빙교수를 역임했으며 현재 한국외국어대학교 러시아연구소 HK교수로 재직하고 있다. 러시아 지역 정체성, 전쟁의 기억, 중앙-지방 관계를 주로 연구하고 있으며, 저서로는 『프스코프 주 이야기-변방의 요새에서 북서러시아의 관문으로』, 『한국슬라브학 30년사』(공저), 『러시아 인문공간-자연·인간·사회』(공저) 등이 있고 논문으로는 “Symbolic Politics and Wartime Front Regional Identity”, “기억과 망각 사이에서: 현대 러시아의 1917년 10월 혁명 기억”, “셰르바토프의 『러시아의 도덕적 타락에 대하여』에 나타난 18세기 상류층 생활양식 변화에 대한 인식” 등이 있다.

어건주

한국외국어대학교 노어과를 졸업하고 같은 대학교 대학원 노어노문학과에서 박사학위를 받았다. 현재 한국외국어대학교 러시아연구소 HK 연구교수로 재직하고 있으며, 러시아어와 러시아 문화 관련 연구를 하고 있다. 저서로는 『동북아문화의 과거와 현재』(공저) 등이 있고, 역서로는 『스탈린과 김일성』, 『러시아어 어원론』(공역), 『민담형태론』 등이 있다.

이지연

서울대학교 노어노문학과를 졸업하고 러시아학술원 문학연구소에서 이오시프 브로드스키의 시학에 대한 연구로 박사학위를 받았다. 현재 한국외국어대학교 러시아연구소 HK교수로 재직하고 있다. 저서로는 『"Конец прекрасной эпохи": Творчество Иосифа Бродского』, 『유토피아의 환영: 소비에트 문화의 이론과 실제』(공저), 『러시아 아방가르드: 불가능을 그리다』, 『사바틴에서 푸시킨까지: 한국 속 러시아 문화 150년』(공저), 『알렉산드르 소쿠로프: 폐허의 시간』(편저) 등이 있으며, 러시아 아방가르드에서 현재까지 러시아 현대 문학과 시각 문화 관련 논문 다수를 발표했다.

최우익

서울대학교 불어불문학과, 서강대학교 사회학과 대학원을 졸업하고 러시아 모스크바국립대학교 사회학부에서 사회학 박사학위를 받았다. 현재 한국외국어대학교 러시아연구소 HK교수로 재직하고 있으며, 러시아 사회와 문화 관련 강의와 연구를 하고 있다. 주요 저서로는 『2017 한·러 양국 국민 상호인식조사: 미래 협력 전망』(공저), 『러시아의 심장부: 중앙연방관구』(공저), 『현대 러시아의 해부』(공저), 『북극의 별 네네츠: 툰드라와 순록, 그리고 석유의 땅』, 『북방의 등대: 러시아 북서연방관구』(공저), 『현대 러시아 문화연구』(공저) 등이 있다.

황성우

한국외국어대학교 노어과를 졸업하고 같은 대학교 대학원 동구지역연구학과에서 정치학 석사, 국제지역연구학과에서 정치학 박사 학위를 받았다. 현재 한국외국어대학교 러시아연구소 HK교수로 재직하고 있다. 러시아 역사와 문화, 유고슬라비아 역사 관련 강의를 하고 있다. 주요 논문으로 "러시아 기독교 수용의 의미," "소비에트 달력 개혁과 일상생활의 변화," "러시아 소볼호 사건의 의미," "예카테리나 2세의 그리스 프로젝트," "러시아의 폴란드 병탄 과정" 등 러시아 역사와 문화 관련 논문 다수를 발표했다.

프리즘

보이는 현실 숨겨진 진실

초판 인쇄 2018년 12월 21일
초판 발행 2018년 12월 28일

지은이 강덕수 외
발행인 김인철
총괄 · 기획 가정준 Director, University Knowledge Press
편집장 신선호 Executive Knowledge Contents Creator
도서편집 박현정 Contents Creator
전자책편집 이리나 e-Contents Creator
재무관리 강현주 Managing Creator
사전 · 출판 정준희 Contents Creator
마케팅 파트장 백승이 Chief Marketing Creator
마케팅 이현진 Marketing Creator
발행처 한국외국어대학교 지식출판콘텐츠원
02450 서울특별시 동대문구 이문로 107
전화 02)2173-2493~7
팩스 02)2173-3363
홈페이지 http://press.hufs.ac.kr
전자우편 press@hufs.ac.kr
출판등록 제6-6호(1969. 4. 30)
디자인 · 편집 (주)이환디앤비 02)2254-4301
인쇄 · 제본 네오프린텍 02)718-3111

ISBN 979-11-5901-435-2 03920 정가 20,000원

*잘못된 책은 교환하여 드립니다.

HUINE은 한국외국어대학교 지식출판콘텐츠원의 어학도서, 사회과학도서, 지역학 도서 Sub Brand이다. 한국외대의 영문명인 HUFS, 현명한 국제전문가 양성(International +Intelligent)의 의미를 담고 있으며, 휴인(携引)의 뜻인 '이끌다, 끌고 나가다'라는 의미처럼 출판계를 이끄는 리더로서, 혁신의 이미지를 담고 있다.